Réflexologie des mains

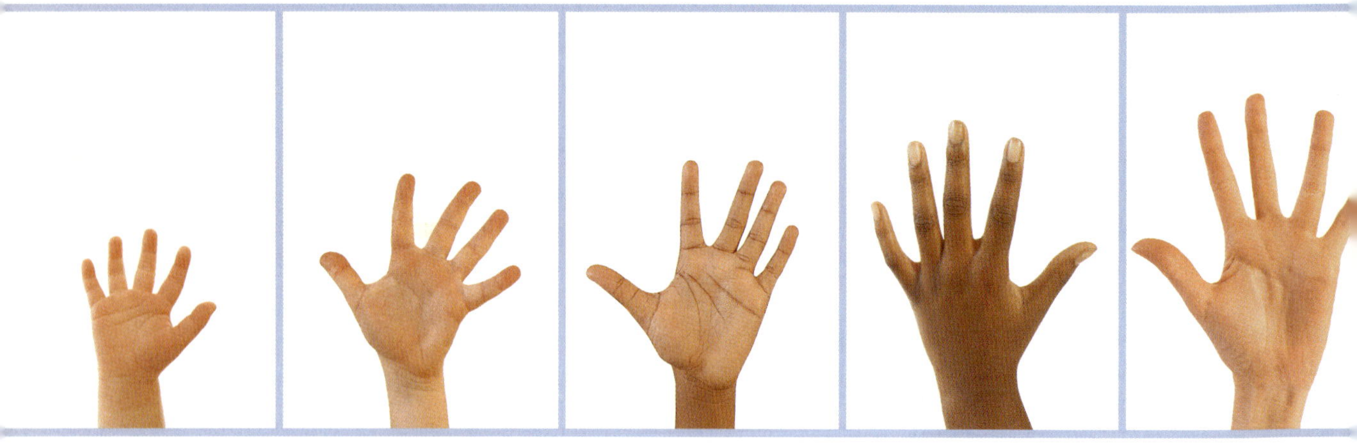

Réflexologie des mains

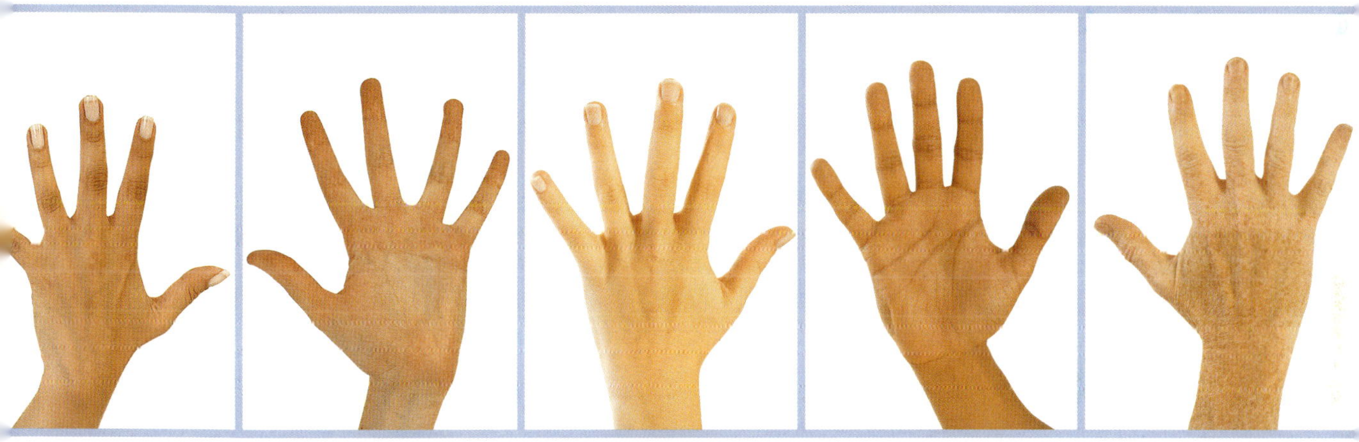

Michael et Louise Keet

Le Courrier du Livre

Titre original : Hand Reflexology

Publié initialement en Grande-Bretagne par les Éditions Hamlyn Group Ltd, - Heron Quay, Londres E 14 4JP

ISBN : 2-7029-0476-9

Traduit de l'anglais par Jean Brunet

Imprimé en Chine.

Remarque: La réflexologie de la main ne doit pas être considérée comme un substitut du traitement médical, aussi faut-il consulter un médecin en tous domaines relatifs à la santé, notamment en présence d'une symptomatologie exigeant un examen clinique et un diagnostic. Pendant la grossesse, la stimulation des points sensibles à la pression doit faire l'objet d'une prudence particulière. Bien que les informations et conseils donnés dans cet ouvrage soient jugés dignes de foi et exacts, ni les auteurs, ni l'éditeur ne peuvent être tenus pour juridiquement responsables de tout traumatisme survenant dans l'application des techniques présentées.

Dédicace

Cet ouvrage est dédié à **Sylvia Kee**t, pour son amour, son dévouement, sa force morale, et sa qualité de meilleure mère au monde, ainsi qu'à **Hazel Goodwin**, ancienne présidente de la Société de Réflexologie, pour ses inlassables efforts dans la promotion de cette discipline afin qu'elle occupe la place qu'elle mérite au sein des thérapies adjuvantes.

Sommaire

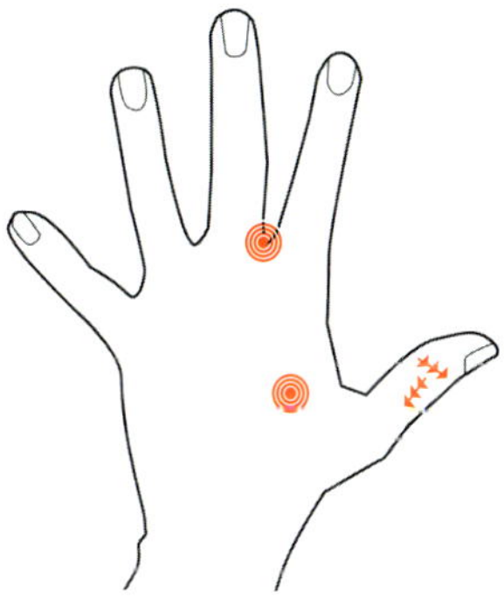

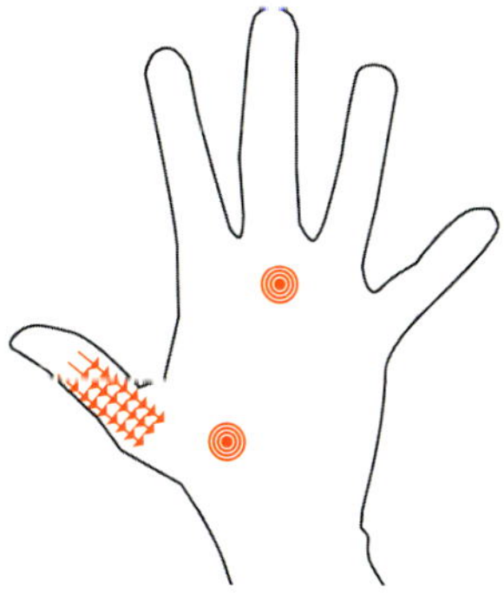

Introduction

Nous tombons tous malades, que nous souffrions d'un rhume, du dos ou d'une pathologie plus grave. En conséquence, un traitement curatif s'impose à un moment ou à un autre de notre existence. Nous avons tous désiré, un jour, aider un ami ou un être cher à guérir, mais sans avoir les compétences requises pour le faire. À titre préventif ou pour se traiter, certaines personnes font du sport, consultent un médecin, un homéopathe, ou encore un ostéopathe, voire s'alcoolisent ou prennent des médicaments, alors que d'autres solutions — dont la réflexologie — s'offrent à elles. N'hésitez donc pas à considérer cet ouvrage comme une bible de la guérison, un manuel thérapeutique, une lecture salutaire, un livre de référence ou un ami, bref, un recours auquel faire appel.

POURQUOI LA RÉFLEXOLOGIE?

Au fait, en quoi consiste-t-elle? Il existe aujourd'hui maintes thérapies et nombre de thérapeutes qui, malgré leurs différences, ont les mêmes résultats pour objectif, à savoir la guérison ou, à tout le moins, le soulagement de la souffrance. La réflexologie, comme beaucoup de disciplines orientales, porte essentiellement sur l'énergie, ses blocages, et la restauration des équilibres naturels au sein d'un organisme en "mal-être".

En Asie, l'idée qu'on se fait de l'énergie diffère de celle qu'on en a en Occident. Ainsi, en Chine, le mot *chi* (prononcer "tchi") signifie "énergie vitale", ou "force de vie". En médecine chinoise, il emprunte des voies énergétiques (les méridiens), étant donné son rôle déterminant dans la santé et la vitalité de l'être humain. Il existe différents types de *chi*, classés selon leurs origine, localisation et fonction. Dans le corps, il est en rapport avec le sang car tous deux empruntent les mêmes voies. L'acupuncture, le *qi gong* (ensemble d'exercices associant méditation, relaxation, mouvement, intégration psycho-physique et respiration) et le *tàijí quán* (exercices destinés à mobiliser l'énergie ainsi qu'à préserver dynamisme et souplesse corporels) favorisent tous la circulation de l'énergie dans les méridiens. Quant au *prana*, c'est le terme employé par la médecine ayurvédique pour désigner le *chi*. En revanche, en Occident, nous en avons une notion s'inspirant d'un caractère divin - même Isaac Newton et Samuel Hahnemann (fondateur de l'homéopathie) reconnaissaient l'existence d'une force vitale invisible dont dépend une bonne santé.

Imaginez ceci : nous tombons malades, ou notre santé ne s'améliore pas parce que nos fonctions organiques sont inhibées par l'accumulation de déchets métaboliques devant être éliminés pour que la libre circulation de l'énergie soit rétablie. La réflexologie remédie à cet encombrement.

Cette thérapie agit sur l'énergétique en stimulant des aires spécifiques — les zones réflexogènes — situées sur mains et pieds, qui correspondent chacune à une région corporelle, notamment aux organes et aux glandes. Leurs rapports avec ces différentes parties sont à l'origine du concept zonal élaboré par le Dr William Fitzgerald (voir page 20).

La stimulation d'une zone réflexogène favorise le processus de guérison au sein de la région corporelle qui lui correspond, cela en rétablissant le flux énergétique et en levant les blocages qui l'interrompent ou le ralentissent. On y a recours pour alléger le stress, améliorer l'irrigation sanguine, la transmission synaptique, et instaurer un état de relaxation profonde.

POURQUOI CELLE DE LA MAIN?

La plupart des gens associent la réflexologie aux pieds, mais celle des mains présente certains avantages. Ainsi s'emploie-t-elle lorsque les facteurs temps et espace interdisent d'agir sur les pieds, mais aussi chez les sujets chatouilleux ou présentant une hypersensibilité plantaire gênante. De même, étant discrète, vous pouvez la pratiquer en public sur vous-même, par exemple en avion, pour remédier au mal des transports.

LA RÉFLEXOLOGIE EN BREF

- Elle est fondée sur la notion d'énergie empruntant, de haut en bas, des zones corporelles.
- Les zones réflexogènes des mains et pieds correspondent aux organes, fonctions et régions du corps.
- Le traitement fait appel à des pressions exercées sur ces zones réflexogènes.
- Elle désobstrue les voies énergétiques et redynamise.
- Elle active le processus d'autoguérison de l'organisme.
- Elle restaure les équilibres naturels sur tous les plans.

Ci-dessous : *La stimulation des points réflexogènes de la main rétablit la circulation de l'énergie dans le corps pour prévenir et remédier à toutes sortes de troubles fréquents.*

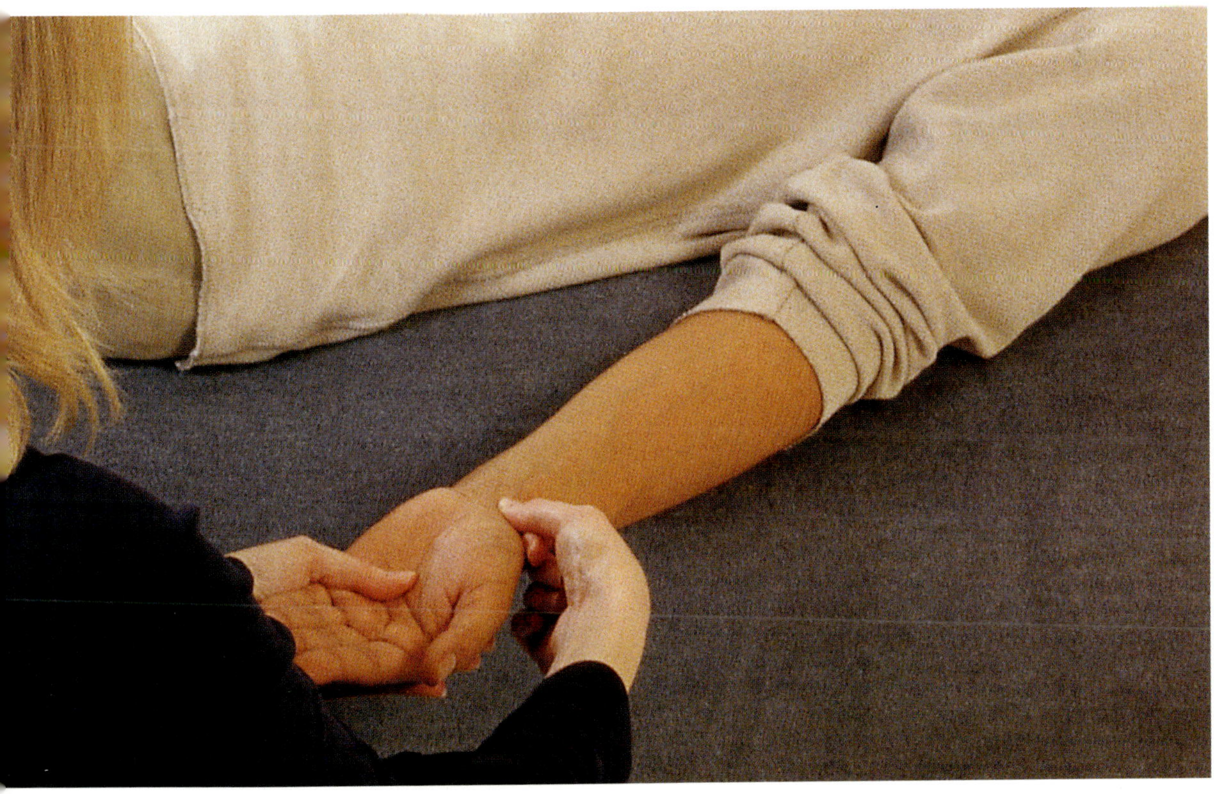

POURQUOI EST-ELLE SI PRISÉE?

Pour maintes raisons, dont les suivantes, sa popularité ne cesse de grandir :

- **L'intérêt grandissant des médias :** De plus en plus d'articles allant de ses bienfaits à son efficacité, en passant par ses principes de base, sont publiés.
- **L'attention croissante du corps médical :** En Grande-Bretagne, nombre de médecins font appel à elle en clientèle de ville, dans les cliniques, et beaucoup de réflexologues exercent en milieu hospitalier, comme c'est le cas au CHU de Londres, pour des raisons économiques.
- **Les recherches cliniques :** Aujourd'hui, des essais contrôlés sont menés en Europe et aux États-Unis (voir page 12-13).
- **La réglementation de la pratique réflexologique :** Dans le monde entier, elle résulte à l'évidence, de l'introduction de normes quant à la formation et à la reconnaissance officielle des compétences en ce domaine.
- **Les normes de formation plus exigeantes :** Un minimum de 9 mois d'études à temps partiel est maintenant nécessaire pour devenir réflexologue.

À QUI S'ADRESSE-T-ELLE?

Pratiquemment à tout le monde, comme l'indique la liste ci-dessous, qui détaille les sujets pouvant en bénéficier:

- **Personnes âgées :** Dans notre société, toute forme de thérapie tactile leur est salutaire. Les bienfaits qu'elle engendre — meilleure circulation et mobilité accrue — sont énormes car elle agit sur plusieurs plans. En effet, un sujet dont l'humeur s'améliore est beaucoup plus enclin à sortir ou aller mieux. La réflexologie de la main est également plus aisée et nécessite moins de précautions que celle du pied.

- **Enfants :** Pratiquée avec douceur, elle les réconforte dans des conditions agréables. Quant aux adolescents, ils bénéficient de son caractère tensiolytique et du soutien qu'elle leur apporte pendant les modifications hormonales liées à la puberté. En outre, les séances réflexologiques pratiquées sur les mains sont de nature à améliorer la relation parents-enfants.
- **Bébés :** Chez eux, elle contribue à résorber les tensions postnatales et les aide à s'adapter au monde extérieur.
- **Personnes souffrant d'une crise :** À titre d'exemples, citons les effets post-traumatiques, les douleurs dentaires, les poussées arthritiques, ou encore la fièvre et l'essoufflement. Elle limite l'inflammation, épargne l'énergie et stimule efficacement les fonctions organiques.
- **Personnes souffrant de pathologies chroniques :** Certaines affections sont durables — ainsi, l'hépatite chronique peut se prolonger 6 mois ou plus — et leur symptomatologie ne se modifie que très peu d'un jour à l'autre. La santé d'un sujet s'étant rétabli des effets immédiats d'une attaque cérébrale peut se détériorer davantage, comme c'est le cas lorsqu'on observe une surdité ou l'apparition de douleurs fulgurantes dans les membres. Enfin, la réflexologie peut atténuer les effets secondaires des médicaments.
- **Famille et amis :** Cette thérapie, accessible à tous, se pratique n'importe où. Elle permet, à l'occasion, de "dépanner" quelqu'un et de poursuivre un traitement de fond chez un être aimé, cela moyennant un coût nul. Elle agit aussi à titre préventif en détoxiquant l'organisme et en évacuant les tensions accumulées à la faveur du stress et des pathologies liées à celui-ci, telles que migraine, hypertension artérielle et cervicalgies ou dorsalgies chroniques.

À gauche : *Très sensibles au toucher, les bébés réagissent bien à la réflexologie légère de la main. De brèves séances quotidiennes inspireront au vôtre un sentiment de sécurité ainsi qu'une sensation de bien-être et d'équilibre.*

SES BIENFAITS

• Relaxation : elle a un effet sédatif sur l'organisme, lui ménageant une détente physique et psychique totale.
• Effet antalgique : elle agit comme un anesthésique sur l'innervation.
• Meilleure circulation sanguine et lymphatique.
• Stimule le système immunitaire en accélérant le processus d'autoguérison.
• Atténuation du stress.
• Stimule efficacement les fonctions organiques.
• Détoxication : évacue déchets métaboliques et toxines.
• Redynamise.
• Réconfort psychologique.
• Accélère le rétablissement après traumatisme ou intervention chirurgicale.
• Favorise l'évacuation des traumatismes antérieurs.
• Amélioration de la vie relationnelle par le toucher.

HISTORIQUE

La réflexologie est employée comme outil de guérison efficace depuis plus de cinq mille ans. Ainsi, dès 2330 av. J.-C., dans l'antiquité égyptienne, on pensait que stimuler des zones précises situées sur mains et pieds avait un effet redynamisant sur tout l'organisme. Toutefois, la découverte de ce mode thérapeutique — qui tient de l'archétype — n'est pas revendiquée par la seule culture égyptienne.

Les Égyptiens de l'Antiquité assimilaient le corps humain à un concert vibratoire dans lequel les organes faisaient partie intégrante d'un orchestre complexe jouant grâce à la stimulation de points situés sur mains et pieds. Par ailleurs, avant la momification d'un corps, on procédait à l'ablation de la plante des pieds pour libérer l'âme du corps physique et de la terre.

D'autres civilisations — indienne, chinoise et japonaise, notamment — sont les héritières d'une thérapie immémoriale fondée sur la stimulation de points baro-sensibles. Citons, par exemple, les Amérindiens qui, des siècles avant la découverte de l'Amérique du Nord par les Européens, l'utilisaient déjà, convaincus que le sol renfermait une énergie leur permettant de communiquer physiquement et spirituellement avec la terre, mais aussi que la maladie engendrait une dysharmonie parasitant sa libre circulation, si bien qu'ils mettaient cette technique à profit pour corriger ce déséquilibre et amener la guérison. À titre anecdotique, John Garfield (1831-1881), président des États-Unis, qui souffrait d'une douleur aiguë suite à une tentative d'assassinat, considérait la réflexologie de la main comme son meilleur traitement.

À droite : *Les Égyptiens de l'Antiquité étaient convaincus qu'on pouvait stimuler les organes par l'intermédiaire de points situés sur mains et pieds. Ce détail d'un pictogramme datant d'environ 2500-2350 av. J.-C., visible à Sakkarah, représente un personnage manipulant des pieds.*

À gauche : *Ce bas-relief peint, ornant une antique tombe égyptienne remontant à environ 2400 av. J.-C. et visible à Sakkarah, représente l'intendant d'une propriété en train de se détendre pendant qu'on lui manipule les mains*

LA RÉFLEXOLOGIE MODERNE

Le vrai pionnier de la réflexologie fut le Dr William Fitzgerald (1872-1942), laryngologue américain. Il n'ignorait pas que les Amérindiens employaient une forme de thérapie basée sur la stimulation de points baro-sensibles ; aussi, lorsqu'il pratiquait la petite chirurgie, demandait-il à ses patients de serrer des peignes dans leurs mains pour obtenir un effet antalgique ; dans le même but, et avec la même efficacité, il posait des pinces à linge en bois à l'extrémité des doigts qu'il entourait de bandes élastiques. Il utilisait aussi la réflexologie avec succès dans le traitement des nausées matinales de la grossesse, plus précisément en comprimant les première et deuxième zones du dos de la main. Hélas, le corps médical estimait que ses méthodes prenaient du temps, si bien qu'avec l'apparition des anesthésiques généraux, elles furent abandonnées.

En 1917, il publia un ouvrage sur la thérapie zonale, dans lequel il expliquait le rapport existant entre, d'une part, la paume de la main et les douleurs de la face postérieure du corps, et d'autre part, le lien entre le dos de la main et les douleurs de la face antérieure du corps. Il fut également le premier à définir les zones réflexogènes (voir aussi page 20).

Mais c'est Eunice Ingham (1897-1974), surnommée "la mère de la réflexologie", qui inventa ce terme. Physiothérapeute, elle intégrait cette discipline à ses traitements. Elle donna beaucoup de conférences aux États-Unis et enseigna sa méthode réflexologique. Toutefois, à l'époque, cette thérapie éveillant les soupçons, elle fut arrêtée plus d'une fois pour pratique illégale de la médecine — et cela se passait en 1968 !

Aujourd'hui, la réflexologie fait partie intégrante de l'existence d'une minorité grandissante qui fait appel à elle en priorité dans le traitement de nombreux troubles, raison pour laquelle son enseignement se développe de plus en plus, favorisé par son incontestable efficacité.

PREUVES CLINIQUES DE SON EFFICACITÉ

Durant la dernière décennie, beaucoup de recherches ont été menées tant en Europe qu'aux États-Unis sur son action salutaire dans le traitement de maintes pathologies.

ÉTUDES DANOISES

Les nombreux essais cliniques menés au Danemark portaient sur l'efficacité de cette discipline en tant que traitement curatif. Nous vous en proposons ici quelques résumés.

Constipation chronique

En 1991, une étude conduite par la FDZ (Société réflexologique danoise) de Sjaelland sur 20 femmes âgées de 30 à 60 ans, démontra une augmentation de la fréquence moyenne des selles de 4,1 à 1,8 jours.

Absentéisme

Pendant 3 ans, de 1989 à 1992, 235 employés des postes ont été traités par réflexologie pour différents troubles. Sur ce total, 170 firent état d'un très bon résultat, 60 d'une amélioration, et 5 d'aucun résultat. L'absentéisme passa de 11,4 à 8,5 jours par personne et par an, ce qui représente une économie énorme pour cette administration.

Céphalées/migraine

Au début des années 90, on leur imputait une perte annuelle de 3 millions de jours ouvrés et on les considérait comme le motif de consultation le plus fréquent dans la population adulte. En conséquence, en 1995, la Commission Nationale de la Santé, organisme responsable des thérapies alternatives, le Service de pharmacie sociale et l'Université royale de pharmacie menèrent sur les céphalées une étude à l'échelle nationale.

Ces recherches, qui portèrent sur 220 sujets souffrant de céphalées chroniques, firent appel à 78 réflexologues pratiquant une succession de traitements durant 3 mois. Au début du programme thérapeutique, un médecin était chargé de confirmer, pour chaque patient, le diagnostic de céphalée. Chaque malade tenait un journal consacré à ses troubles — à partir duquel les données étaient recueillies — et remplissait un questionnaire.

À la fin des séances de réflexologie, des entretiens d'ordre qualitatif avaient lieu. Les résultats de l'étude démontrèrent que 81% des sujets étaient guéris ou présentaient une nette amélioration et que 19% nécessitaient la prescription de médicaments.

Affections primaires et poursuite du traitement

En 1995, la municipalité de Aarhus employa 3 réflexologues pour traiter 143 malades pendant 6 mois.

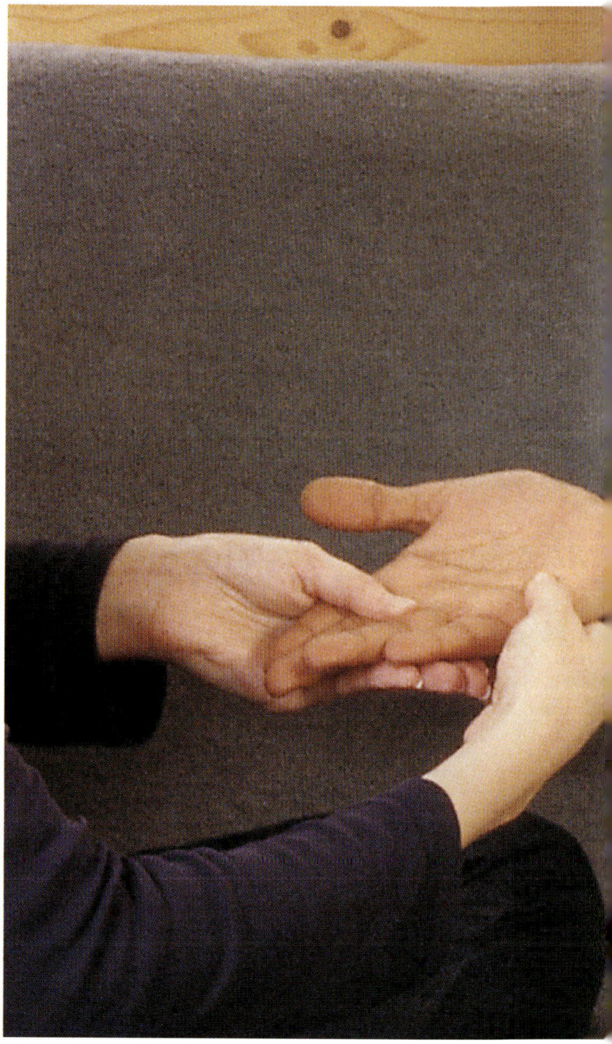

79% de ces patients furent guéris ou présentèrent une amélioration spectaculaire de leur état. En outre, 57% d'entre eux observèrent le même résultat sur des troubles secondaires, 30% éprouvèrent une plus grande satisfaction dans leur activité professionnelle et 92% déclarèrent vouloir poursuivre le traitement réflexologique.

Accouchements

En 1998, à l'hôpital Gentofte de Copenhague, 61 femmes sur 68, bénéficiaires d'un traitement réflexologique, rapportèrent un effet antalgique indubitable pendant l'accouchement. Par ailleurs, sur 14 d'entre elles, qui présentaient une rétention placentaire, la chirurgie fut évitée dans 11 cas.

ÉTUDES AMÉRICAINES

Les essais cliniques conduits aux États-Unis ont démontré combien le traitement réflexologique régulier est salutaire sur les plans physiologique et psychologique.

Syndrome prémenstruel

En 1991, Bill Flocco, fondateur de l'École américaine de réflexologie, et le Dr Terrence Oleson, maître de conférences et directeur de recherches à l'Université de Californie, menèrent une étude sur les effets bénéfiques de cette discipline dans le syndrome prémenstruel. En voici les résultats : les symptômes caractérisant ces troubles étaient atténués chez 62% des femmes suivant un traitement réflexologique.

Douleur et anxiété

Le Dr Ray Wunderliche, fils, en Floride, observe que la réflexologie est efficace chez les sujets hypertendus, anxieux ou souffrant de pathologies douloureuses. Une autre étude, effectuée dans la cadre de l'école d'infirmières de l'Université de Caroline orientale, publiée en 2000, portait sur ses effets anxiolytiques et antalgiques chez les patients atteints de cancer du poumon ou du sein. Tous les malades, qui bénéficièrent de séances de 30 minutes, présentèrent une spectaculaire diminution de leur anxiété, et les femmes souffrant d'un cancer du sein ressentirent une nette diminution de la douleur. Les chercheurs en conclurent que la réflexologie a sa place à côté du traitement médical classique chez ces personnes.

À gauche : *La réflexologie a fait l'objet d'un grand nombre d'essais cliniques portant sur son efficacité. Face à la demande croissante, favorable à l'intégration des thérapies alternatives, beaucoup de pays commencent à en reconnaître la valeur.*

Comment agit la réflexologie?

Il existe maintes hypothèses quant à son mode d'action ; elles impliquent le système nerveux, la douleur et sa perception, les endorphines, les voies énergétiques, le toucher thérapeutique, la circulation sanguine, l'effet placébo et, surtout, le concept zonal.

Ce chapitre présente les points réflexogènes de la main et leurs correspondances avec les différentes parties du corps. Il donne un aperçu anatomique et physiologique de l'organisme, déterminant pour la compréhension des pathologies et du mode sur lequel la réflexologie y remédie.

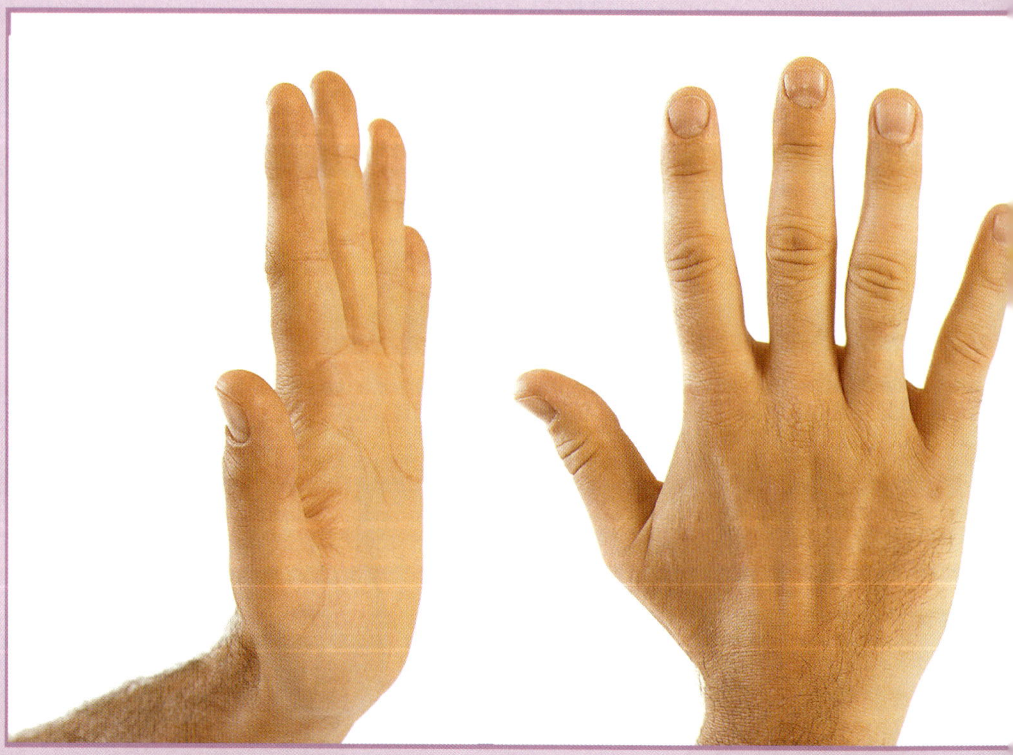

- Hypothèses quant à son mode d'action
- Réflexologie et main
- Les réflexes croisés
- Anatomie et physiologie du corps

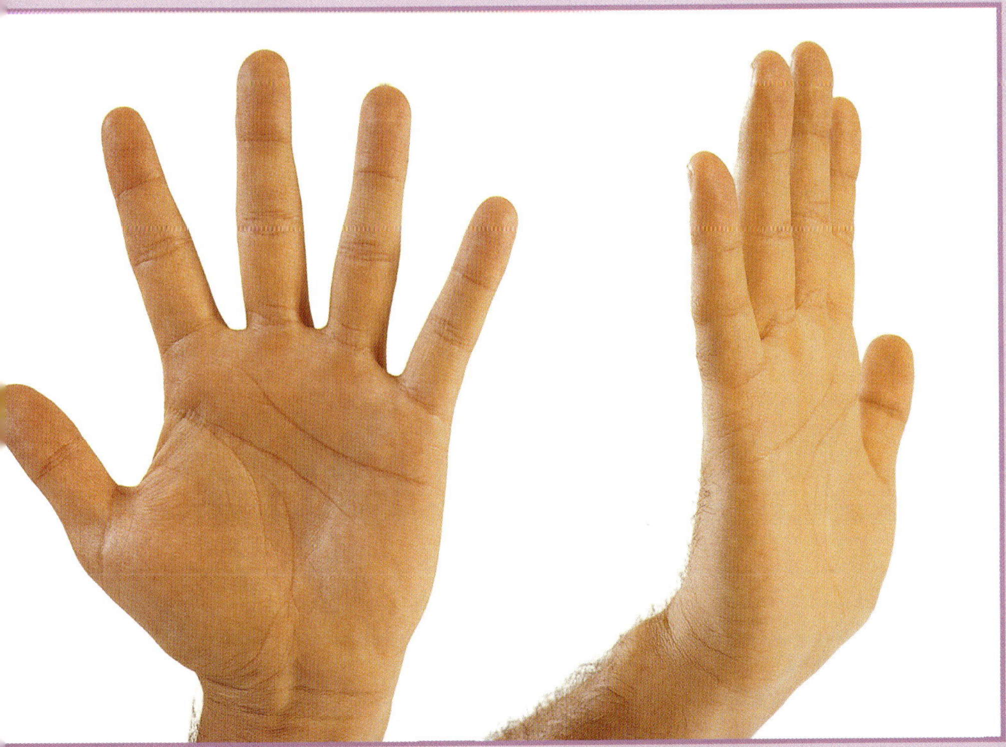

Hypothèses quant à son mode d'action

Il faudra du temps pour qu'une explication scientifique confirme l'une des hypothèses tentant d'expliquer comment agit la réflexologie. À présent, ce qu'il faut retenir, c'est qu'elle est efficace, sans se poser les questions "comment" et "pourquoi". Ce dont il faut également se souvenir, c'est qu'elle agit sur différents plans et qu'il n'existe pas deux traitements réflexologiques identiques, comme c'est le cas pour deux êtres humains.

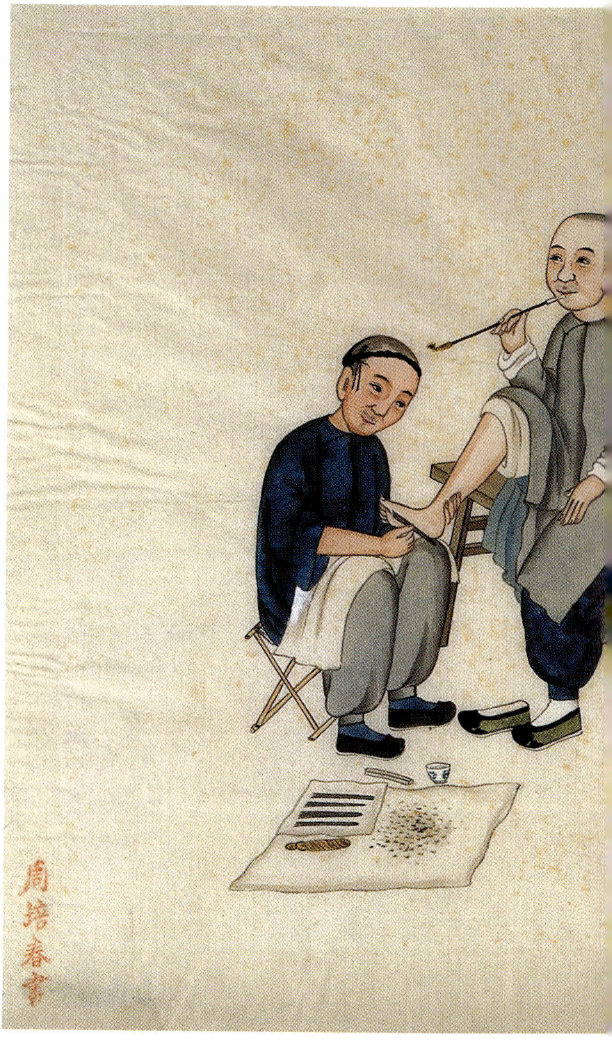

DOULEUR ET SYSTÈME NERVEUX

Pour bien expliquer et comprendre la réflexologie, il faut d'abord saisir la notion de douleur (ici, il convient de se reporter au passage traitant du **système nerveux**, page 32). La peau (et les vaisseaux sanguins) renferme des milliers de terminaisons nerveuses spécialisées dans la réaction à différents types de stimuli, tels que coupure, piqûre, chaleur, brûlure, étirement ou pression. Les récepteurs de la douleur dispersés dans le corps avertissent d'une possible blessure ou mettent en garde contre la répétition d'une maladresse, comme lorsqu'on se brûle un doigt. En cas de traumatisme, les voies neurologiques transmettent des signaux au système nerveux central, qui les traite.

Seuils douloureux et perception de la douleur

Peur et anxiété sont des états émotionnels couramment associés à la douleur, et les seuils douloureux, extrêmement variables d'un sujet à l'autre, sont en rapport étroit avec elles. Par exemple, celle accompagnant le cancer peut paraître plus forte en raison de son lien avec la crainte de la mort, contrairement à celle provoquée par une indigestion. Par ailleurs, elle semble toujours plus vive avant que sa cause soit connue, fait qui est du domaine de la perception. Dans certains cas, on se prépare psychologiquement à son apparition ; ainsi en est-il du sportif luttant contre une crampe, ou de la femme sur le point d'accoucher. De même, l'expérience modifie la manière dont on la ressent, car les mécanismes d'adaptation interviennent pour en diminuer l'intensité lorsqu'elle survient à nouveau. Beaucoup de personnes apprennent à la surmonter, mais cela parfois au prix de troubles affectant une autre partie du corps, qui présente alors un déséquilibre fonctionnel. Certaines, estimant que la médecine classique est inefficace, ont recours aux thérapies alternatives, telle la réflexologie des mains.

Irradiation douloureuse

C'est le nom donné à la douleur projetée plus loin que le site lésionnel initial ou la zone pathologique. Cela se produit parce que les nerfs sensitifs convergent avant de pénétrer dans le cerveau, entraînant la confusion quant à la source exacte de la douleur. Exemples : la douleur dentaire perçue dans l'oreille parce que leur innervation est commune, et la douleur vésiculaire ressentie, pour la même raison, dans la région de l'omoplate.

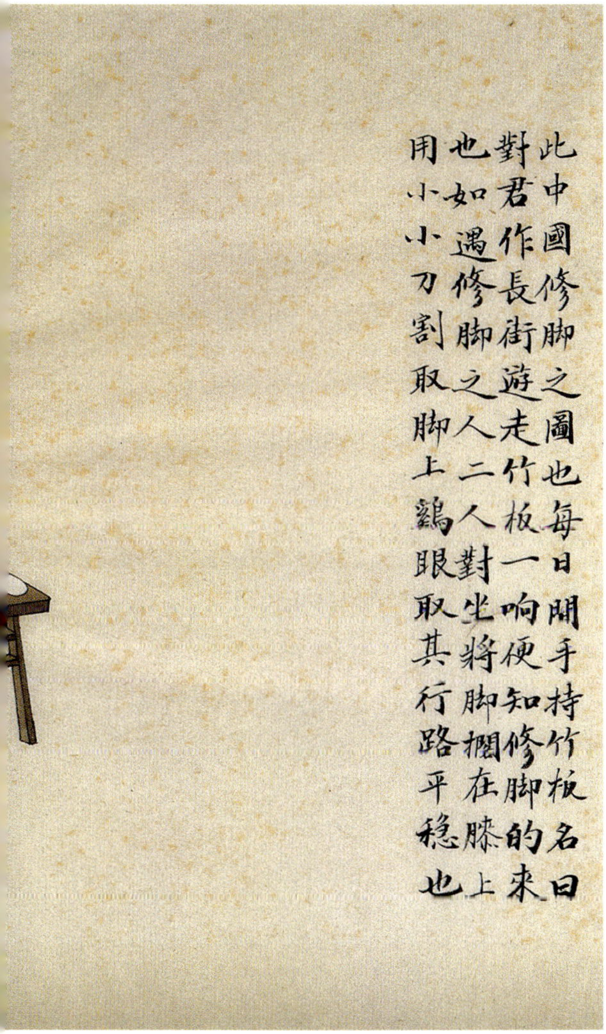

Ci-dessus : *La réflexologie est une thérapie fort ancienne destinée à stimuler la circulation de l'énergie. Depuis des siècles, la médecine chinoise a recours aux manipulations.*

SÉCRÉTION D'ENDORPHINES

Le mot "endorphine" est l'abrégé de l'expression "morphine endogène". Au début des années 70, on découvrit que la morphine (médicament antalgique) agissait sur des sites récepteurs spécifiques (dits récepteurs opiacés) présents dans certaines terminaisons nerveuses du cerveau et de la moelle épinière, ce qui conduisit à l'identification de substances semblables aux protéines, **les endorphines**, dont l'effet analgésique serait en rapport avec l'humeur et le stress. Leur efficacité serait au moins cinq fois supérieure à celle de la morphine. La réflexologie en stimule la sécrétion par la désobstruction des voies neurologiques sursaturées d'informations sensorielles.

On peut comparer le réflexologue à un électricien qui pose un fusible au sous-sol pour éclairer le grenier, puisqu'il améliore la stimulation nerveuse d'un organe ou d'une région corporelle spécifique pour lui rendre toute sa fonctionnalité, cela en l'aidant à se rééquilibrer ou en le détoxicant.

L'ÉNERGIE

La notion de circuit électromagnétique et celle, orientale, de chi (voir page 6) sont les fondements de l'hypothèse énergétique énonçant l'existence d'un câblage — vecteur de la force vitale — invisible constitué de voies **(méridiens)** destinées à faciliter la circulation de cette énergie. Or, stress et maladie s'y opposent, parasitant ainsi la transmission des influx nerveux. Heureusement, la réflexologie, comme l'acupuncture, déparasite les circuits énergétiques pour rendre son harmonie fonctionnelle à l'organisme.

TOUCHER THÉRAPEUTIQUE

Ce concept, en fait celui de **"mains guérisseuses"**, fut élaboré en 1971, aux États-Unis, par le Dr Dolorès Krieger et son inspiratrice, feue Dora Kunz, guérisseuse réputée. Ensemble, elles développèrent une forme de thérapie indépendante de toute connotation religieuse associant l'imposition des mains à nombre de techniques bio-énergétiques, d'ailleurs enseignée dans le cadre de l'Université de New York en plus des soins infirmiers.

À propos du toucher thérapeutique et de ses bienfaits, il convient de se souvenir que l'"imposition des mains" est une pratique remontant à la nuit des temps, puisque l'art préhistorique (âge paléolithique) la représente et que le Nouveau Testament fait fréquemment référence à la main comme vecteur de l'énergie et de la guérison divines. Au Moyen Âge, on était convaincu qu'être touché par la main d'un roi guérissait de la maladie, résultat qui n'était probablement dû qu'à l'effet placebo.

Cette théorie repose sur le fait que stimulation et toucher manuels induisent un échange énergétique déclenchant le processus de guérison. En Grande-Bretagne, cette pratique thérapeutique est très répandue dans les hôpitaux et les établissements de soins palliatifs.

CIRCULATION SANGUINE

Le cœur pompe en permanence le sang par le biais des artères et des veines, apportant aux cellules de l'organisme oxygène et nutriments tout en recueillant les déchets métaboliques qui s'y accumulent, provoquant "mal-être" et déséquilibre. À ce propos, citons Eunice Ingham : "La circulation, c'est la vie ; la stagnation, c'est la mort". Songeons un instant à cela. Le stress entraîne la tension de l'appareil cardio-vasculaire, ce qui réduit le flux sanguin et ralentit la circulation. En conséquence, les déchets s'accumulent dans mains et pieds, gênant l'écoulement du sang, ce qui aboutit à une stase. Mains et pieds étant les parties du corps les plus éloignées du cœur, la pression hydrostatique et la gravité (cette dernière favorisant le rassemblement des particules lourdes au niveau des pieds) contribuent à ce phénomène.

Au toucher, cette accumulation est perçue en tant **qu'adhérences** constituées de tissu fibreux s'agglomérant comme le tissu cicatriciel. Les praticiens lorsqu'ils en parlent, les assimilent à des cristaux — ou à des **zones dilacérées** — obstruant partiellement les vaisseaux. Décelables le long des doigts ou des orteils, elles migrent et traversent les régions malades du corps. La réflexologie permet de désagréger ces dépôts parasites, améliorant ainsi la circulation pour que le sang en épure l'organisme, les déchets métaboliques étant éliminés aux niveaux pulmonaire, intestinal ou cutané, raison pour laquelle il faut boire beaucoup d'eau après les séances.

Il existe une autre explication : ces adhérences seraient en fait des calcifications sous-cutanées qui, localisées aux terminaisons nerveuses, perturberaient la conduction synaptique.

RAPPORTS HUMAINS

L'aptitude à établir un lien relationnel avec beaucoup de personnes est un atout important dans l'existence, en particulier dans le domaine réflexologique. En grande partie instinctive, on l'observe le plus souvent chez les sujets qui s'intéressent vraiment à autrui. On peut l'acquérir par l'apprentissage de techniques simples, mais une attitude optimiste quant à la santé est un bon point de départ.

EFFET PLACEBO

L'effet placebo est la capacité que possède une substance neutre de guérir un trouble. Il peut se manifester immédiatement ou au bout d'un certain temps. À titre d'exemple, certains médecins prescrivent des comprimés de lactose à leurs patients, dont l'état s'améliore ensuite de manière spectaculaire simplement parce qu'ils sont convaincus de leur guérison. Il faut toutefois reconnaître que cela est dû en grande partie à la qualité de la relation entre thérapeute et patient, ainsi qu'au pouvoir de suggestion.

À gauche : *Les guérisseurs traitent par imposition des mains, ces dernières étant au contact ou au-dessus — à environ une dizaine de centimètres — du corps. L'échange énergétique qui s'établit entre eux et leurs patients déclenche le processus de rétablissement.*

LE CONCEPT ZONAL

William Fitzgerald élabora le concept zonal après avoir découvert qu'il pouvait provoquer un engourdissement et atténuer certains troubles organiques en exerçant une pression sur des points précis des mains et de la bouche.

Ce concept énonce que le corps est divisé verticalement en dix zones s'étendant de la tête aux extrémités des doigts et des orteils. Chaque côté du corps en comporte cinq ; le gauche correspond à la main et au pied gauches, le droit à la main et au pied droits.

Chaque zone renferme différents organes, la tête présentant les mêmes divisions verticales que le corps. Sur la main, le pouce correspond à la zone 1, l'index à la 2, le médius à la 3, l'annulaire à la 4 et l'auriculaire à la 5.

Voies énergétiques

La force vitale emprunte ces zones, établissant un lien énergétique entre organes, muscles, irrigation sanguine, cellules nerveuses et différents types de tissus selon les régions du corps. Tout trouble affectant un organe se répercute sur le fonctionnement des autres organes situés dans la même zone.

Une pression exercée sur les mains et les pieds accélère le flux énergétique au sein de toutes leurs zones d'influence, cela parce qu'ils se trouvent à leurs extrémités, là où la sensibilité aux manipulations — dont dépendent les réflexes — est la plus grande.

Zones

Des pressions exercées sur mains et pieds accélèrent le flux énergétique dans toute la zone correspondante.

Les zones verticales découpent le corps de la tête aux orteils, et de l'avant vers l'arrière.

Le pouce correspond à la zone 1

L'index à la zone 2

Le médius à la zone 3

L'annulaire à la zone 4

L'auriculaire à la zone 5

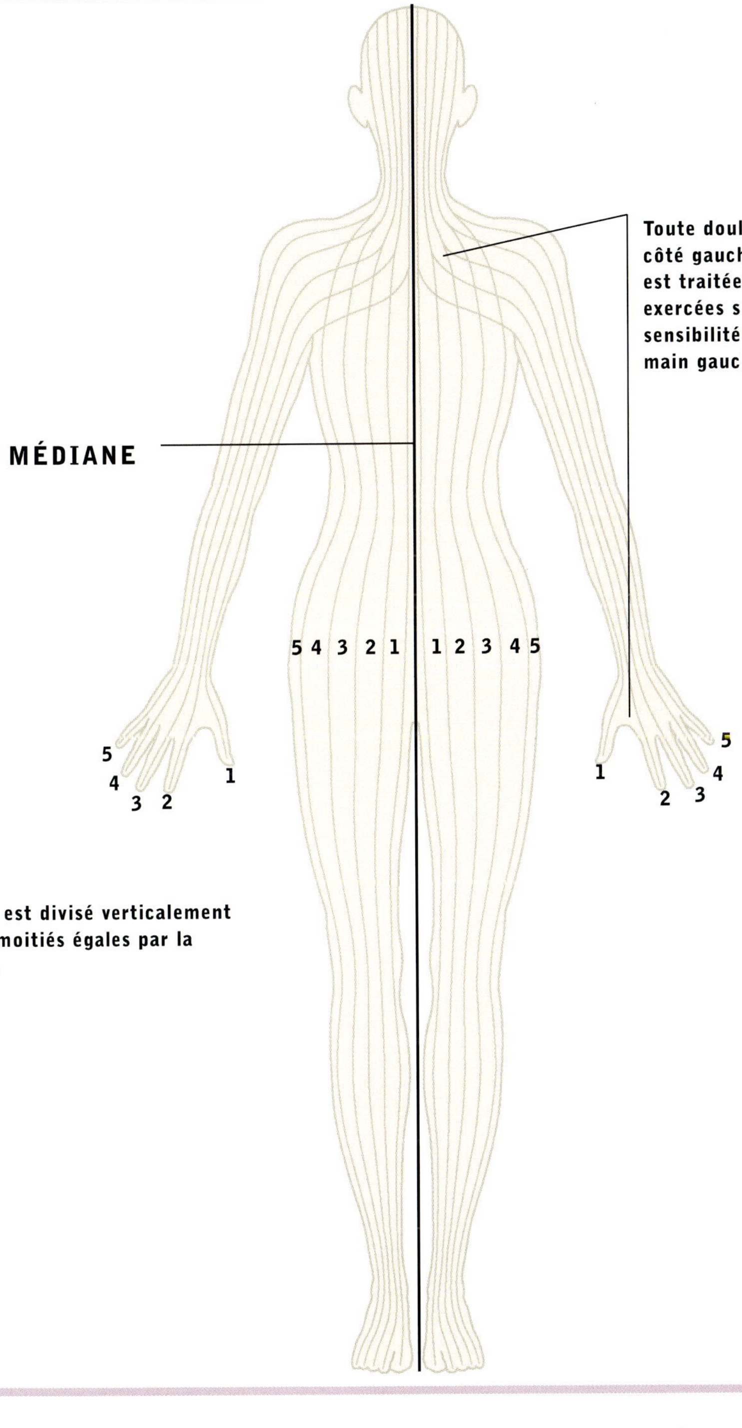

Toute douleur siégeant du côté gauche, dans la zone 2, est traitée par des pressions exercées sur la zone de sensibilité 2, située sur la main gauche.

Le corps est divisé verticalement en deux moitiés égales par la médiane.

Réflexologie et main

ANGLES DE VISION DE LA MAIN

Représentés par les photographies ci-dessous (dos, paume, profils externe et interne), ils vous seront utiles lorsque vous arriverez au passage exposant les techniques de manipulation.

POINTS RÉFLEXOGÈNES

Présentés sur le tableau ci-contre, ils correspondent à différentes parties du corps. Base du traitement réflexologique, il est indispensable d'en connaître les positions précises et de bien assimiler les techniques employées pour les stimuler.

Profil interne

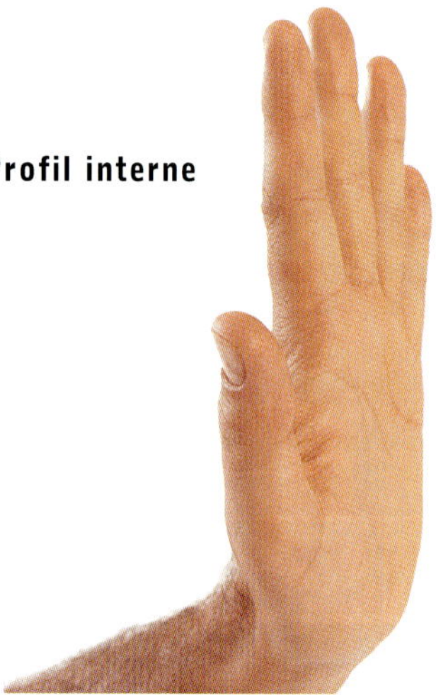

Profil externe

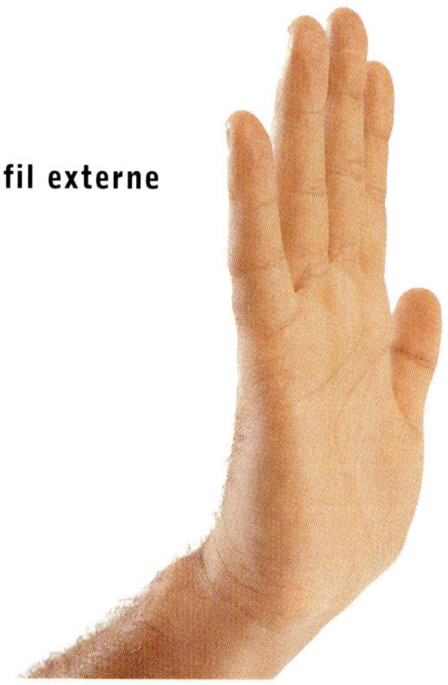

Dos

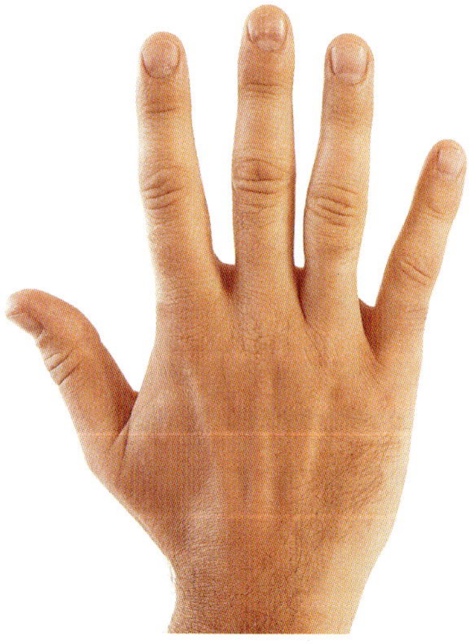

Paume

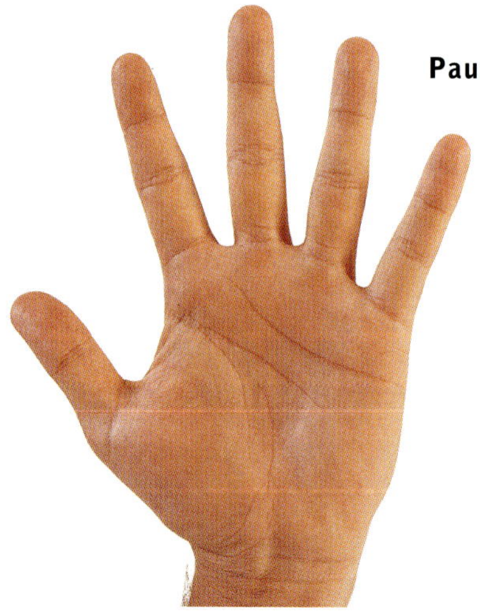

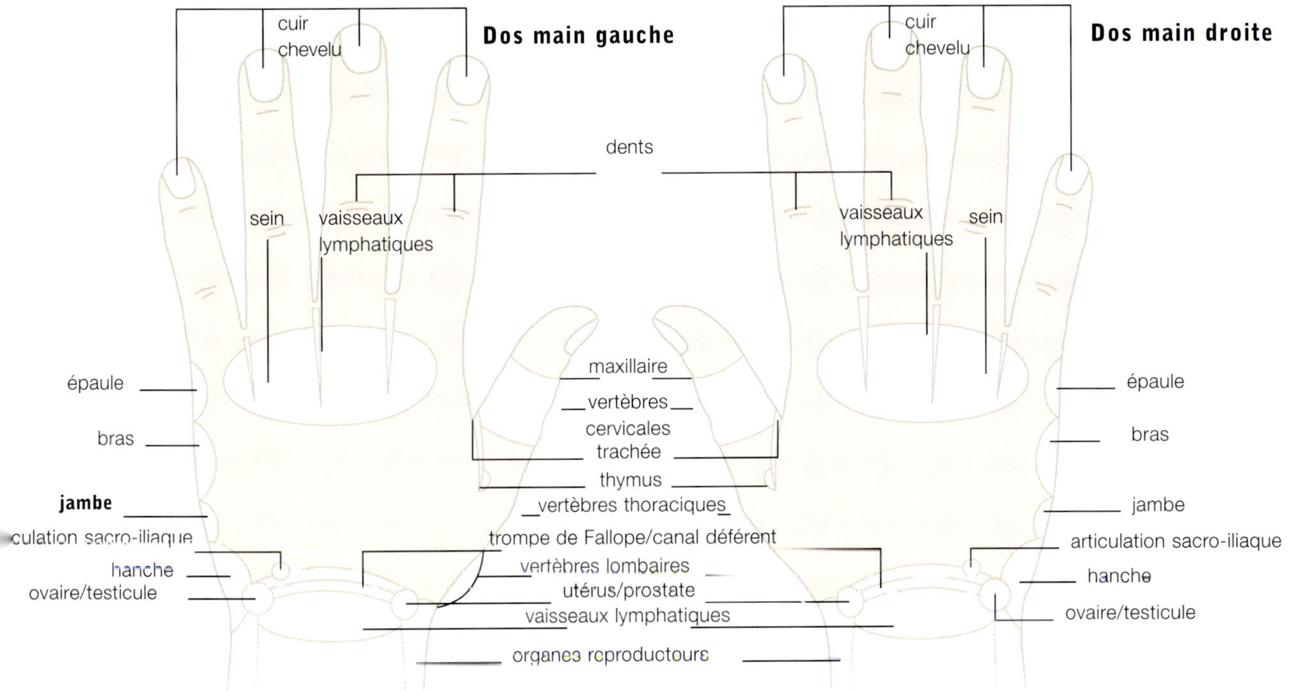
Dos main gauche
cuir
chevelu
dents
sein
vaisseaux
lymphatiques
épaule
bras
jambe
ulation sacro-iliaque
hanche
ovaire/testicule
maxillaire
vertèbres
cervicales
trachée
thymus
vertèbres thoraciques
trompe de Fallope/canal déférent
vertèbres lombaires
utérus/prostate
vaisseaux lymphatiques
organes reproducteurs
Dos main droite
cuir
chevelu
vaisseaux
lymphatiques
sein
épaule
bras
jambe
articulation sacro-iliaque
hanche
ovaire/testicule

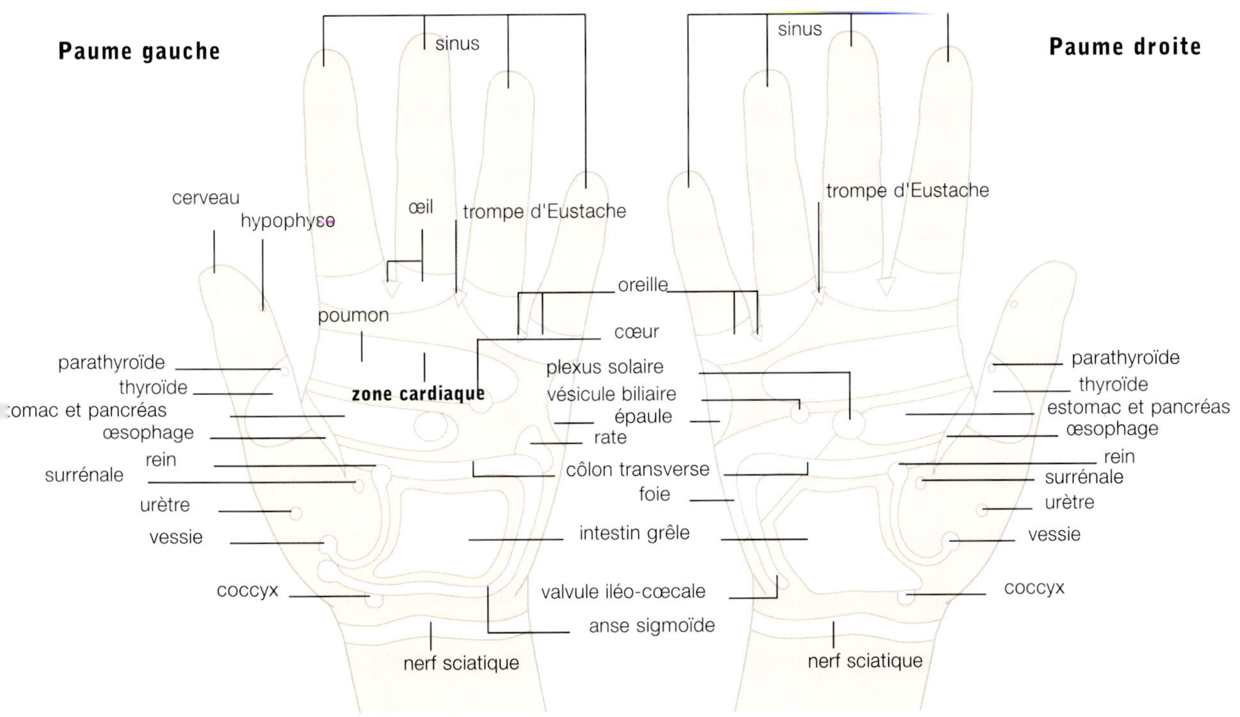
Paume gauche
sinus
cerveau
hypophyse
œil
trompe d'Eustache
poumon
parathyroïde
thyroïde
omac et pancréas
œsophage
rein
surrénale
urètre
vessie
coccyx
zone cardiaque
nerf sciatique
oreille
cœur
plexus solaire
vésicule biliaire
épaule
rate
côlon transverse
foie
intestin grêle
valvule iléo-cœcale
anse sigmoïde
Paume droite
sinus
trompe d'Eustache
parathyroïde
thyroïde
estomac et pancréas
œsophage
rein
surrénale
urètre
vessie
coccyx
nerf sciatique

Réflexes croisés

On les déclenche en stimulant des points ou zones réflexogènes qui sont les **"projections"** d'autres parties du corps ; ainsi les membres supérieurs sont celles des membres inférieurs. Voici d'autres exemples ou correspondances :

- Doigts/Orteils
- Main/Pied
- Poignet/Cheville
- Bras/Jambe
- Coude/Genou
- Épaule/Hanche

Les réflexes croisés se fondent sur le **concept zonal** (voir page 20) élaboré par le Dr Fitzgerald qui posait des pinces à linge au bout des doigts pour anesthésier certaines parties du pied.

Prenons, par exemple, la douleur engendrée par le "tennis elbow" du bras droit. Vous pouvez l'atténuer en stimulant les points réflexogènes appropriés situés sur la main droite. Mais vous pouvez aussi le faire en manipulant la zone correspondant au genou droit, se situant sur le pied droit. Le déclenchement du réflexe croisé désobstrue la voie énergétique menant à la douleur et favorise la mobilité de l'articulation.

On peut donc traiter un sujet présentant un traumatisme des orteils, du pied ou de la cheville en stimulant les points réflexogènes qui, sur la main, en sont les projections, c'est-à-dire les doigts, la paume/le dos, ou le poignet. À l'inverse, s'il vous est impossible de manipuler la main parce qu'elle est blessée, manipulez la zone du membre inférieur lui correspondant.

Réflexes croisés

En ce qui concerne les membres de même latéralité, les réflexes portent la désignation de réflexes croisés (c'est-à-dire que la stimulation des points réflexogènes situés sur l'un agit sur toute pathologie affectant l'autre, et réciproquement). Par exemple, pour traiter un trouble spécifique d'un membre inférieur, on peut donc stimuler, sur la main, le point réflexogène correspondant à son homologue du membre supérieur.

Les bras correspondent aux jambes.

Les épaules correspondent aux hanches.

Les coudes correspondent aux genoux.

Les poignets correspondent aux chevilles.

Les mains correspondent aux pieds.

Les doigts correspondent aux orteils

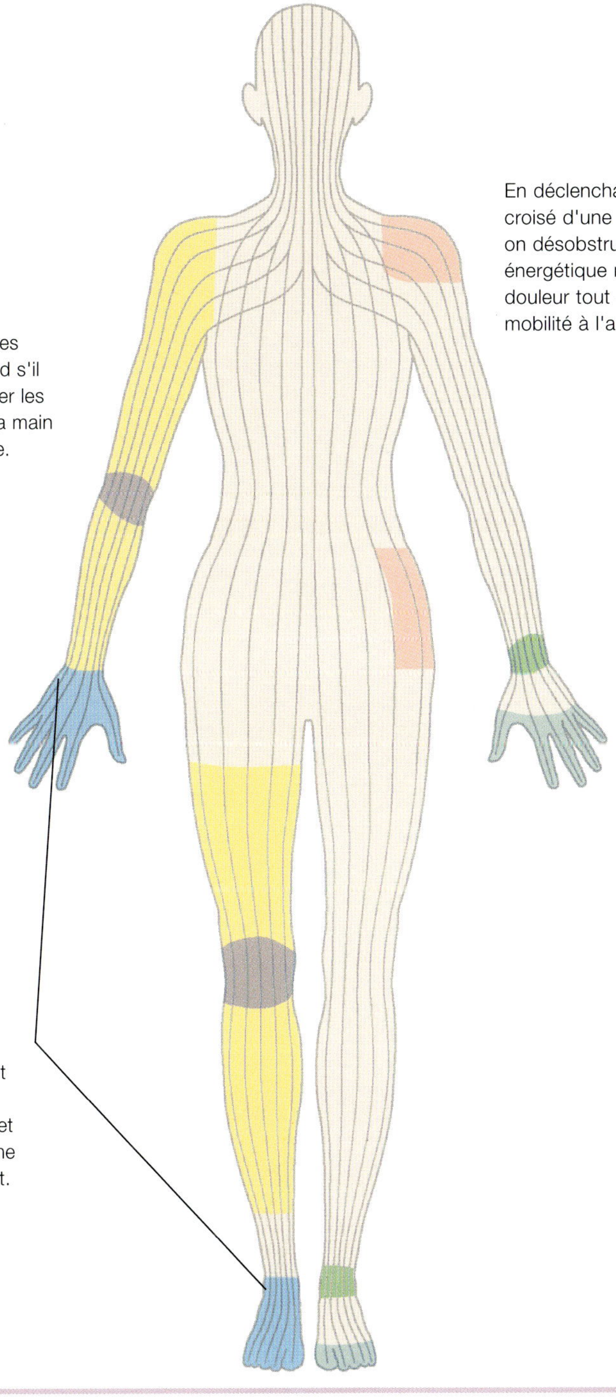

En déclenchant le réflexe croisé d'une zone traumatisée, on désobstrue la voie énergétique menant à la douleur tout en rendant sa mobilité à l'articulation.

On déclenche des réflexes croisés au niveau du pied s'il est impossible de stimuler les points réflexogènes de la main parce qu'elle est blessée.

La douleur provoquée par une entorse de la cheville droite est atténuée en imaginant que la main droite est le pied blessé et en stimulant la zone réflexogène correspondant au poignet droit.

Anatomie et physiologie du corps

Pour mesurer pleinement les effets de la réflexologie, il est important d'acquérir une certaine compréhension de l'architecture et du fonctionnement des systèmes et appareils vitaux qui constituent l'organisme, présentés ici sous forme d'illustrations accompagnées d'explications simples portant sur le rôle de leurs éléments constitutifs. La dernière partie de ce chapitre détaille l'anatomie de la main.

LES TYPES DE CELLULES

D'une manière générale, on définit la cellule comme la plus petite unité fonctionnelle répondant aux critères qui caractérisent la vie : respiration, mouvement, digestion, excrétion, reproduction et croissance. Cependant, maintes cellules spécialisées de l'organisme humain ne possèdent pas toutes ces capacités, notamment les suivantes :

- Les cellules nerveuses **(neurones)** qui transmettent les influx nerveux.
- Les globules rouges **(érythrocytes)** qui transportent l'oxygène dans le corps.
- Les cellules osseuses **(ostéocytes)** qui fabriquent les os.
- Les cellules sécrétrices, qui produisent des substances indispensables à différents processus organiques ; citons, par exemple, les enzymes qui participent à la digestion.

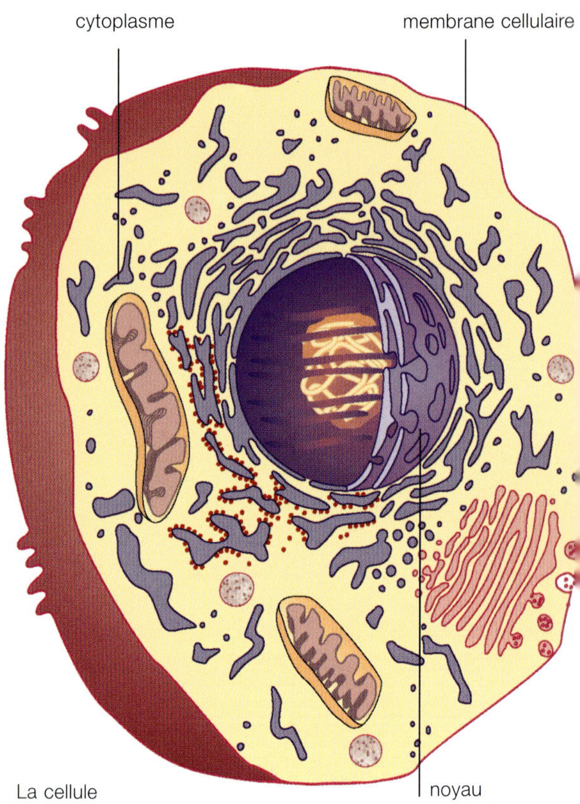

La cellule

Les principaux éléments d'une cellule sont:

- La **membrane**, qui commande les échanges de gaz, nutriments et déchets métaboliques vers l'intérieur ou l'extérieur de la cellule
- Le **noyau**, centrale énergétique de la cellule, dont dépendent toutes ses fonctions.
- Le **cytoplasme**, qui constitue le milieu intracellulaire.

LA PEAU

Enveloppe externe du corps et organe le plus étendu, elle est constituée d'une assise extérieure de cellules aplaties **(l'épiderme)** et d'une assise intérieure **(le derme)**, qui abritent différents éléments remplissant chacun une fonction précise, détaillée ci-dessous :

- **L'épiderme** protège des blessures et substances nocives ; de même, il cicatrise les sites traumatiques. Il produit aussi la mélanine (à l'origine du bronzage) qui prévient les risques liés aux dangereux rayons ultraviolets du soleil.
- Les **capillaires sanguins** qui, en se contractant lorsqu'il fait froid et en se dilatant lorsqu'il fait chaud, régulent la température du corps.
- Les **terminaisons nerveuses**, sensibles à la fois à la température et au toucher.
- Les **poils** et leurs muscles participent aussi à la régulation thermique par le biais des frissons et de la "chair de poule" quand il fait froid.
- Les **glandes sudoripares** qui sécrètent la sueur, refroidissant ainsi le corps.

En outre, des glandes particulières **(glandes mammaires)**, propres aux mammifères, sécrètent le lait qui nourrit les bébés.

La peau

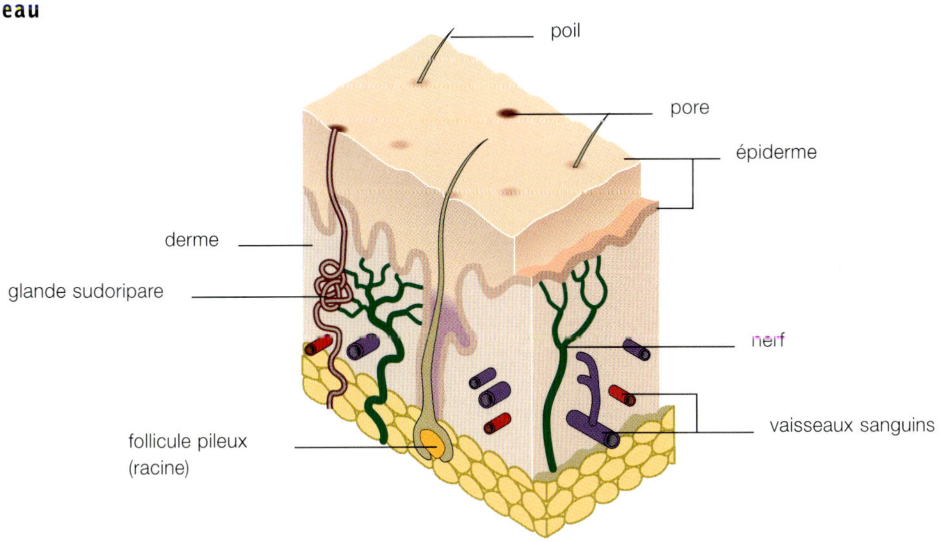

LES OS

Le squelette humain adulte en comporte 206, dont 26 pour le pied et 27 pour la main, et joue les rôles suivants :

- Charpente du corps, il le soutient comme le fait l'armature d'une tour, le plâtre représentant les muscles, les circuits de chauffage et d'eau potable l'appareil circulatoire.
- Ligaments et tendons s'insèrent sur lui, permettant l'articulation et la mobilisation du corps.
- Protection des organes vitaux ; la cage thoracique, par exemple, protège le cœur et les poumons ; le crâne, le cerveau.
- Fabrication des globules rouges et blancs.

LES MUSCLES

Ils constituent environ la moitié du poids du corps et se répartissent en trois types principaux :

1 **Les muscles squelettiques,** formés de fibres striées réunies en faisceaux par le tissu conjonctif et s'insérant sur les os grâce aux tendons. Ils dépendent en grande partie de notre volonté (le réflexe rotulien excepté) et, en général, sont antagonistes, c'est-à-dire que lorsque l'un se contractent l'autre est relâché, et réciproquement.

2 **Les muscles lisses,** qualifiés aussi d'involontaires car échappant à notre volonté, et constitués de fibres longues réunies par le tissu conjonctif, qui se contractent lentement mais de manière prolongée, comme ceux de l'intestin et de la vessie. Ils sont également présents autour des vaisseaux sanguins et dans la peau.

3 **Le muscle cardiaque,** unique en son genre, qui constitue le cœur, a approximativement la taille d'un pamplemousse. À certains égards, il se situe à mi-chemin entre muscles striés et lisses. Il se contracte de manière rythmée et en permanence.

Les os

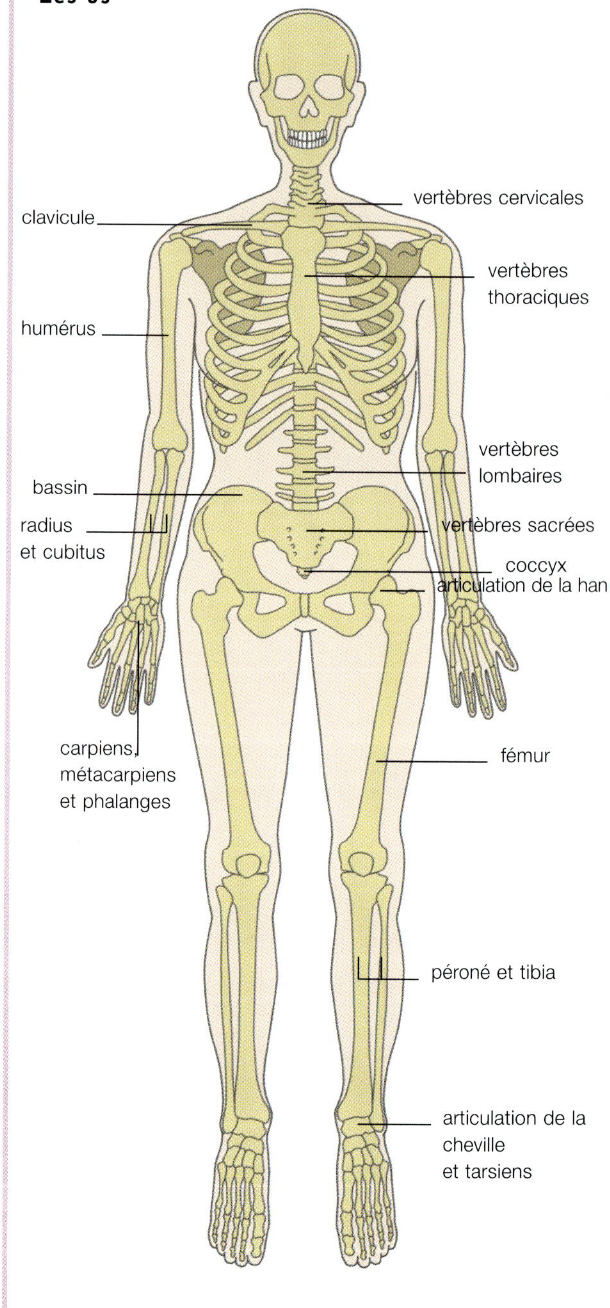

Les muscles

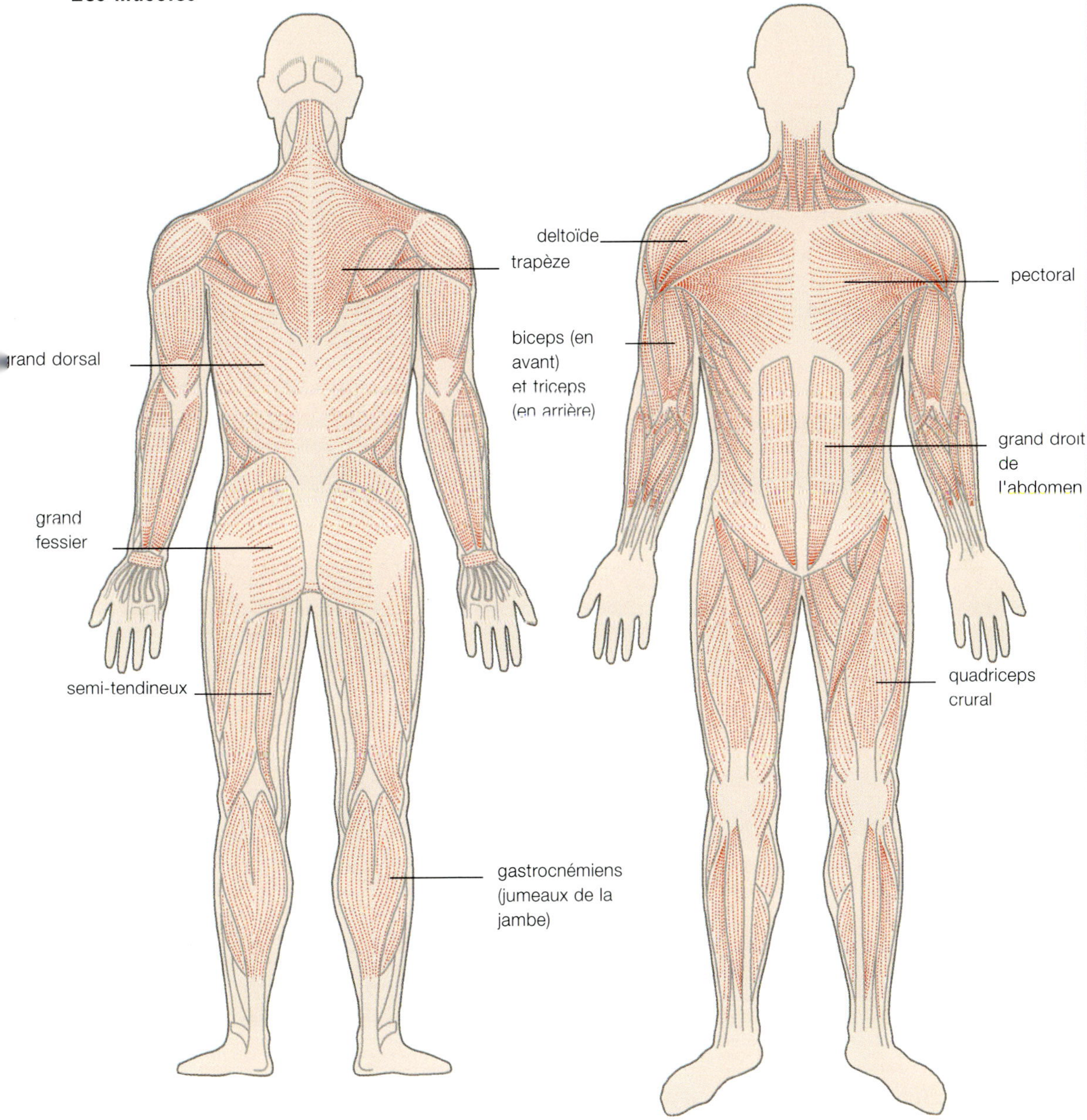
deltoïde
trapèze
pectoral
biceps (en avant) et triceps (en arrière)
grand dorsal
grand droit de l'abdomen
grand fessier
semi-tendineux
quadriceps crural
gastrocnémiens (jumeaux de la jambe)

APPAREIL CIRCULATOIRE (CARDIO-VASCULAIRE)

Il se décompose en trois parties :

1 Le **cœur**, organe de la taille approximative d'un pamplemousse, constitué du muscle cardiaque (voir page 28), qui est le moteur de la circulation sanguine et est divisé en quatre cavités :

- Les **oreillette** et **ventricule droits** qui recueillent le sang désoxygéné provenant de l'organisme et qui l'envoient dans les poumons (circulation pulmonaire).
- Les **oreillette** et **ventricule gauches**, qui reçoivent le sang oxygéné provenant des poumons et le propulsent dans l'organisme (circulation générale).

2 Les **vaisseaux sanguins** qui se répartissent en trois types principaux :

- Les **artères** qui véhiculent le sang oxygéné.
- Les **veines** qui transportent le sang désoxygéné.
- Les **capillaires**, petits vaisseaux sanguins faisant communiquer artères et veines.

3 Le **sang** constitué des éléments suivants :

- Le **plasma** sa composante liquide.
- Les **globules rouges** qui renferment un pigment (l'hémoglobine), vecteur de l'oxygène ou du gaz carbonique.
- Les **globules blancs** qui combattent l'infection (voir le système lymphatique, page 31).
- Les **plaquettes** qui favorisent la coagulation.

Principaux rôles de l'appareil circulatoire :

- Transport de l'oxygène et des nutriments vers les cellules ainsi que du gaz carbonique et des déchets métaboliques produits par celles-ci
- Régulation de la teneur de l'organisme en eau, de la température et de l'équilibre acido-basique (pH).
- Protection contre traumatismes et infections.

En activant la circulation, la réflexologie améliore l'oxygénation de l'organisme, le redynamise tout en renforçant le processus de guérison et relance l'élimination des déchets.

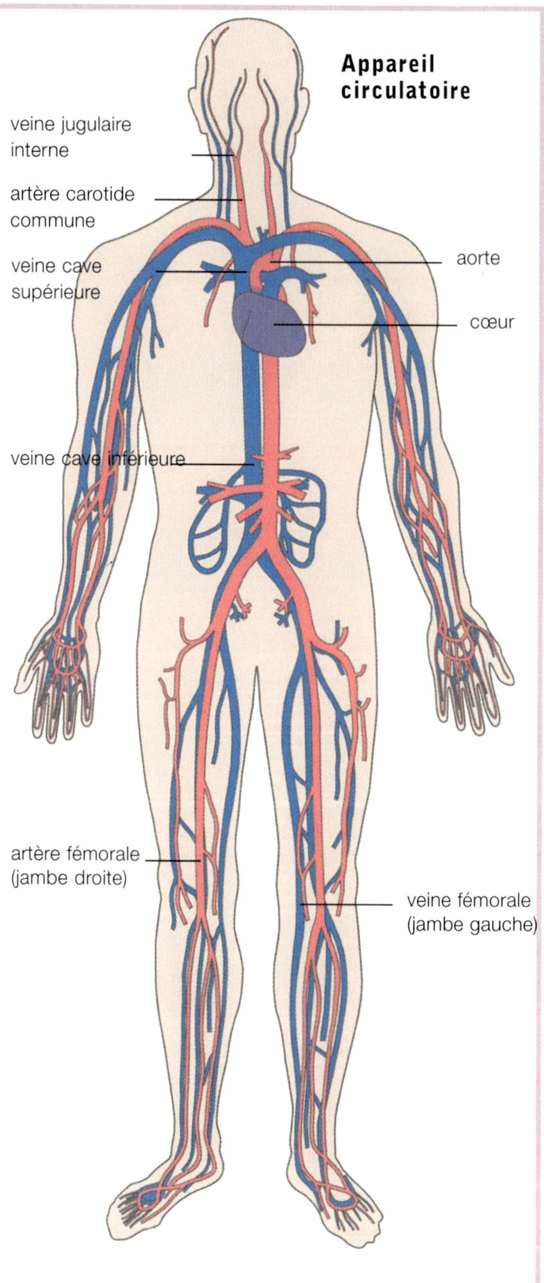

INFLAMMATION DES GANGLIONS LYMPHATIQUES

Quand ils libèrent des globules blancs pour combattre l'infection, les ganglions lymphatiques augmentent de volume. Ainsi, lorsqu'une infection bactérienne de la main s'étend, elle entraîne une inflammation douloureuse de ceux situés sous l'aisselle correspondante. En l'absence de traitement antibiotique, elle risque de conduire à un empoisonnement sanguin (septicémie).

Système lymphatique

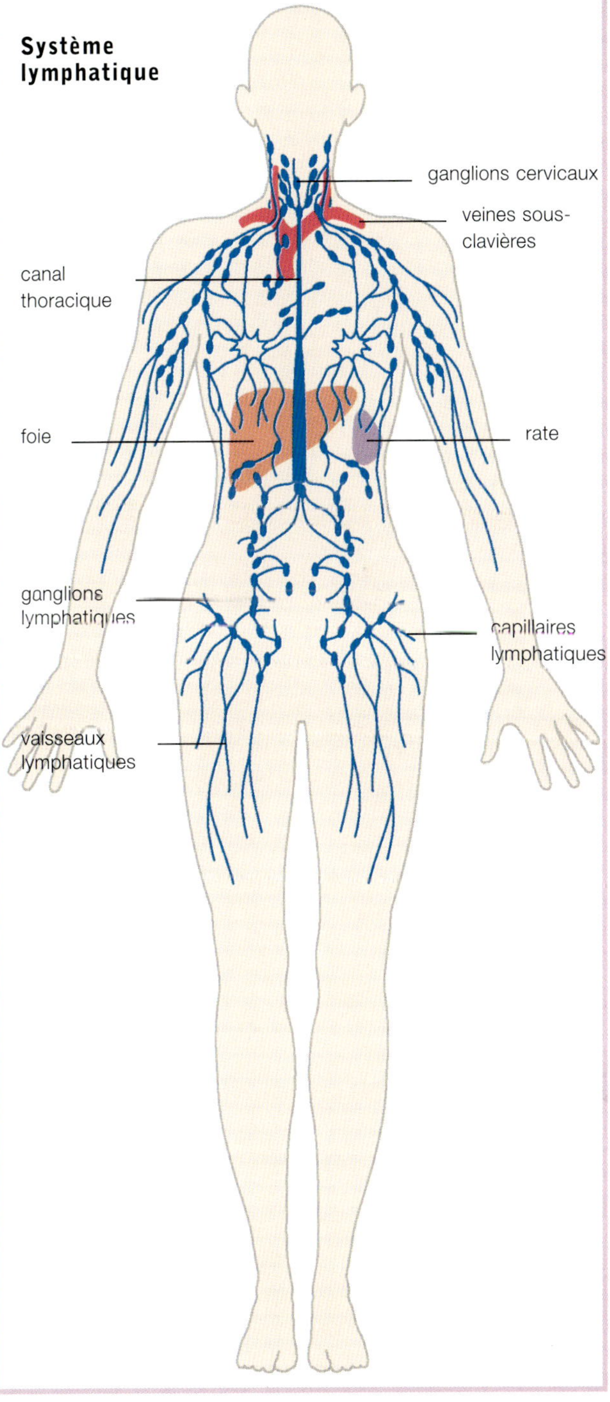

SYSTÈME LYMPHATIQUE

C'est l'un des plus importants de l'organisme humain, car il le défend contre les corps étrangers tels que virus, bactéries ou champignons. Son réseau de vaisseaux se ramifie dans tout le corps, véhiculant un liquide presque incolore, la **lymphe**, qui renvoie le surplus liquidien tissulaire dans la circulation et participe à la lutte contre l'infection.

Le système lymphatique se compose de :

- **Vaisseaux et canaux** recueillant la lymphe en excès et la renvoyant dans la circulation générale.
- **Ganglions** libérant des globules blancs pour combattre l'infection.

SYSTÈME NERVEUX

Il présente deux composantes principales :

1 Le système nerveux central qui comprend le cerveau et la moelle épinière, est comparable à l'unité centrale d'un ordinateur qui recueille et traite les informations lui parvenant des organes sensoriels. Le cerveau est le centre de commande où les opérations nobles — réflexion, prise de décision, exécution et maîtrise des actes — sont effectuées. Les informations sensorielles émanant des yeux, des oreilles et du nez (goût et odorat) sont directement transmises à l'encéphale.

2 Le système nerveux périphérique, réseau de cellules nerveuses omniprésentes dans l'organisme, relie le système nerveux central aux organes et tissus. Ces rapports sont inconscients (autonomes), et intéressés par des fonctions comme le besoin d'uriner ou la transpiration, ou conscients (somatiques), c'est-à-dire participant aux mécanismes organiques et glandulaires normaux.

Les **cellules nerveuses** (neurones), qui fonctionnent à sens unique, transmettant soit des informations sensorielles, soit des ordres d'exécution ; chacune se compose des éléments suivants :

- Un **corps cellulaire**.
- Un **récepteur** qui recueille les informations sensorielles.
- Un **transmetteur** qui émet les ordres d'exécution.
- **L'axone**, longue fibre fusiforme, qui véhicule les informations ou les ordres d'exécution.

Les influx nerveux passent par des relais (synapses), situés entre récepteurs et transmetteurs, cela grâce à des corps chimiques appelés **neurotransmetteurs**.

Système nerveux

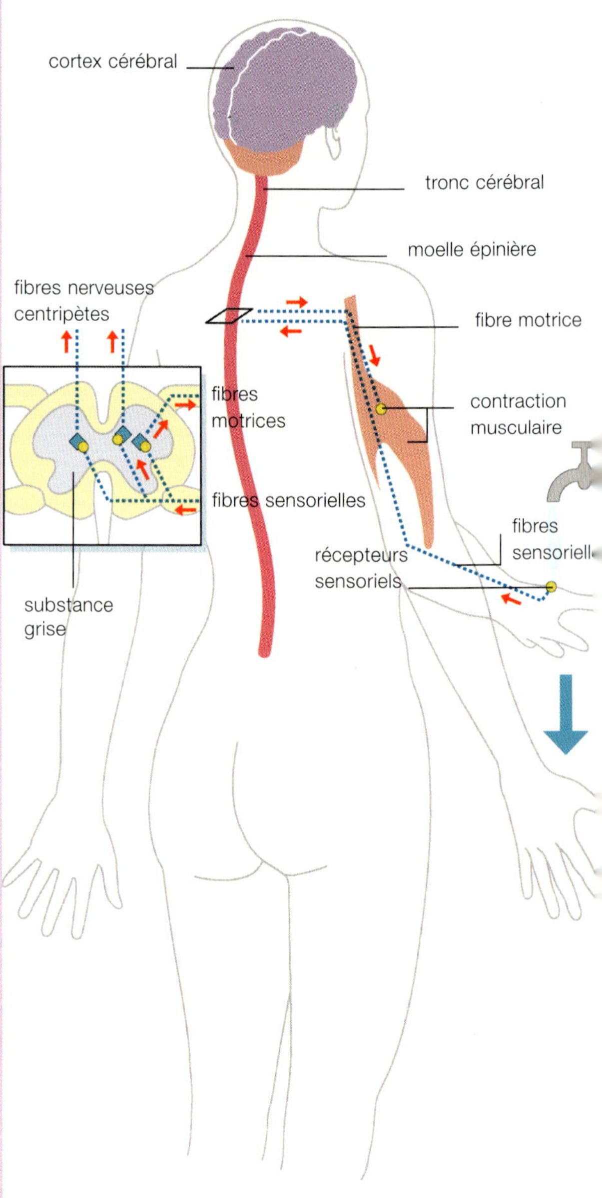

SYTÈME ENDOCRINIEN ET HORMONES

Le système endocrinien est constitué d'un groupe de **glandes endocrines (à sécrétion interne)** produisant des substances qui passent directement dans la circulation sanguine (contrairement aux sécrétions d'autres glandes — par exemple les sudoripares — qui empruntent des canaux).

Ces substances, appelées **hormones**, sont essentiellement des messagers chimiques qui agissent sur des organes et d'autres glandes de l'organisme pour les activer, comme c'est le cas dans la digestion, la consommation d'énergie, les états émotionnels, la reproduction et les règles. À bien des égards, le système endocrinien fonctionne de manière analogue au système nerveux.

Système endocrinien et hormones

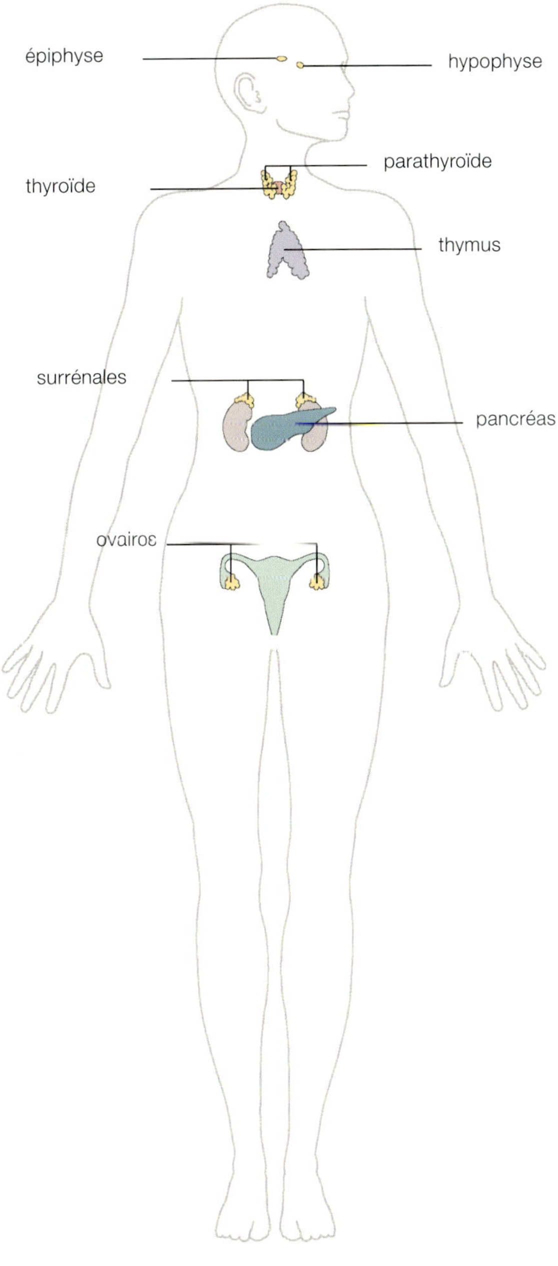

APPAREIL RESPIRATOIRE

Sa fonction se décompose en deux temps, l'inspiration et l'expiration, deux choses qui, dans l'existence, sont vitales. En conséquence, l'oxygène contribue à la production de l'énergie nécessaire au métabolisme (elle provient surtout du sucre). À l'inverse, un déchet, le gaz carbonique passe des cellules dans la circulation sanguine pour être évacué au niveau pulmonaire.

Anatomiquement, il se présente ainsi :

- La **trachée** qui mène à un réseau de voies ramifiées (les **bronches** et les **bronchioles**) que l'air emprunte pour entrer et sortir des poumons.
- Le **diaphragme** qui, au repos, a l'aspect d'une cloison musculaire en coupole à concavité inférieure séparant la cage thoracique de l'abdomen. Quand il se contracte et s'aplatit, il dilate la cavité thoracique pour aspirer l'air dans les poumons. Lorsque les **muscles intercostaux** se contractent, il se relâche et l'air est expulsé des poumons.
- Les **poumons** renferment d'innombrables et minuscules culs-de-sac, appelés **alvéoles**, richement irriguées par des capillaires sanguins. À l'inspiration, l'oxygène passe de l'air dans le sang, alors qu'à l'expiration, c'est le gaz carbonique qui passe du sang dans l'air.

Appareil respiratoire

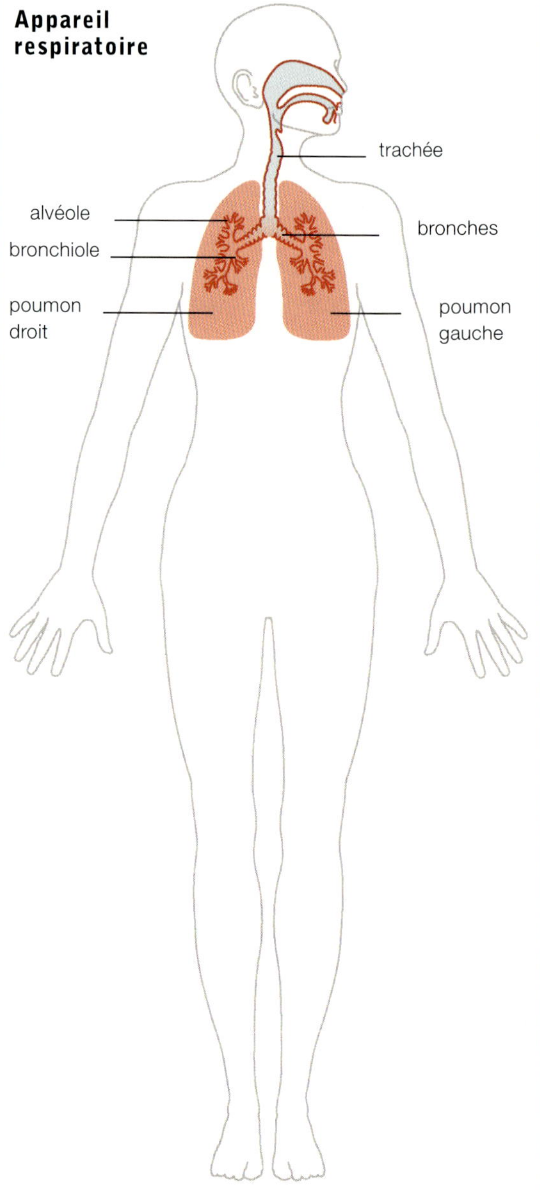

LES SINUS

Ces cavités de l'ossature faciale, voisines des yeux et du nez, sont remplies d'air et tapissées de muqueuses. C'est la raison pour laquelle, lorsqu'on est enrhumé, nez et yeux se congestionnent étant donné qu'elles se remplissent de mucus. Dans ce cas, la réflexologie de la main les draine efficacement (voir page 62).

APPAREIL DIGESTIF

La digestion débute quand nous mettons des aliments dans notre bouche, et s'achève quand ils sont évacués sous forme de matières fécales. Ce déplacement de la nourriture à l'intérieur du tube digestif porte le nom de **péristaltisme**. Les aliments renferment des hydrates de carbone, des protéines et des graisses — source d'énergie de l'organisme — qu'il faut traiter avant qu'ils soient assimilables, fonction que remplit l'appareil digestif.

Appareil digestif

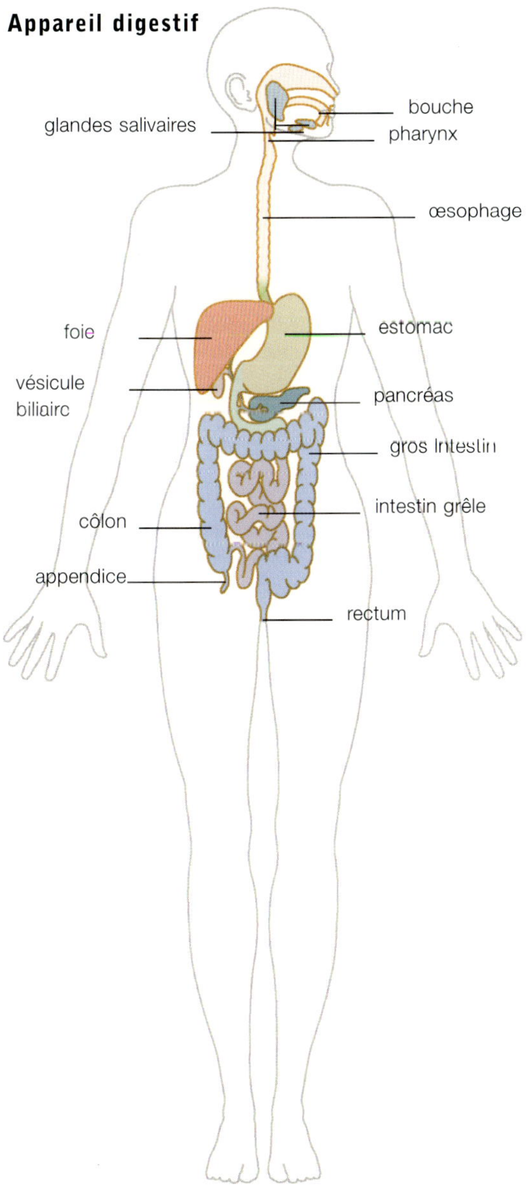

Les quatre étapes de la digestion :

- La **bouche**, où la mastication et l'action enzymatique dégradent la nourriture en parcelles plus petites pour la préparer à l'étape suivante.
- L'**estomac**, où l'acide sécrété permet aux enzymes gastriques de morceler encore davantage les aliments.
- L'**intestin grêle**, où des substances alcalines provenant de la vésicule biliaire, des enzymes et des sécrétions pancréatiques achèvent leur digestion. C'est à ce niveau que s'opère l'assimilation des nutriments.
- Le **gros intestin/côlon**, où l'eau des substances indigestes — principalement des fibres — est absorbée avant qu'elles ne soient évacuées sous forme de selles.

LE FOIE

Organe le plus volumineux de l'organisme, il est situé entre les vaisseaux sanguins issus de l'intestin et ceux transportant le sang vers le cœur, position idéale pour la détoxication. La vésicule biliaire se trouve derrière lui.

LE PANCRÉAS

Il est constitué de deux groupes de cellules différents. L'un sécrète le suc pancréatique qui emprunte des canaux menant à l'intestin grêle. L'autre, formé par les îlots de Langerhans, produit une hormone, l'insuline, qui passe directement dans le sang.

APPAREIL URINAIRE (EXCRÉTEUR)

Son rôle consiste à éliminer certains déchets métaboliques et à réguler la quantité d'eau présente dans l'organisme : qu'elle soit excessive, elle provoque un œdème tissulaire ; qu'elle soit déficitaire, c'est la déshydratation.

Anatomiquement, il se compose des éléments suivants:

- Les **reins** qui, au nombre de deux et en forme de haricot, sont situés dans la région lombaire. Chacun d'eux comporte un grand nombre de tubules qui extraient du sang les déchets métaboliques ainsi que l'eau en excès, cette dernière étant évacuée sous forme d'**urine**.
- L'**uretère** (un pour chaque rein), que l'urine emprunte pour aller des reins à la vessie.
- La **vessie**, réceptacle musculaire où s'accumule l'urine.
- L'**urètre**, par lequel l'urine est évacuée de l'organisme. Chez la femme, il est court et totalement indépendant de l'appreil reproducteur (vagin). Chez l'homme, il est beaucoup plus long et prolongé par le pénis, emprunté à la fois par le sperme et l'urine.

Appareil urinaire masculin

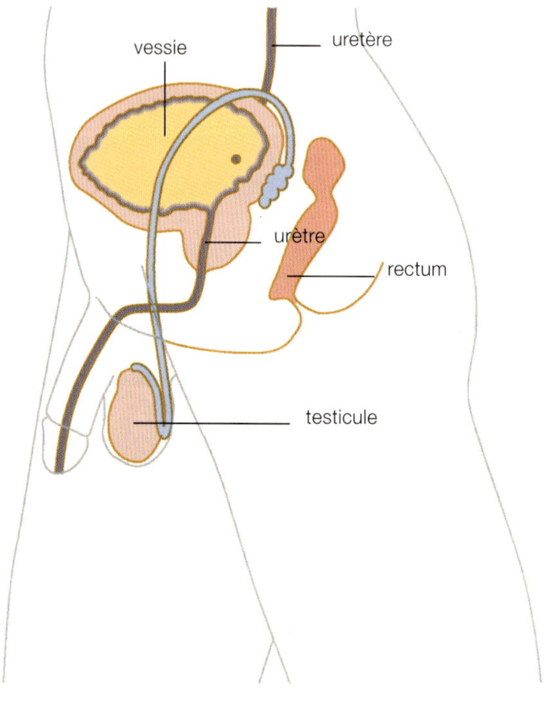

Appareil urinaire féminin

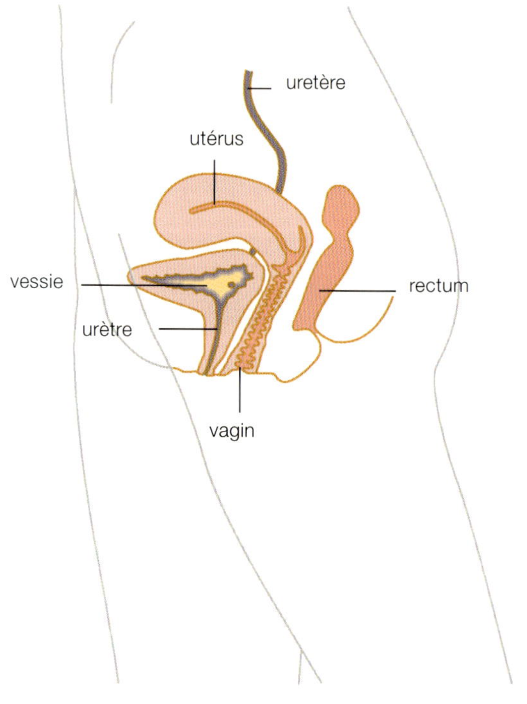

APPAREILS REPRODUCTEURS

Celui de l'homme est étroitement lié à l'appareil urinaire.

Les organes sexuels masculins se décomposent ainsi:

- Les **testicules** qui, activés par les sécrétions hypophysaires, engendrent les spermatozoïdes.
- Les **voies spermatiques (canaux déférents)** qui amènent les spermatozoïdes dans l'urèthre.
- La **prostate** qui lubrifie les spermatozoïdes.
- L'**urètre** qui parcourt le pénis sur toute sa longueur.

Les organes sexuels féminins se décomposent ainsi :

- Les **ovaires** qui, activés par les sécrétions hypophysaires, libèrent un ovule environ tous les 28 jours et secrètent des hormones.
- Les **trompes de Fallope** qui amènent les ovules dans l'utérus.
- L'**utérus** qui, activé par les hormones ovariennes, se prépare à recevoir l'ovule en augmentant l'irrigation sanguine de sa muqueuse. Si un ovule est fécondé par un spermatozoïde, il se "niche"dans la muqueuse et commence à évoluer pour devenir un bébé ; la femme est alors enceinte. Si l'ovule n'est pas fécondé, la muqueuse utérine se désagrège et est évacuée de l'organisme par le vagin ; cet écoulement porte le nom de règles, ou de menstruation.

Lorsqu'une femme n'ovule plus en raison de son âge, elle n'a plus de règles et ne peut plus procréer ; c'est le début de la ménopause.

Appareil reproducteur masculin

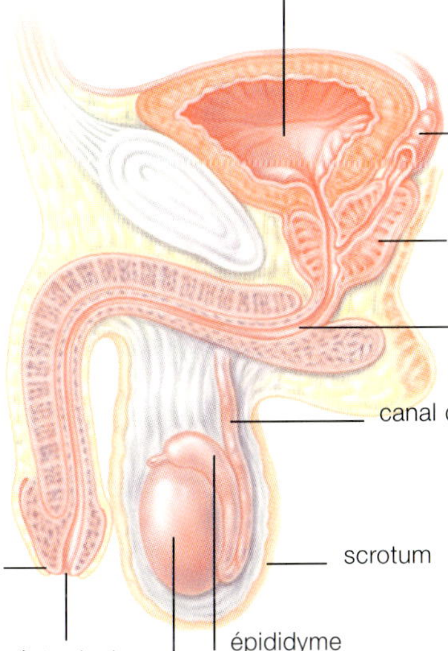

Appareil reproducteur féminin

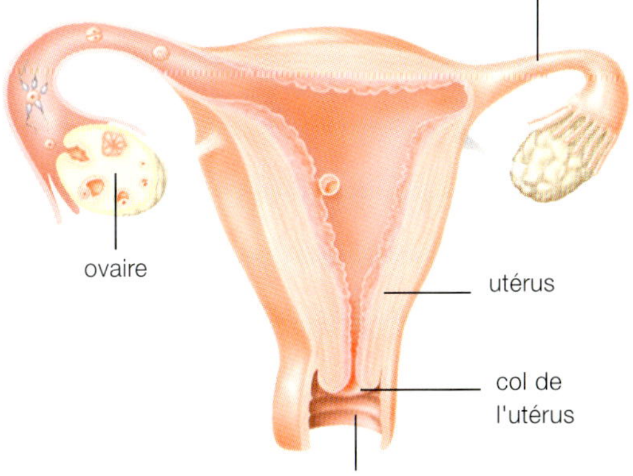

ANATOMIE DE LA MAIN

En réflexologie, pour mieux déterminer la localisation précise des points réflexogènes à stimuler, il importe d'avoir une connaissance et une compréhension élémentaires du squelette de la main.

OS ET ARTICULATIONS

La main se compose de 27 os solidarisés par des ligaments, des tendons et des muscles. Ses os se répartissent en trois types :
1 Ceux du poignet, ou **carpiens**, au nombre de huit.
2 Ceux de la main, ou **métacarpiens**, au nombre de cinq.
3 Ceux des doigts, ou **phalanges**, au nombre de trois par doigt, et deux pour le pouce.

En outre, il existe trois types d'articulations :

1 Les **articulations en charnière**, propres aux quatre doigts, qui fonctionnent comme les gonds d'une porte, puisqu'elles "ouvrent et ferment" dans un seul plan.
2 Les **arthrodies** qui, situées entre les os du poignet, n'autorisent qu'une moindre amplitude de mouvements. De petits sacs — ou bourses séreuses — situés entre les articulations, permettent aux os de glisser aisément l'un sur l'autre.
3 Les **articulations en selle**, uniques en leur genre et caractéristiques du pouce.

L'ossification

C'est le processus par lequel diverses articulations se soudent à différentes périodes de l'enfance. Chez les bébés, le sommet du crâne — fontanelle — reste mou jusqu'à ce que les bords se calcifient vers 1 an. Chez un nouveau-né, les os du poignet ne sont pas non plus soudés mais, vers 11 ans, les espaces interarticulaires se réduisent pour évoluer en **symphyses** (articulations fixes).

ONGLES ET PEAU

Les extrémités des doigts présentent une couche cornée du limbe unguéal rattachée à un fin maillage de capillaires sanguins. Toute lésion de cette zone influence la croissance et l'aspect de l'ongle. Ongles et peau sont constitués de kératine, substance cornée. La peau de la paume (ainsi que celle de la plante du pied), différente du revêtement cutané qu'on trouve sur le reste du corps, ne présente ni follicules pileux, ni glandes sébacées.

SANG ET INNERVATION

La main est richement irriguée par des vaisseaux sanguins formant un conglomérat dense très visible lorsqu'il y a congestion. Pendant une séance de réflexologie, on le désobstrue en exerçant des pressions manuelles. La main présente également d'innombrables terminaisons nerveuses, notamment à l'extrémité des doigts, raison pour laquelle ils sont si sensibles.

LA MAIN VIEILLISSANTE

Avec le temps, la main se fragilise en raison de pathologies telle que l'ostéoporose (caractérisée par une diminution de la densité radiographique) ou l'arthrite. En conséquence, lorsqu'on traite un sujet, il importe de manipuler les points réflexogènes avec douceur, surtout les zones délicates, comme les vaisseaux sanguins saillants, où la peau est fine.

Os et articulations des mains

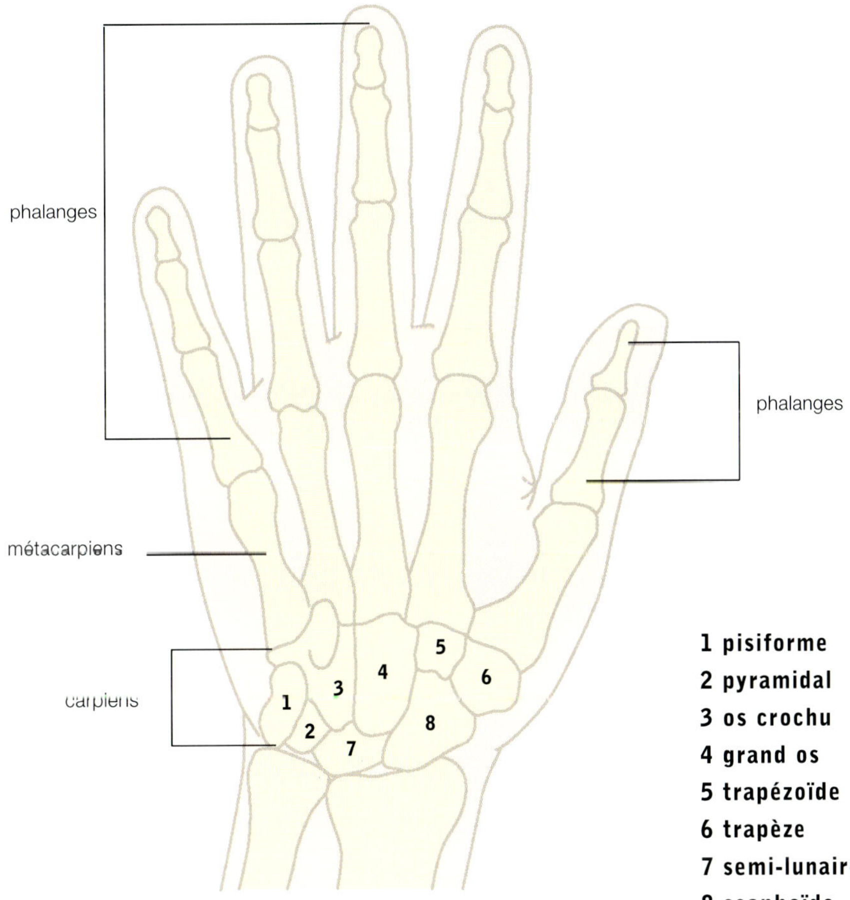

1 pisiforme
2 pyramidal
3 os crochu
4 grand os
5 trapézoïde
6 trapèze
7 semi-lunaire
8 scaphoïde

Une séance de réflexologie

Avant d'entamer une séance de réflexologie, vous devez vous préparer ainsi que l'environnement et le climat dans lesquels elle va se dérouler. Si vous traitez un(e) partenaire, il importe que vous teniez compte de toute pathologie pouvant affecter sa main et que vous adaptiez le traitement en conséquence.

Chaque séance doit débuter et s'achever par une série invariable de manipulations aussi devez-vous bien connaître les techniques de base à employer, qui sont décrites ici en détail et illustrées. Toutefois, sachez que vous êtes toujours libre d'improviser.

- **Ce qu'il faut retenir**
- **Préparation**
- **Échauffements**
- **Conclusions**
- **Techniques de base**

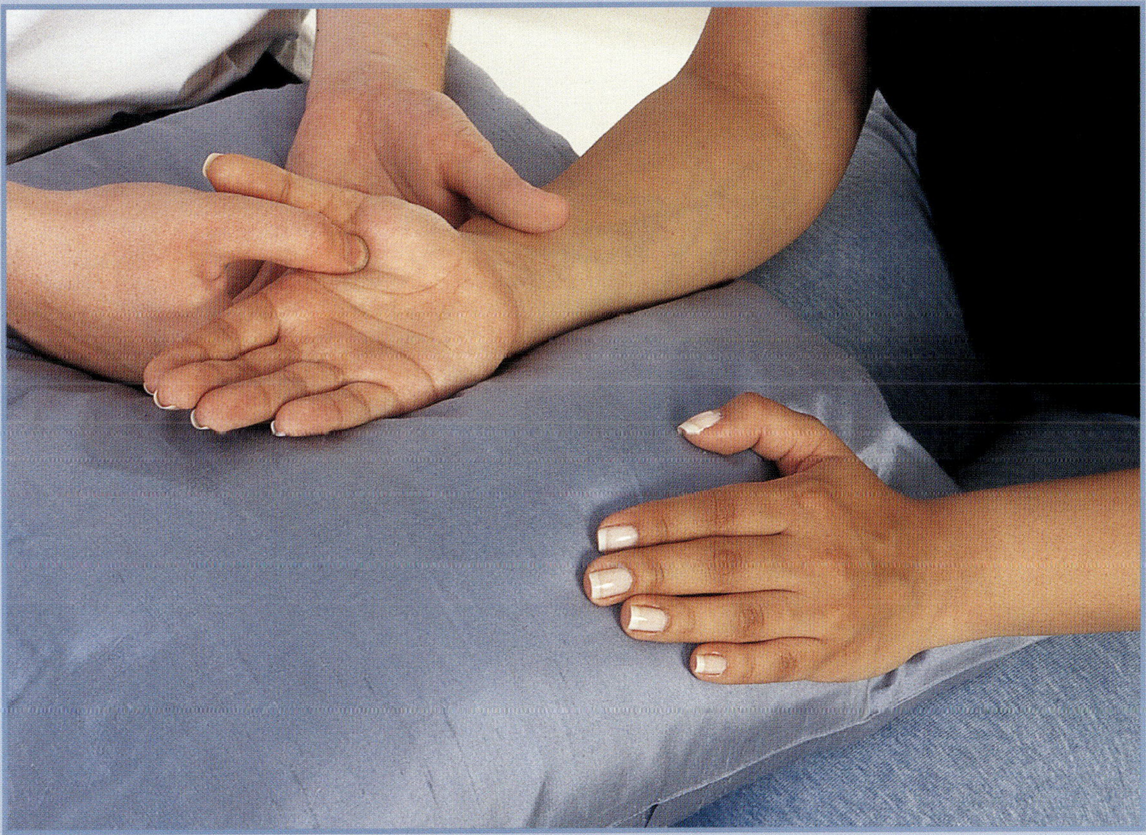

Ce qu'il faut retenir

Préalablement à toute séance réflexologique, il faut se rappeler un certain nombre de points.

L'APPROCHE HOLISTIQUE DE LA SANTÉ

Le mot "holistique" vient du grec *holos*, qui veut dire "global". Comme la plupart des thérapies présentant ce caractère, la réflexologie repose sur ce concept, qui a un effet très positif sur la santé. Dans cette optique, on doit toujours envisager une pathologie dans son contexte général ; ainsi, une douleur dans l'épaule peut être causée par un problème dorsal. Cela signifie qu'il faut tenir compte de tous les facteurs affectant un sujet à un moment donné.

L'harmonie entre corps, psychisme et force vitale est essentielle, car l'un des trois ne peut opérer isolément. Une brève définition de ces trois paramètres figure ci-dessous :

1 Le **corps physique** : **ce sont les organes et appareils ou systèmes en déséquilibre au sein de leur environnement.**
2 Le **corps émotionnel (psychisme)** : **il caractérise la relation qu'un sujet entretient avec lui-même, ainsi que ses réactions au stress et vis-à-vis d'autrui.**
3 Le **corps énergétique** (force vitale) : **il se définit uniquement en énonçant que chaque cellule de l'organisme possède une charge électrique, ce qui est une forme d'énergie.**

CONTRE-INDICATIONS

Avant d'entamer tout traitement, il est extrêmement important d'examiner la main et d'en apprécier l'état. Pour cela, faites appel à votre bon sens et à votre intuition ; il est en effet souhaitable de ne pas pratiquer la réflexologie sur quiconque souffre d'une maladie contagieuse comme la varicelle, étant donné le risque de transmission à quelqu'un d'autre.
Contre-indications et **précautions d'emploi** sont les suivantes :

- La polyarthrite rhumatoïde et les autres formes d'arthrite provoquées par l'inflammation de l'espace interarticulaire ; en effet, les manipulations risquent d'être douloureuses et d'entraîner des lésions, aussi faites preuve de sensibilité et de prudence en veillant aux réactions du sujet.
- Coupures, entorses, ampoules, phlyctènes, croûtes, éruptions, panaris, infections et crevasses.
- Engelures, maladie de Raynaud et mains très froides. Consacrez davantage de temps à la préparation, ainsi qu'aux manipulations correspondant aux échauffements et aux conclusions de séance.
- Mains fragiles, comme c'est le cas chez les sujets âgés et très jeunes.
- Maladies du système nerveux (surtout celle de Parkinson et le ***delirium tremens*** dû à l'abus d'alcool); adoptez une prise ferme, mais n'exercez qu'une légère pression et procédez avec délicatesse.
- Zones tuméfiées douloureuses au toucher ; n'opérez qu'au-dessus ou au-dessous d'elles, bref, autour des lésions.
- Troubles psychiques ; quand on traite un sujet qui en est atteint, fût-ce un membre de votre famille ou un ami, fixez-vous des limites impératives.

ADAPTER LE TRAITEMENT

Dans certains cas, vous devrez adapter vos manipulations à l'âge et à l'état de santé du sujet.

- **Jeunes enfants** : n'exercez qu'une pression légère et abrégez la séance. Un adulte (père, mère, ou autre parent) doit être présent. Proposez des jouets afin d'instaurer un climat serein, dépourvu de solennité, et même ludique, et n'hésitez pas à vous attarder pour établir un rapport confiant.
- **Sujets fragiles et personnes âgées** : allégez la pression exercée, adoptez un rythme lent, et n'insistez pas sur certains points réflexogènes spécifiques. Faites davantage appel aux techniques de relaxation, consacrez moins de temps aux manipulations, mais accordez-vous-en pour bavarder.
- Sujets en **phase terminale d'une maladie** : pratiquez des manipulations légères en insistant sur la sédation de la douleur. Les séances doivent être courtes, mais plus fréquentes, et accorder davantage de temps à la relaxation et au réconfort.
- **Sujets nerveux ou anxieux** : rassurez-les quant au caractère indolore du traitement et citez ses bienfaits.

RÉACTIONS AU TRAITEMENT

Au début, l'organisme peut réagir par une forte, mais passagère, aggravation des symptômes, ou par d'autres, apparemment nouveaux et aigus. C'est ce qu'on appelle **la crise de guérison**, qui doit être suivie par l'amélioration de l'état de santé. Il faut la considérer comme un moment déterminant dans l'évolution de la pathologie et comme un événement positif annonçant que l'organisme réagit au traitement.

Il est très fréquent que les séances réflexologiques provoquent les réactions suivantes :

- Aggravation temporaire des symptômes.
- Écoulement nasal ou symptômes évoquant le rhume.
- Céphalées.
- Réaction cutanée, notamment sur la main — la peau évacue des toxines.
- Sudation accrue, en particulier des mains et des pieds.
- Soif accrue — boire favorise l'élimination des toxines.
- Mictions et selles plus fréquentes.
- Sensation de froid ou de chaleur — dans le premier cas, le sang irrigue les organes internes ; dans le deuxième cas, il afflue aux zones périphériques du corps, comme les muscles et la peau.
- Émotivité accrue, au point de pleurer ou de présenter un état d'euphorie mrqué.
- Sensation de fatigue ou de déborder d'énergie avec, pour conséquence, une meilleure circulation sanguine.
- Irritabilité ou agitation, ou encore sensation de profonde détente.
- Mobilité manuelle accrue due aux manipulations réflexologiques.
- Sommeil plus profond.
- Disparition des symptômes initiaux ou sédation de la douleur.

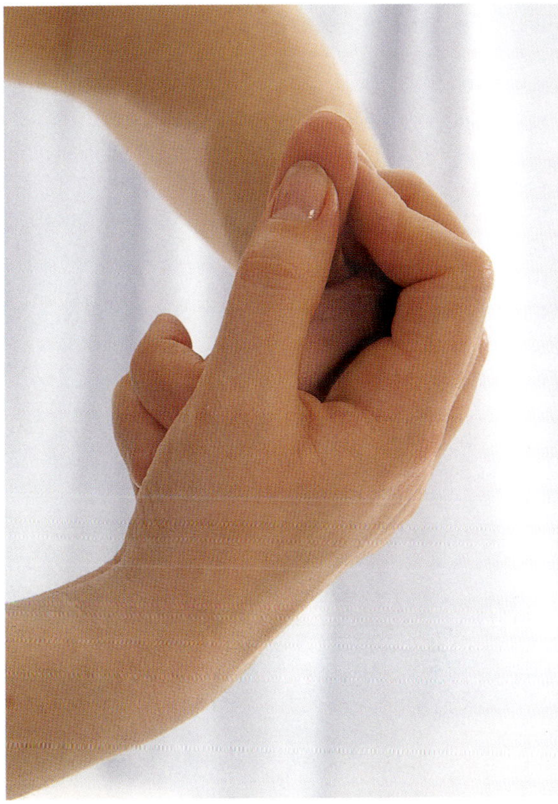

Ci-dessus : *Durant une séance, vous pouvez éprouver différentes sensations. En général, elles sont agréables et apaisantes ; toutefois, les zones réflexogènes congestionnées sont plus sensibles.*

Nous réagissons au traitement parce que :

- Cela fait partie du processus de guérison.
- Des toxines sont libérées dans l'organisme — la manipulation des points réflexogènes décompose l'acide lactique et désagrège les cristaux de calcium qui se sont accumulés sur les terminaisons nerveuses des mains et des pieds (7 200 pour les premières, et moins pour les seconds).
- Le rééquilibrage des voies énergétiques évacue les tensions ou les émotions refoulées.

À l'issue d'une séance, il importe de **boire beaucoup d'eau** pour chasser les toxines de l'organisme.

Préparation

Une préparation soigneuse et une attitude professionnelle vous donnera confiance, ainsi qu'à votre client.

PHASE 1 : PRÉPAREZ-VOUS

Quand on traite autrui, il est important de se présenter en professionnel aussi la première étape consiste à vous préparer.

- Assurez-vous que vos mains sont saines et vos ongles coupés courts.
- Ôtez vos bijoux et votre montre.

PHASE 2 : PLANTEZ LE DÉCOR

C'est indispensable avant d'entamer toute séance réflexologique, que vous vous traitiez ou que vous manipuliez quelqu'un. C'est ce qu'on appelle l'**"espace de guérison"**. Vous devez ménager les conditions suivantes :

- Un lieu calme, sans téléphone ou autres sources de perturbation.
- Des sièges confortables.
- Une bonne ventilation.
- Un verre d'eau.
- Un coussin ou une serviette pour y poser les mains du sujet et une autre serviette pour les couvrir.

Position 1

Assis face-à-face.

Position 2

Assis face-à-face, mais en diagonale.

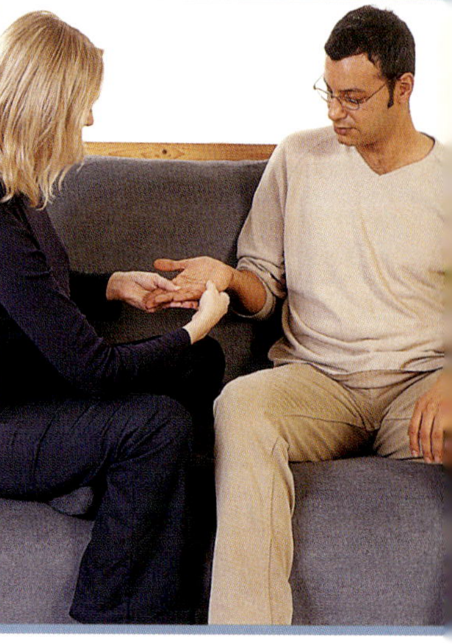

Position 3

Assis côte-à-côte sur un canapé.

PHASE 3 : ASSEYEZ-VOUS CONFORTABLEMENT

Il importe que vous et l'autre personne soyez à l'aise et que ses mains soient facilement accessibles. Veillez à établir un contact visuel et demandez-lui d'ôter bijoux et montre. Six positions différentes (voir ci-dessous) conviennent au déroulement d'une séance réflexologique ; cependant, il y a toujours place pour l'improvisation.

SOIGNEZ VOS MAINS

En réflexologie, le toucher est important, aussi prenez soin de vos mains ; vous n'en avez qu'une paire !

- **Trempez-les dans de l'huile d'olive chaude après y avoir ajouté un stimulant comme le menthol ou de l'huile essentielle de menthe poivrée.**
- **Coupez court vos ongles régulièrement et hydratez leur peau.**

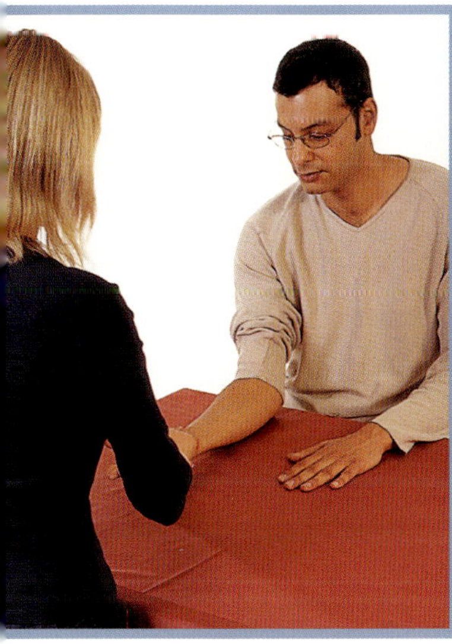

Position 4

Assis face-à-face, séparés par une table.

Position 5

Debout face-à-face.

Position 6

Le sujet est allongé, et le thérapeute assis à côté de lui.

PHASE 4 : VEILLEZ AUX CONTRE-INDICATIONS

Soyez attentif à toute pathologie de la main (voir page 42) représentant une contre-indication au traitement ou vous incitant à davantage de prudence qu'à l'ordinaire. Recherchez coupures, hématomes, etc. Avant de commencer, prenez les mains de votre vis-à-vis dans les vôtres ; peu importe la manière dont vous le faites pour peu que le naturel soit sauvegardé.

PHASE 5 : POSITIONNEZ LA MAIN À TRAITER

Mieux vaut la placer sur un coussin, bien que cela ne soit pas indispensable, pourvu que vous et votre vis-à-vis soyez confortablement installés. Recouvrez d'une serviette toute zone déjà manipulée. Une fois le traitement d'une main achevé, faites de même avec l'autre.

PHASE 6 : FIXEZ-VOUS UN OBJECTIF

Décidez de ce que vous voulez faire ; ainsi, votre but est-il :

- la réduction du stress?
- la détoxication?
- la sédation de la douleur?
- une meilleure circulation?

COMBIEN DE SÉANCES, ET À QUELLE CADENCE?

Ces paramètres dépendent de vous et de votre patient, chaque être humain étant unique et réagissant différemment à un traitement. Il serait opportun de prendre des notes à l'issue de chaque séance. Après les six premières, toute amélioration doit être manifeste, indiquant le moment où il est souhaitable de reconsidérer la situation. Vous devez tenir compte de la gravité de la pathologie traitée ainsi que de son antériorité.

PHASE 7 : DURÉE

Accordez-vous 10-20 minutes pour mener à bien une séance complète des deux mains.

PHASE 8 : PRESSION EXERCÉE

Elle doit aller de "légère" à "forte" (1 à 3). Une pression accentuée convient mieux à la paume qu'au dos de la main, celui-ci comportant beaucoup de vaisseaux sanguins, tendons et ligaments, d'où le risque de douleur si on le manipule trop énergiquement. Restez au-dessous du seuil douloureux propre au sujet ; à ce propos, communiquer et établir une relation confiante est important, aussi observez son visage, car il est essentiel de ménager les zones sensibles en les manipulant lentement au début et en tendant la peau, les points réflexogènes étant souvent profondément enfouis. Ensuite, accentuez votre pression, mais sans dépasser les limites tolérées par le patient.

La manipulation est-elle douloureuse?

D'ordinaire, elle est agréable, bien que certains points réflexogènes puissent être sensibles. Par ailleurs, il faut savoir que toute douleur n'est que passagère. Elle peut avoir pour cause :

- Une blessure ou la cicatrice d'un traumatisme antérieur.
- Les problèmes de santé précédant et suivant une intervention chirurgicale.
- Le stress et l'anxiété pouvant entraîner une hypersensibilité.
- Les médicaments prescrits pouvant aiguiser ou émousser les réflexes.
- Les pathologies pouvant amplifier les réflexes si elles sont en phase évolutive.

À droite : *: Afin d'améliorer votre manière d'aborder son traitement, examinez présent et passé pathologiques du sujet. Si vous avez le moindre doute à ce propos, demandez-lui de consulter son médecin pour avis.*

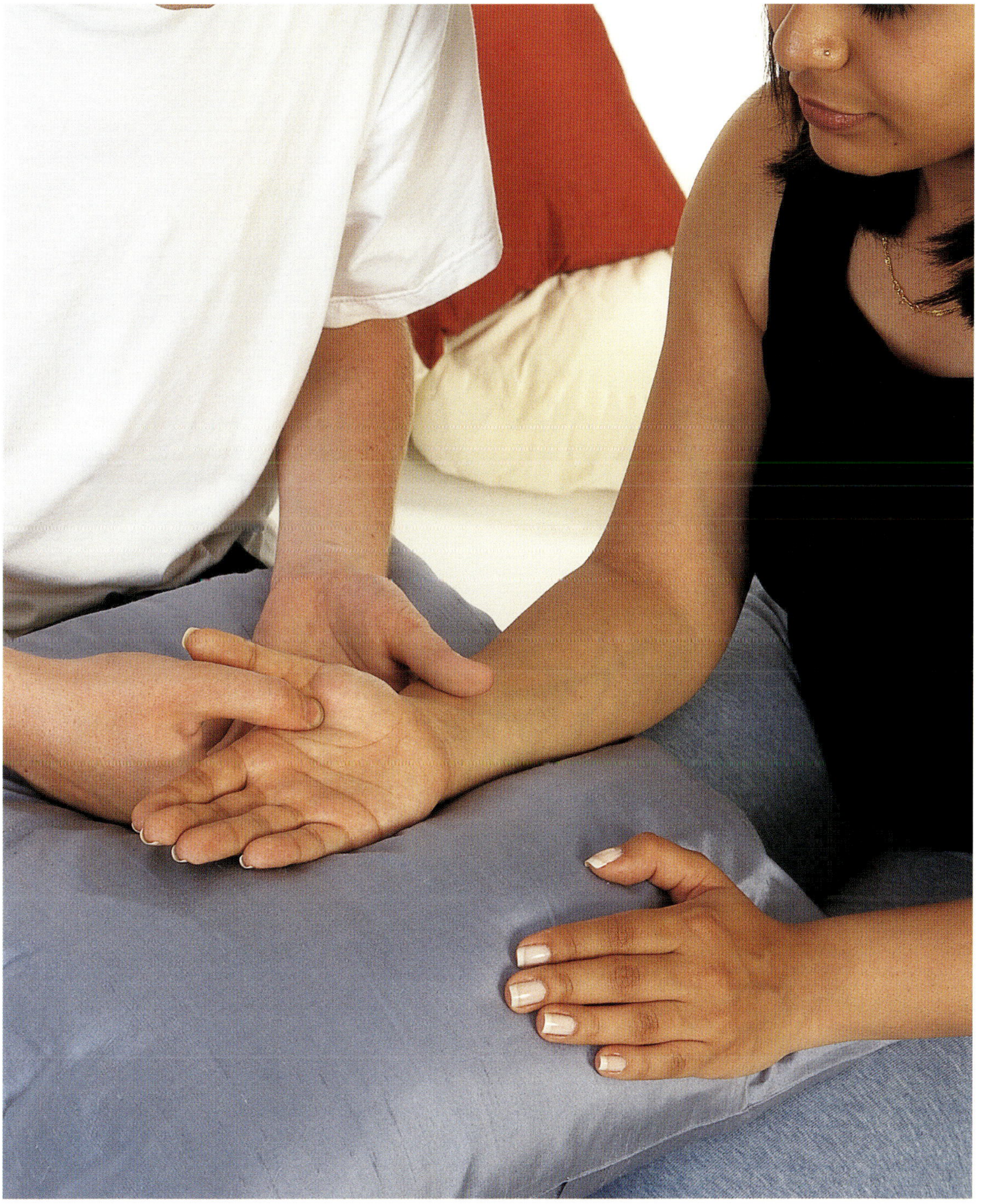

Échauffements

Chaque séance de réflexologie doit débuter par une série de manipulations que vous pouvez pratiquer également sur vous-même. Notez qu'il faut toujours commencer par la main **droite**.

Avant de vous lancer, il est nécessaire d'ouvrir la main — la vôtre ou celle d'autrui — afin de la détendre ainsi que le sujet traité. Commencez par 5 minutes de manipulations relaxantes, que vous pouvez répéter plusieurs fois jusqu'à ce que vous soyez à l'aise pour continuer ou que votre vis-à-vis soit prêt. En prologue à la séance, il existe **trois** manipulations :

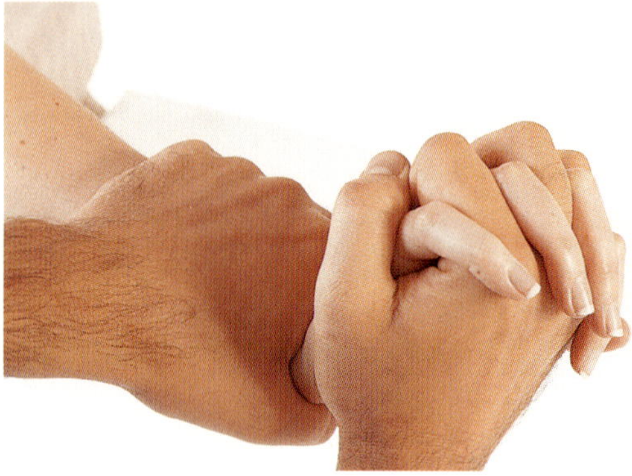

1 ROTATION DU POIGNET (ci-dessus)

D'une main, serrez celle du sujet, paume contre paume, en croisant les doigts puis, de l'autre main, soutenez son poignet. Ensuite, pour délier ce dernier, faites pivoter sa main dans les deux sens.

2 TRACTION DIGITALE (ci-dessous)

Serrez la main du sujet comme précédemment puis, très lentement et tout en exerçant une pression avec l'extrémité des doigts, tirez.

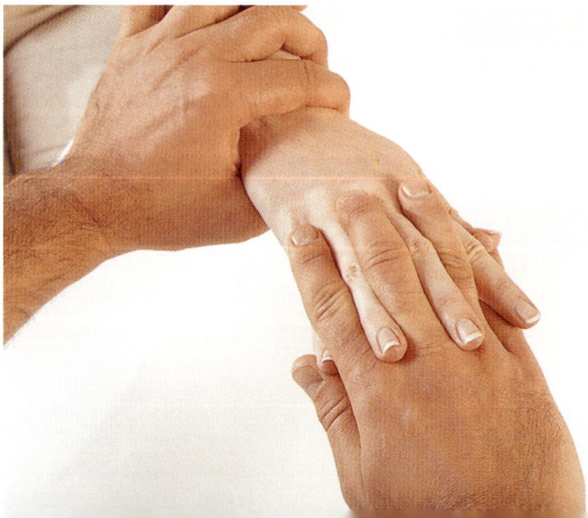

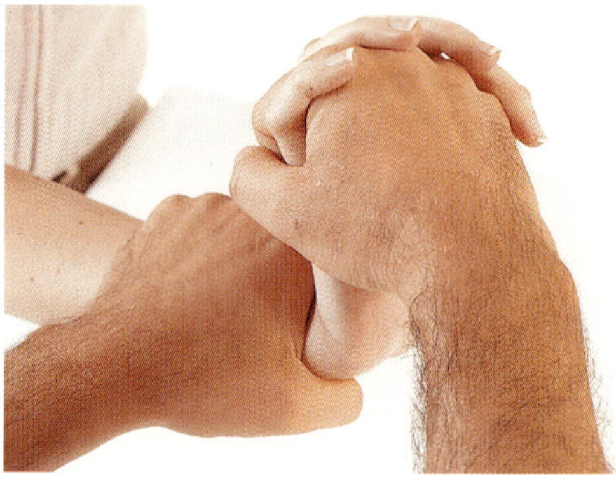

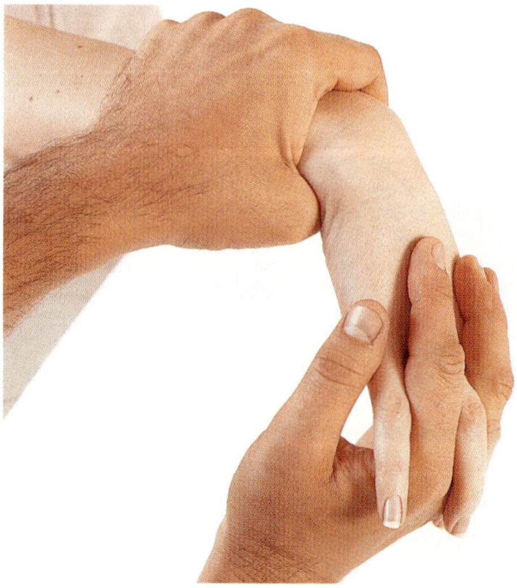

3 POUSSÉE-TRACTION DU POIGNET (en haut et ci-dessus)

Serrez la main comme auparavant, puis poussez-la en arrière durant 5 secondes (en haut) avant de la tirer vers l'avant durant 5 autres secondes (ci-dessus).

COMMENT MUSCLER VOS MAINS

Si vous avez l'intention de pratiquer la réflexologie de manière intensive, les deux exercices suivants, simples, vous y aideront ; faites de même pour vos bras.

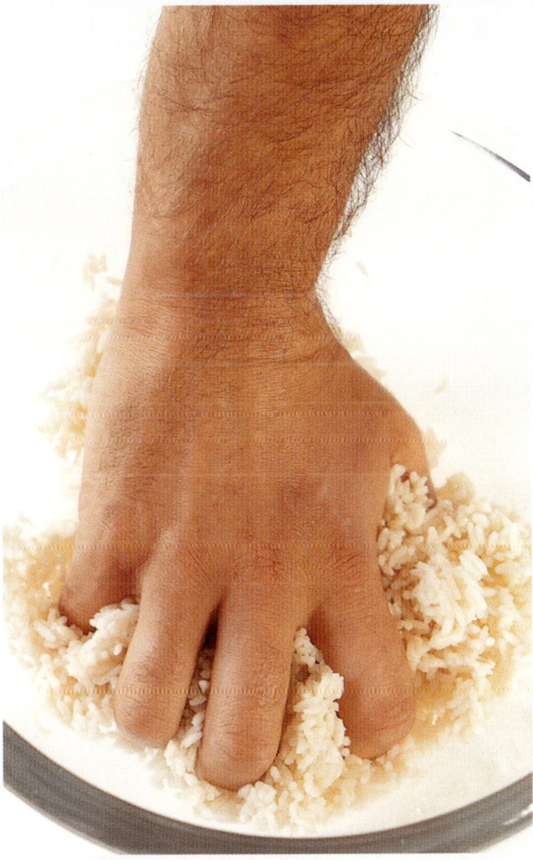

- Faites cuire du riz jusqu'à ce qu'il soit pâteux, laissez-le refroidir dans un saladier, puis ajoutez-y un peu de paprika ou de poivre de Cayenne (afin d'améliorer l'irrigation sanguine de votre peau). Prenez une bonne poignée de riz dans chaque main et serrez-la pendant environ 10 minutes. Cela vous permettra de développer efficacement les plus petits muscles de vos mains.

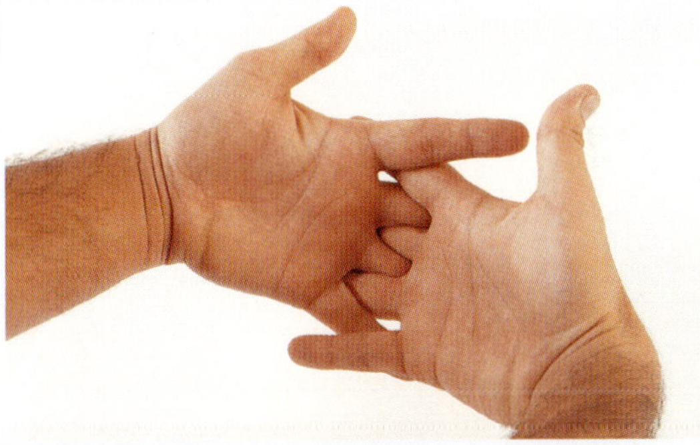

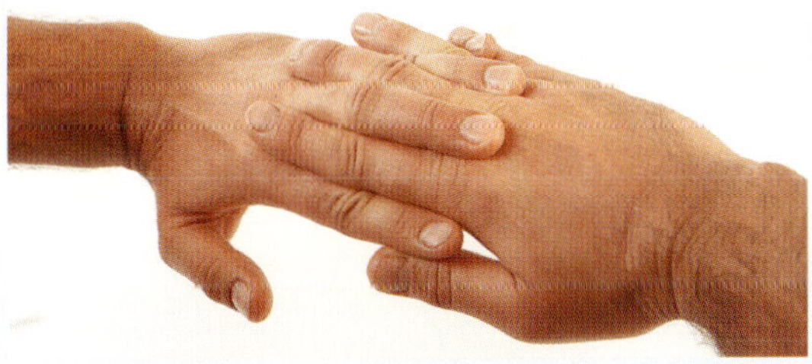

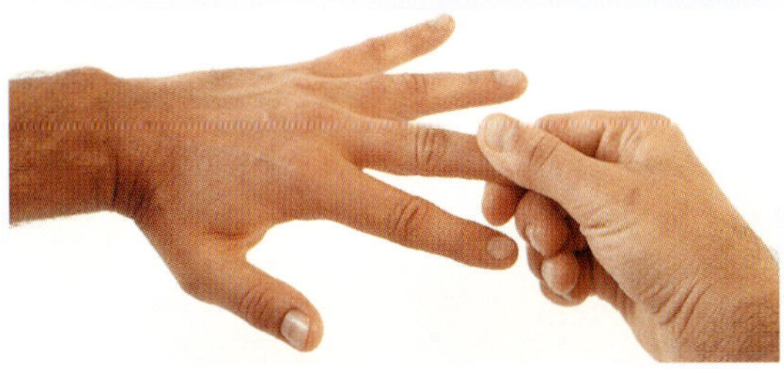

- Tirez lentement et doucement sur vos doigts, comme si vous vouliez les éloigner de votre corps.

Conclusions

Chaque séance de réflexologie doit s'achever par **quatre** types de manipulations. Tout comme celles des échauffements, vous pouvez les pratiquer sur vous-même ; il vous suffit d'improviser et d'imaginer que vous traitez les mains de quelqu'un.

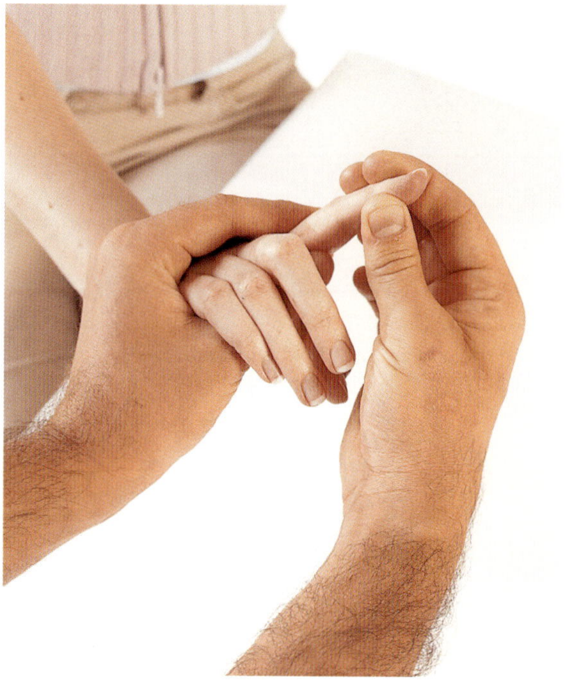

1 ROTATION DIGITALE

D'une main, soutenez le poignet de votre vis-à-vis puis, de l'autre, saisissez et faites pivoter chaque doigt séparément. Cette manipulation dynamisante muscle la main et dégage chaque zone énergétique.

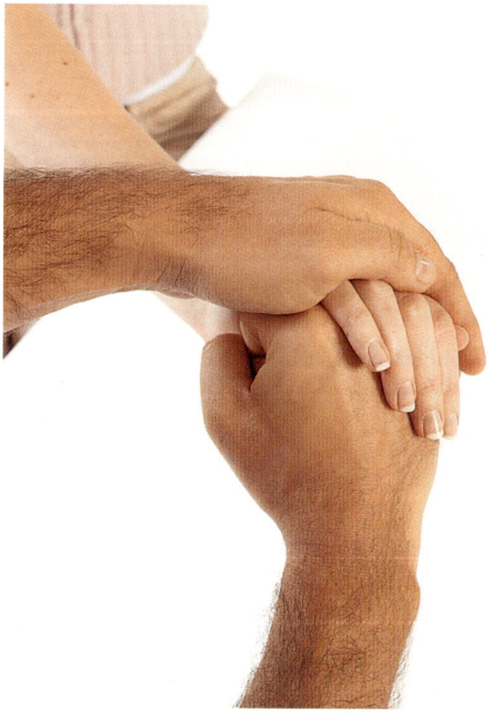

2 ROULEAU DU POING

Serrez l'un de vos poings, placez la paume du sujet sur les jointures de votre main, puis placez la paume de votre autre main sur le dos de la sienne et faites-la pivoter pour obtenir un effet calmant et relaxant. En autothérapie, placez un poing dans la paume de votre autre main et faites-le rouler pour traiter dos et paume.

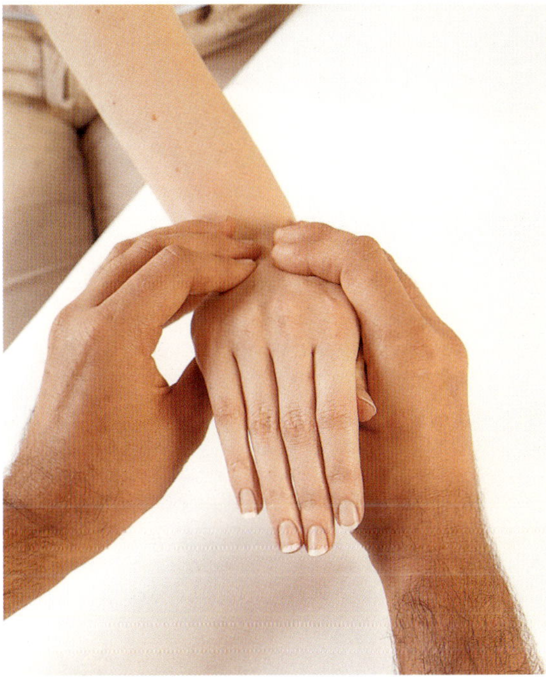

3 DRAINAGE DU POIGNET

De vos pouces placés sous sa paume et de vos doigts posés sur le dessus de son poignet, soutenez la main du sujet. Ensuite, avec les doigts, drainez la main en remontant la zone réflexogène du système lymphatique, qui couvre le poignet et l'avant-bras.

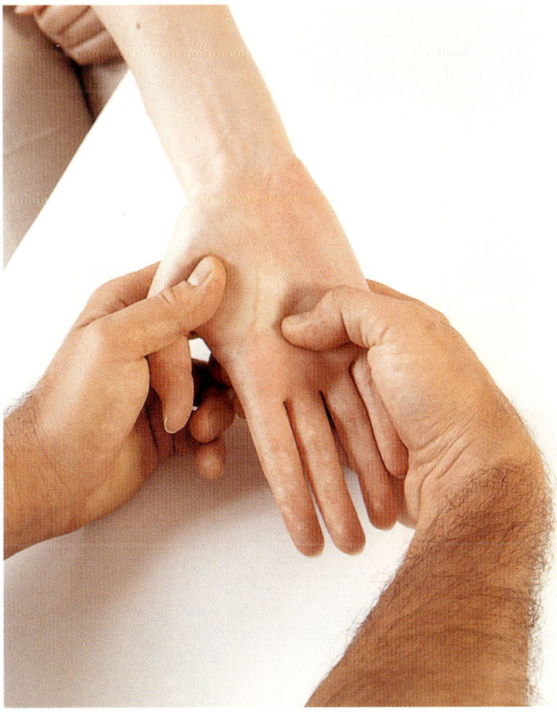

4 PLEXUS SOLAIRE

Paume du sujet tournée vers le haut, placez votre pouce au centre de celle-ci. Tout en appuyant au moyen de la tornade (voir page 56), demandez au patient de respirer profondément et de retenir son souffle 3 secondes ; ensuite, relâchez votre pression tandis qu'il expire. Recommencez trois fois. Maintenant, retournez sa main, puis placez vos paumes au-dessus, mais sans contact avec son dos. Yeux clos (ainsi que les siens), émettez vers lui des pensées curatives tout en imaginant que vous lui faites évacuer son énergie négative.

Techniques de base

Il en existe **six**, mais n'hésitez pas à improviser ou à vous en inspirer pour les améliorer. Certaines se conjuguent à la faveur de ce qu'on appelle le "morphing"; ainsi peut-on passer du papillon à la chenille, et du déchirement à la tornade. Chacune de ces manipulations s'exécute soit en autothérapie, soit pour traiter autrui.

1 LE PAPILLON

Adoptez d'abord la bonne position du doigt ; pour cela, considérez le profil interne de la main (côté pouce), puis pliez complètement l'index. Placez la dernière phalange du pouce de la même main sur l'articulation de l'index afin de pouvoir le faire aller et venir. Cette manipulation consiste, avec l'extrémité du pouce, à exercer une pression sur une zone réflexogène et à la relâcher. Employée pour croiser le réflexe **diaphragmatique**, elle conduit, par le biais du morphing, à la chenille, comme c'est le cas pour les zones réflexogènes des **dents** et du **maxillaire** inférieur.

2 LA CHENILLE

Cette manipulation correspond exactement à ce que ce mot évoque. Déplacez pouce ou index comme le fait une chenille, c'est-à-dire en le pliant et en le dépliant à la faveur des pressions que vous exercez sur une zone. Il importe que vous tendiez la peau à sa périphérie avec l'autre main. Le principe de base est le suivant : exercer sur le point réflexogène, avec le pouce (par exemple), une série de pressions que vous relâchez, telle une chenille se déplaçant sur une feuille pour la dévorer. On emploie cette manipulation sur les zones réflexogènes de la **tête**, du **cou** et des **sinus**.

Sur soi

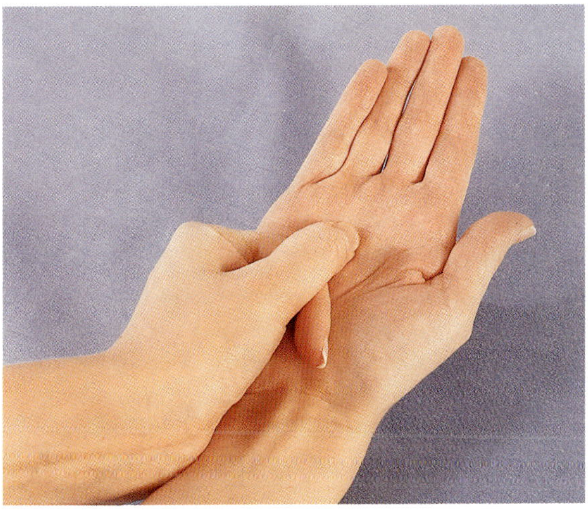

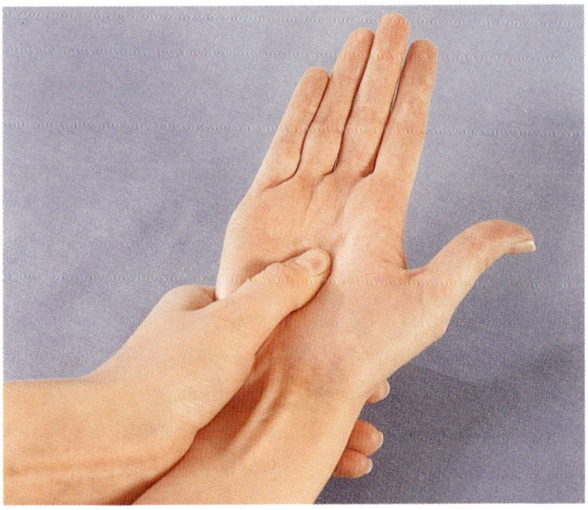

Sur autrui

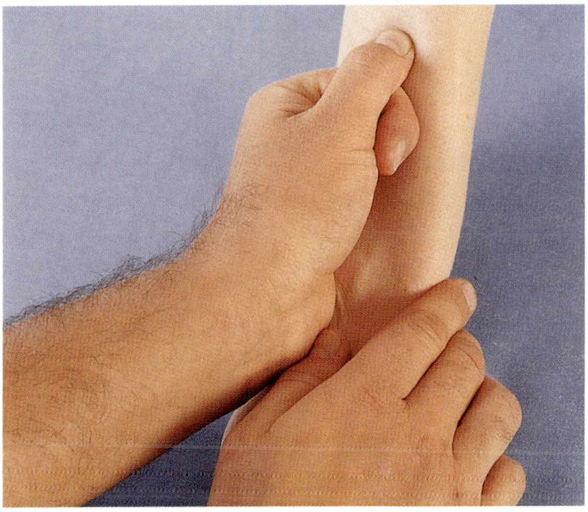

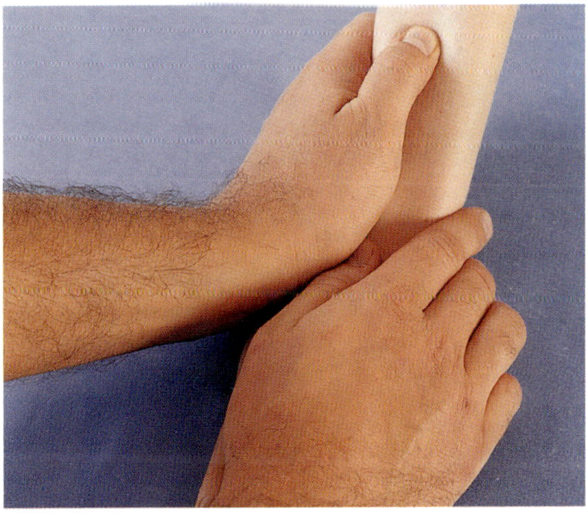

CAUSES PROFONDES D'UN TROUBLE

Il importe de se souvenir que bien des troubles courants — colopathie fonctionnelle, céphalée due à la tension nerveuse et insomnie — peuvent être dus au stress ou aggravés par lui. Son évacuation grâce à des techniques réflexologiques efficaces relaxe et rééquilibre l'organisme tout en ayant un effet positif sur les symptômes présentés.

3 LE POUCE PLIÉ

Pliez votre pouce pour en faire un crochet, son extrémité représentant la pointe. Servez-vous-en — comme d'une gouge vous aidant à creuser une cannelure — pour appuyer sur un point réflexogène précis, puis manipulez cette zone jusqu'à désagrégation des dépôts cristallins éventuels ou disparition de la douleur. Cela consiste à exécuter des va-et-vient le long du profil interne ou externe de la main, à la recherche du point réflexogène, qui doit être localisé, puis stimulé. On emploie cette manipulation pour déclencher le réflexe **occipital** et, sur la main droite, le réflexe **pancréatique**.

4 LE BEC D'OISEAU

Pressez l'extrémité de votre pouce contre celle de votre index pour former une sorte de "bec", comme si vous vouliez pincer quelque chose, mais sans le faire. Posez-le sur la zone de la main à traiter puis, l'extrémité du pouce toujours en appui contre celle du doigt, en premier, déplacez cette dernière. Continuez la manipulation en passant à la chenille grâce au morphing, qui permet une transition élégante. Le bec d'oiseau sert à déclencher le réflexe des voies **lymphatiques** par stimulation des zones situées entre les doigts, sur le dos de la main, autre autres.

Sur soi

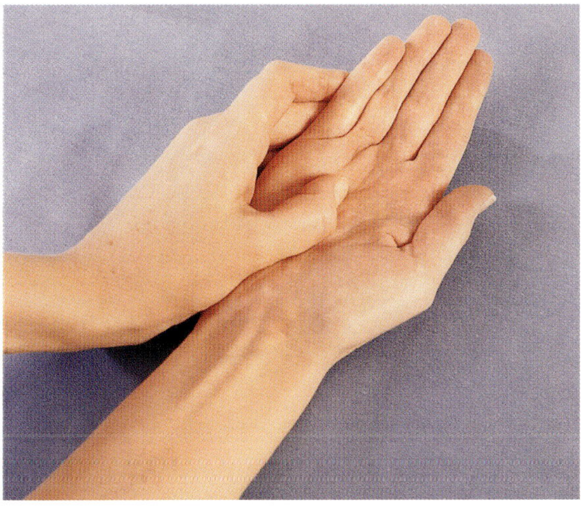

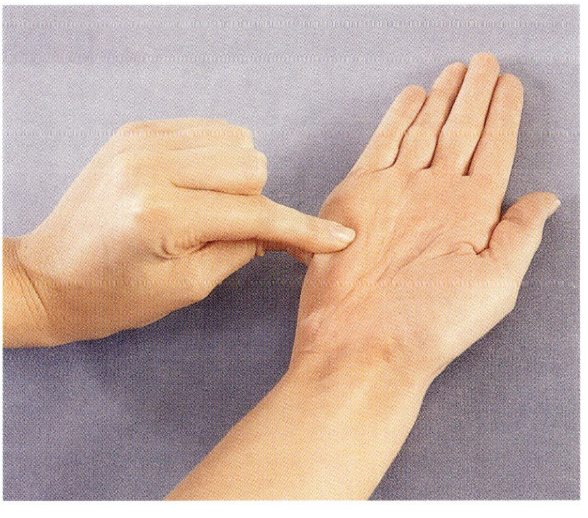

Sur autrui

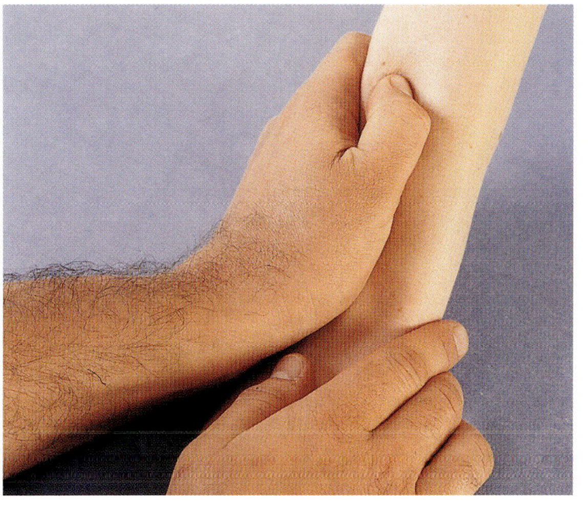

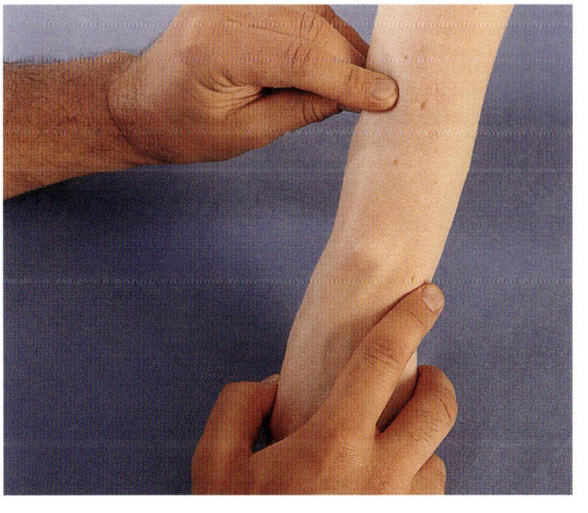

SYMBOLES UTILISÉS DANS CE LIVRE

forte

moyenne

faible

direction

points baro-sensibles

01.00 min durée

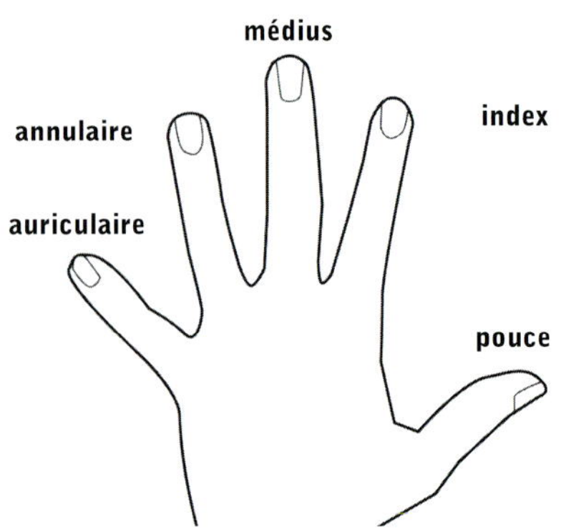

Dans ce livre, les doigts sont désignés comme ci-dessus.

5 LE DÉCHIREMENT

Il ressemble à la chenille, si ce n'est que pour stimuler les points réflexogènes les plus profonds ou nécessitant une forte pression, il faut réellement procéder comme si on voulait déchirer quelque chose, et plus ce mouvement est intense, plus la stimulation est grande. Malgré la force mise en jeu, ce geste s'assimile plus à un simulacre de déchirement — celui d'un matériau très compact — qu'à un acte réel ; il est idéal pour déclencher les réflexes correspondant au **genou** et à la **hanche**.

6 LA TORNADE

Elle est aussi simple que le mot le suggère : placez votre pouce perpendiculairement à la zone traitée et procédez comme si vous vouliez percer un trou, en le faisant pivoter sans à-coup dans les deux sens, que vous vouliez désagréger les dépôts cristallins ou obtenir une sédation de la douleur. Cette manipulation est particulièrement indiquée dans la stimulation du réflexe **hypophysaire**, car sa rotation continue permet d'atteindre le point réflexogène correspondant.

COMMENT UTILISER CES TECHNIQUES

Les chapitres suivants présentent des séances réflexologiques simples mais efficaces, **faciles à pratiquer** et **faciles à retenir** ; à ce propos, reportez-vous aux passages qui vous permettront de remédier aux troubles spécifiques dont vous ou autrui souffrez, en faisant appel quotidiennement aux manipulations destinées à atténuer les symptômes. Ces techniques s'utilisent dans les moyens de transport — empruntés

Sur soi

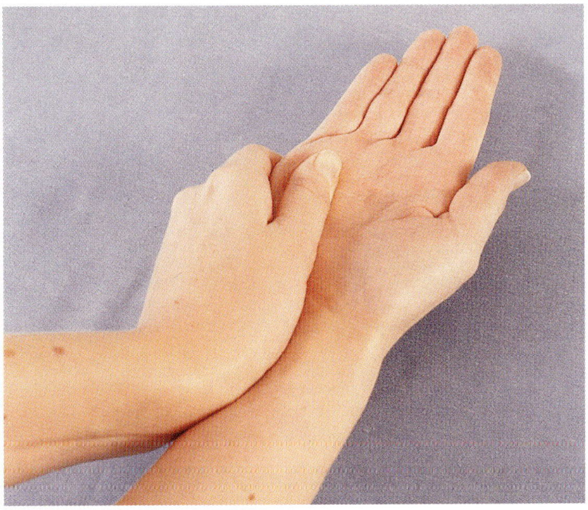

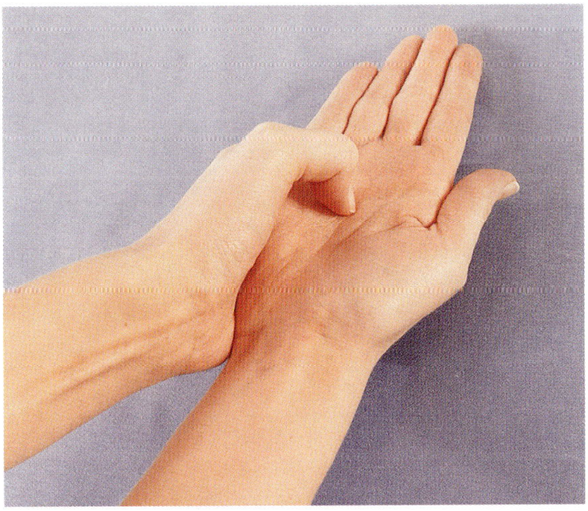

Sur autrui

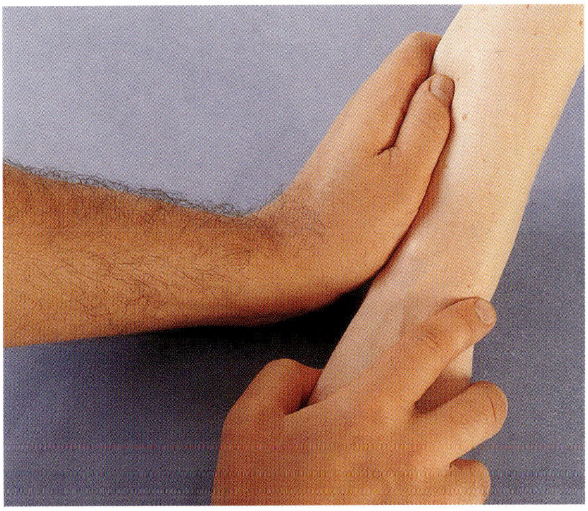

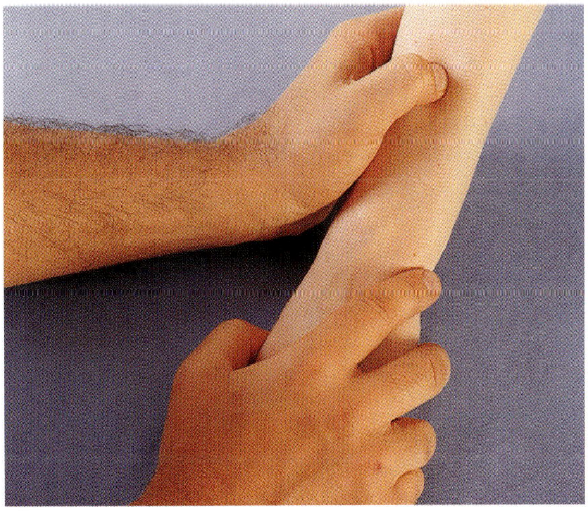

pour se rendre au bureau et en revenir — ou à titre de "dépannage rapide" en cours de journée étant donné qu'aucun équipement particulier n'est nécessaire, et que les mouvements effectués, d'amplitude extrêmement faible, garantissent la discrétion.
En cours de séance, respectez l'ordre dans lequel s'effectuent les manipulations, repérez soigneusement les points réflexogènes, rappelez-vous les durées, l'intensité de la pression, ainsi que les symboles désignant chacune d'elles. Il est impératif de satisfaire les demandes formulées par le sujet traité, aussi est-il superflu d'exercer une pression plus forte que nécessaire. En effet, une séance de réflexologie doit être **un moment agréable** excluant toute sensation douloureuse.

Traitement des pathologies courantes

SÉANCES AUTOTHÉRAPIQUES DE 10 MINUTES

À un moment ou à un autre de leur existence, la plupart d'entre nous souffrent de maux courants que la réflexologie soulage ou guérit. Dans ce chapitre, ils sont rassemblés — de la tête au bassin — en fonction des appareils et systèmes de l'organisme.

Pour chaque groupe de troubles, une succession de manipulations réflexologiques nécessitant 5 minutes par main a été mise au point. Choisissez un lieu où vous pourrez vous asseoir à l'aise, détendez-vous et suivez simplement les indications qui vous permettront de calmer les douleurs et d'évacuer les tensions affectant les zones de l'organisme correspondant aux points réflexogènes des mains.

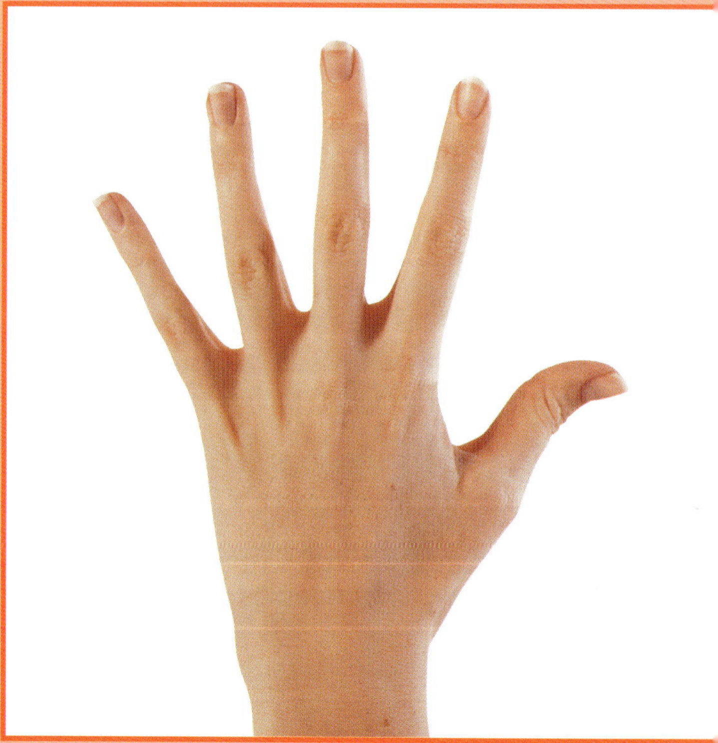

• Tête

• Oreille, nez et gorge

• Cou et épaule

• Main et poignet

• Appareil respiratoire

• Appareil digestif

• Appareil urinaire

• Appareils reproducteurs

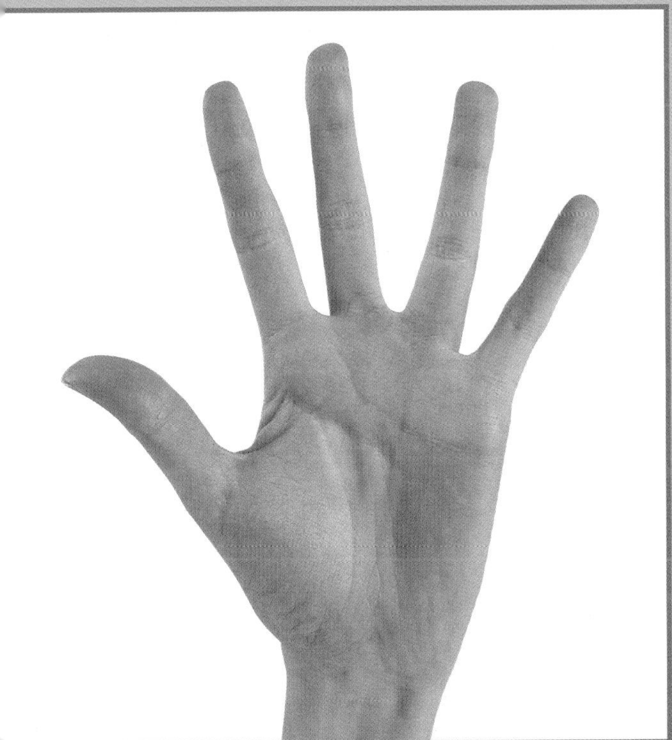

Tête

CÉPHALÉE
Douleur ressentie dans tout ou partie de la tête. Elle peut être légère, forte, pulsative ou aiguë.

MIGRAINE
Forte céphalée affectant la moitié de la tête, qui dure de deux heures à deux jours, précédée et accompagnée de troubles visuels et/ou de nausées ainsi que de vomissements.

FATIGUE OCULAIRE
Douleur ou gêne ressentie dans les yeux ou à leur périphérie, d'ordinaire associée aux céphalée, sinusite, rhume des foins, conjonctivite et inflammation des paupières.

CONJONCTIVITE
Inflammation de la conjonctive provoquant rougeur, douleur, gêne, accompagnée d'un écoulement localisé à l'œil.

MAUX DE DENTS
Douleur provoquée par au moins une dent ou les gencives, et perçue comme une pulsation sourde ou un vif élancement.

Pour soulager de ces maux, stimulez les points réflexogènes correspondant aux zones anatomiques suivantes :

Tête

Cou

Œil

Dents

Reins/Surrénales

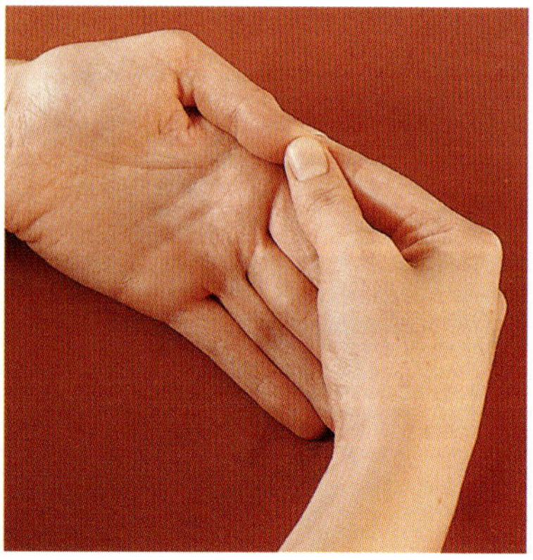

1 Réflexe céphalique

01.00 min

Un pouce dans une main, servez-vous de l'autre pour le manipuler de son extrémité à sa base. La stimulation s'effectue en décrivant de minuscules cercles.

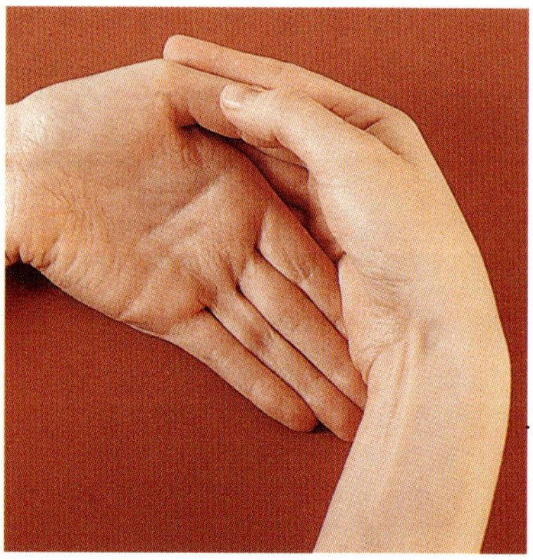

2 Réflexe cervical

01.00 min

Un pouce placé entre l'index et le médius d'une main, servez-vous de l'autre pouce pour manipuler l'os de sa deuxième phalange en sept petites étapes symbolisant les sept vertèbres cervicales.

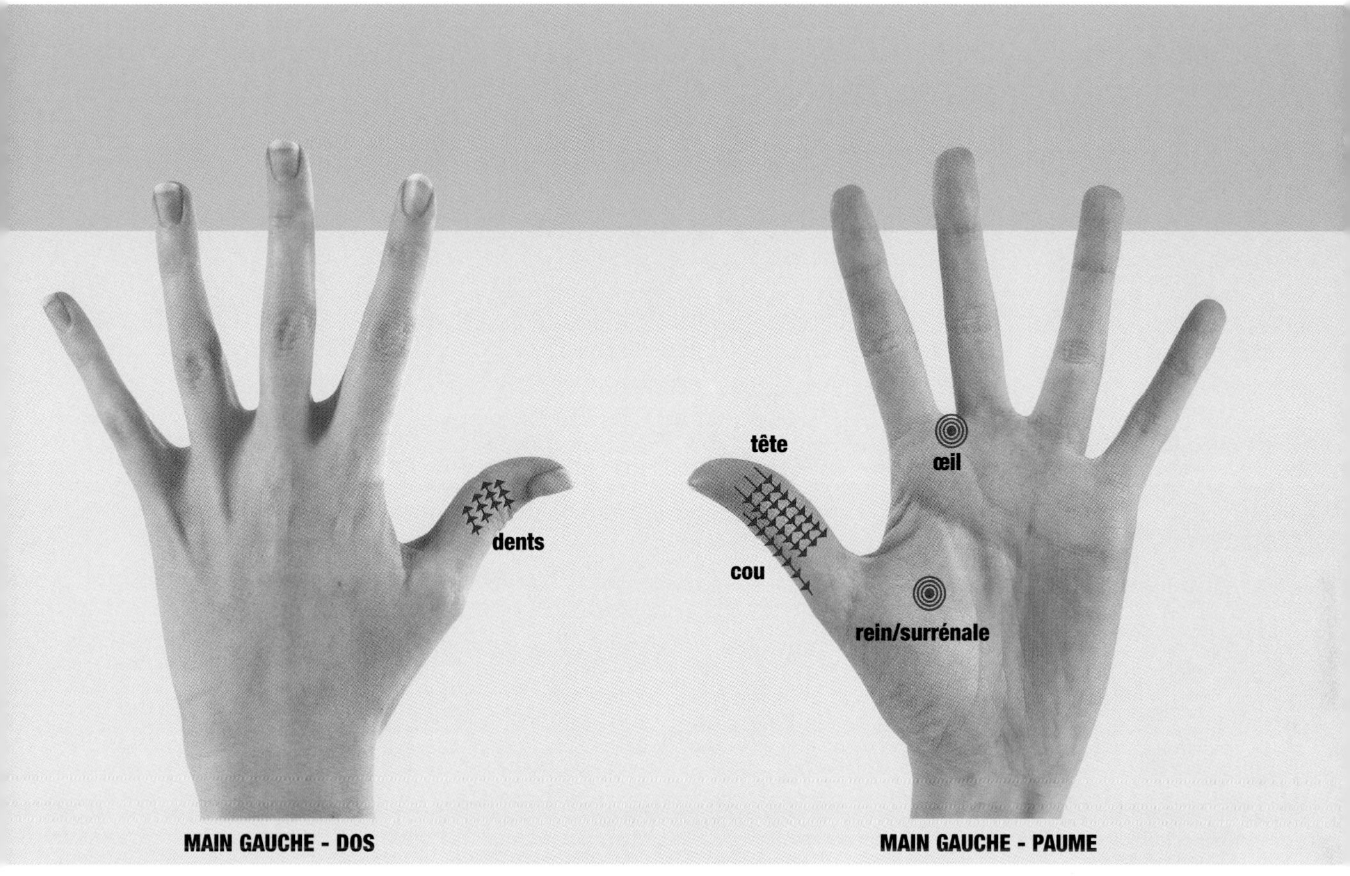

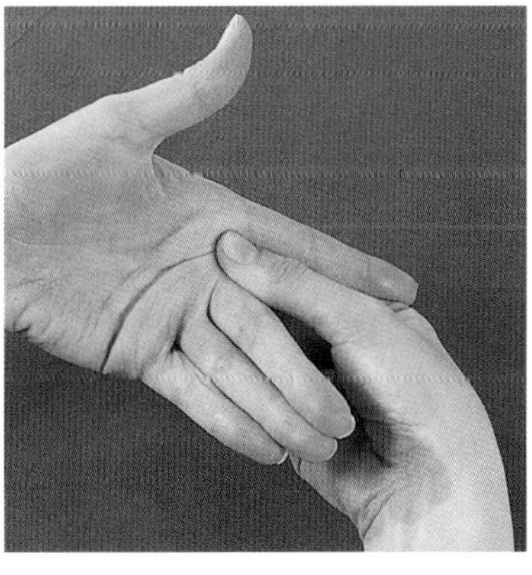

3 Réflexe oculaire

01.00 min

Une main soutenant l'autre, placez un pouce entre index et médius, puis pressez et déchirez en direction de la base de ce dernier. La stimulation s'opère en décrivant de minuscules cercles.

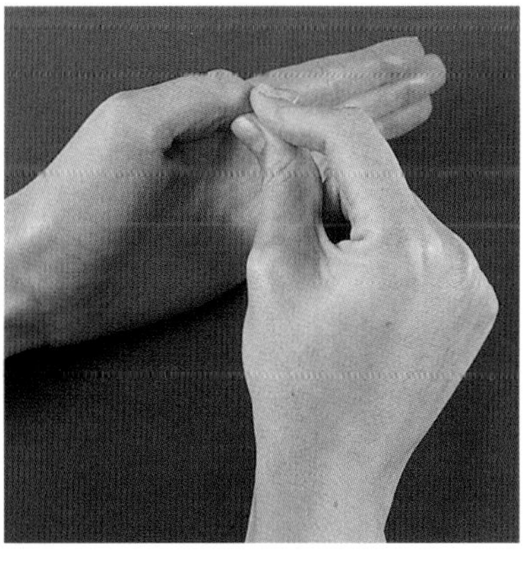

4 Réflexe dentaire

01.00 min

Immobilisez votre pouce puis, des pouce et index de l'autre main, stimulez la zone située entre l'ongle et la première articulation.

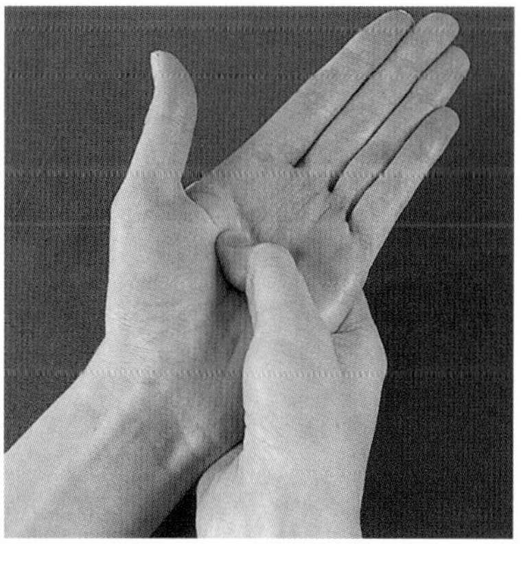

5 Réflexe rénal/surrénal

01.00 min

D'une main, soutenez l'autre puis, d'un pouce plié placé dans l'espace charnu séparant pouce et index, juste au-dessus du gros muscle, exercez des pressions successives.

Oreille, nez et gorge

SINUSITE
Inflammation de la muqueuse tapissant l'intérieur des sinus frontaux et maxillaires. Accompagnée de tension ou de douleurs pulsatives, elle peut entraîner fièvre, nez bouché et perte de l'odorat.

VERTIGES
Sensation d'ébriété accompagnée d'une démarche instable et de l'impression que tout tourne autour de soi. Ils sont dûs au stress, à la fatigue, à la fièvre ou à une soudaine diminution de l'irrigation sanguine cérébrale.

RHINITE
Inflammation de la muqueuse nasale souvent provoquée par une allergie entraînant une congestion du nez et une augmentation de la production de mucus.

ACOUPHÈNES
Il s'agit de tintements, bourdonnements, sifflements ou autres bruits perçus par l'oreille, d'ordinaire permanents, étrangers à toute cause extérieure, et qui peuvent s'aggraver avec le stress.

SURDITÉ
Habituellement due au vieillissement, elle peut également être provoquée par une lésion ou une infection de l'oreille externe, moyenne ou interne.

Pour soulager de ces maux, stimulez les points réflexogènes correspondant aux zones anatomiques suivantes :

Sinus

Trompe d'Eustache

Oreille externe

Oreille interne

Reins/Surrénales

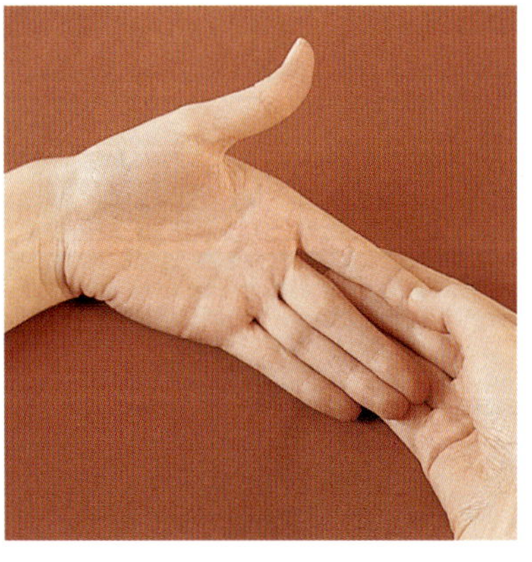

1 Réflexe sinusal

02.00 min

D'une main, soutenez les doigts de l'autre puis, du pouce, manipulez l'index de celle-ci de son extrémité à sa base, ou inversement, en décrivant de minuscules cercles. Poursuivez ainsi sur tous les doigts.

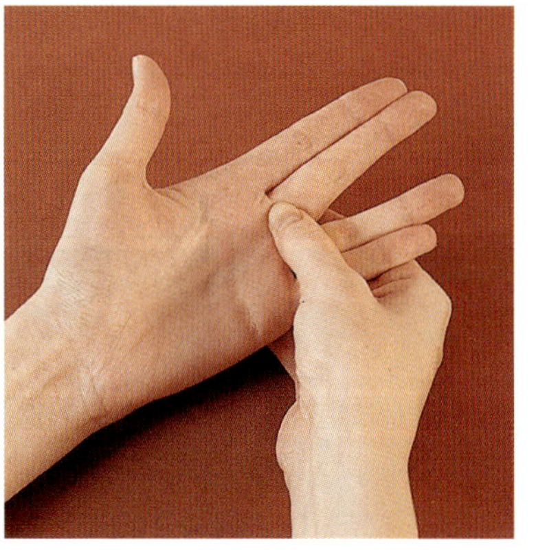

2 Réflexe de la trompe d'Eustache

00.45 sec

D'une main, soutenez l'autre. Ensuite, du pouce placé entre médius et annulaire, pressez en déchirant vers l'articulation située à la base du médius et stimulez en décrivant de petits cercles.

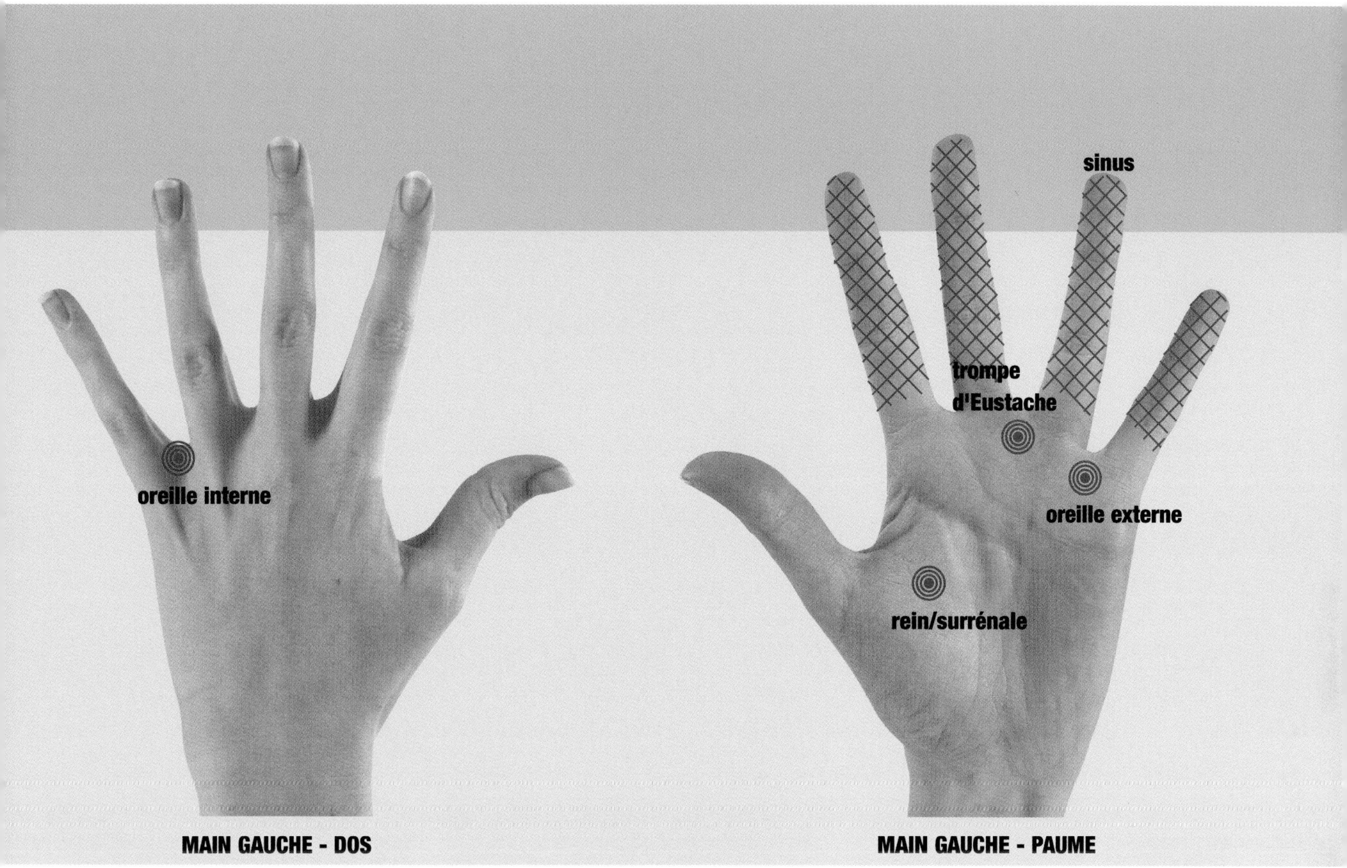

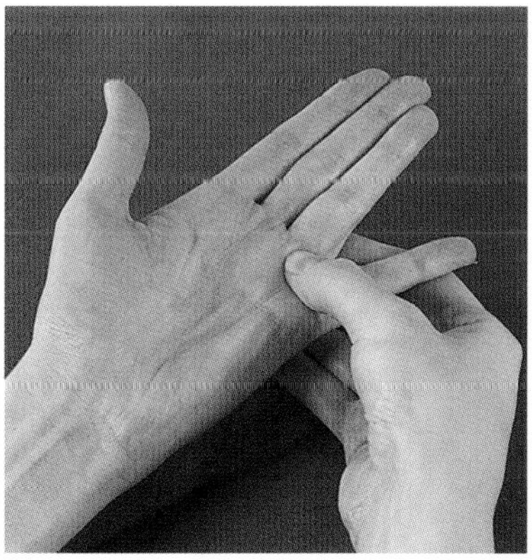

3 Réflexe de l'oreille externe

Une main soutenue par l'autre, du pouce placé entre annulaire et auriculaire, pressez en déchirant vers l'articulation située à la base de l'auriculaire et stimulez en décrivant de tout petits cercles.

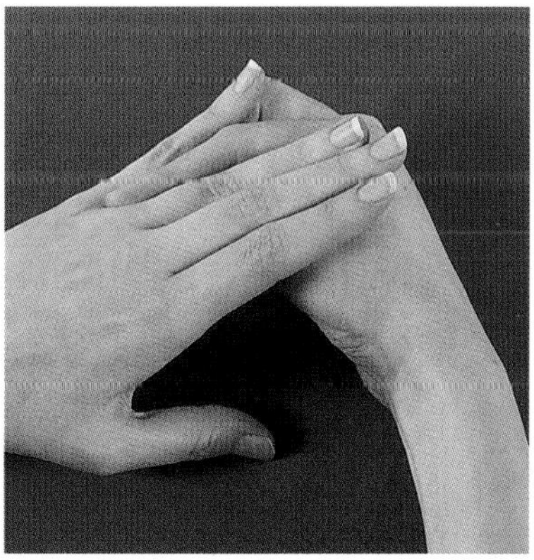

4 Réflexe de l'oreille interne

Paume tournée vers le bas, placez pouce et index sur l'articulation située à la base de l'annulaire, puis pressez et décrivez de petits cercles pour effectuer la stimulation.

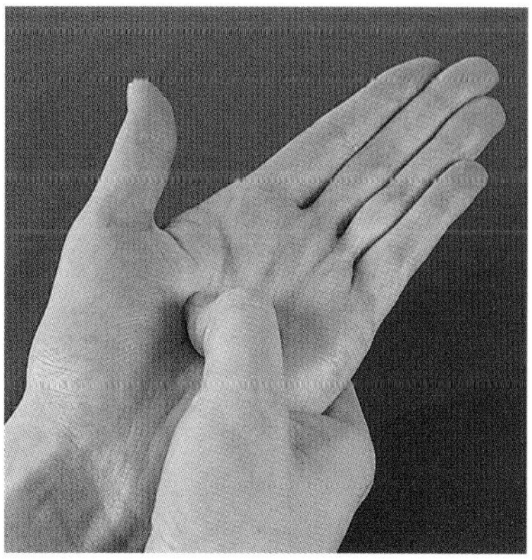

5 Réflexe rénal/surrénal

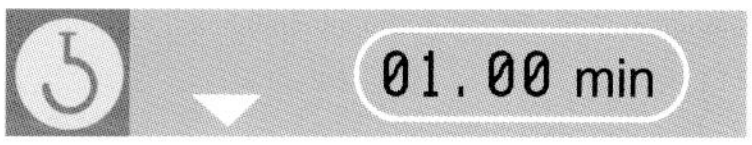

D'une main, soutenez l'autre puis, du pouce plié placé dans l'espace charnu séparant pouce et index, juste au-dessus du gros muscle, exercez des pressions successives.

Cou et épaule

DOULEUR CERVICALE
Elle peut être engendrée par la tension, l'arthrite des vertèbres cervicales, l'inflammation des ganglions lymphatiques, une irradiation douloureuse, la compression de nerfs, ou une blessure au cou.

TRAUMATISME CRANIO-CERVICAL (coup du lapin). Il s'agit d'une lésion des tissus mous et des vertèbres cervicales entraînée par un violent mouvement vers l'avant suivi d'un autre vers l'arrière. Habituellement, les symptômes s'aggravent au-delà de 24 heures.

SPONDYLARTHROSE (ostéo-arthrose)
Maladie dégénérative affectant les vertèbres cervicales qui entraîne une douleur et une raideur dans le cou.

BURSITE (ÉPAULE)
Elle résulte généralement d'une compression, d'une friction ou d'un léger traumatisme de la bourse séreuse (sac rempli de liquide) enveloppant l'articulation de l'épaule.

ÉPAULE GELÉE
Il s'agit d'une raideur et d'une douleur provoquées par l'inflammation du revêtement de la capsule articulaire de l'épaule. Elle gêne beaucoup les mouvements, au point de les rendre impossibles.

Pour soulager de ces maux, stimulez les points réflexogènes correspondant aux zones anatomiques suivantes :

Cou

Épaule

Os occipital

Rachis supérieur

Reins-Surrénales

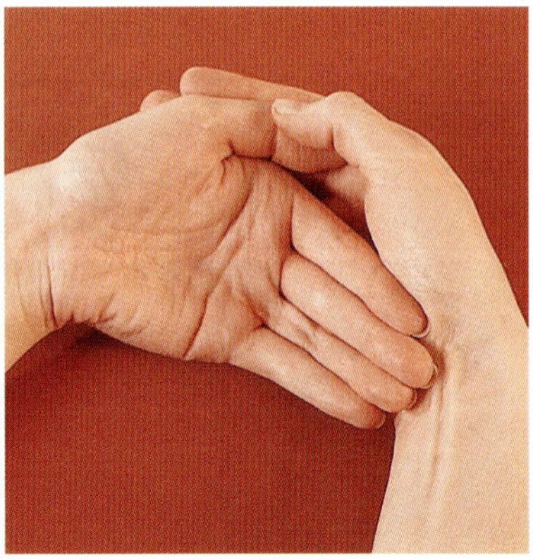

1 Réflexe cervical

01.30 min

Un pouce placé entre l'index et le médius d'une main, servez-vous de l'autre pouce pour manipuler l'os de sa deuxième phalange. Ce déplacement s'effectue en sept courtes étapes symbolisant les sept vertèbes cervicales.

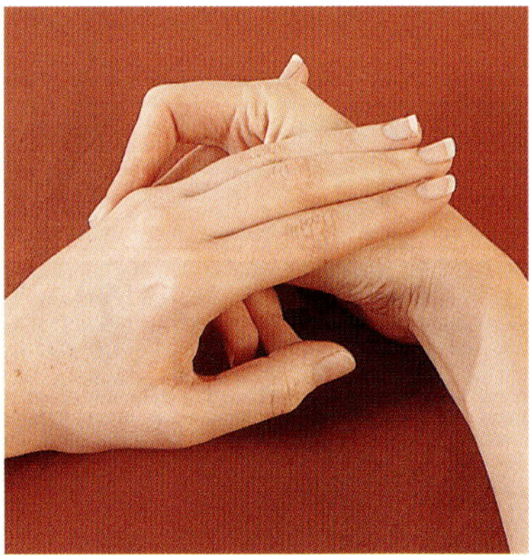

2 Réflexe scapulaire

00.30 sec

La paume d'une main tournée vers le bas, placez pouce et index de l'autre main entre la base de l'annulaire et celle de l'auriculaire, exercez trois pressions successives en faisant appel à la technique du bec d'oiseau, en direction du poignet et en décrivant de petits cercles.

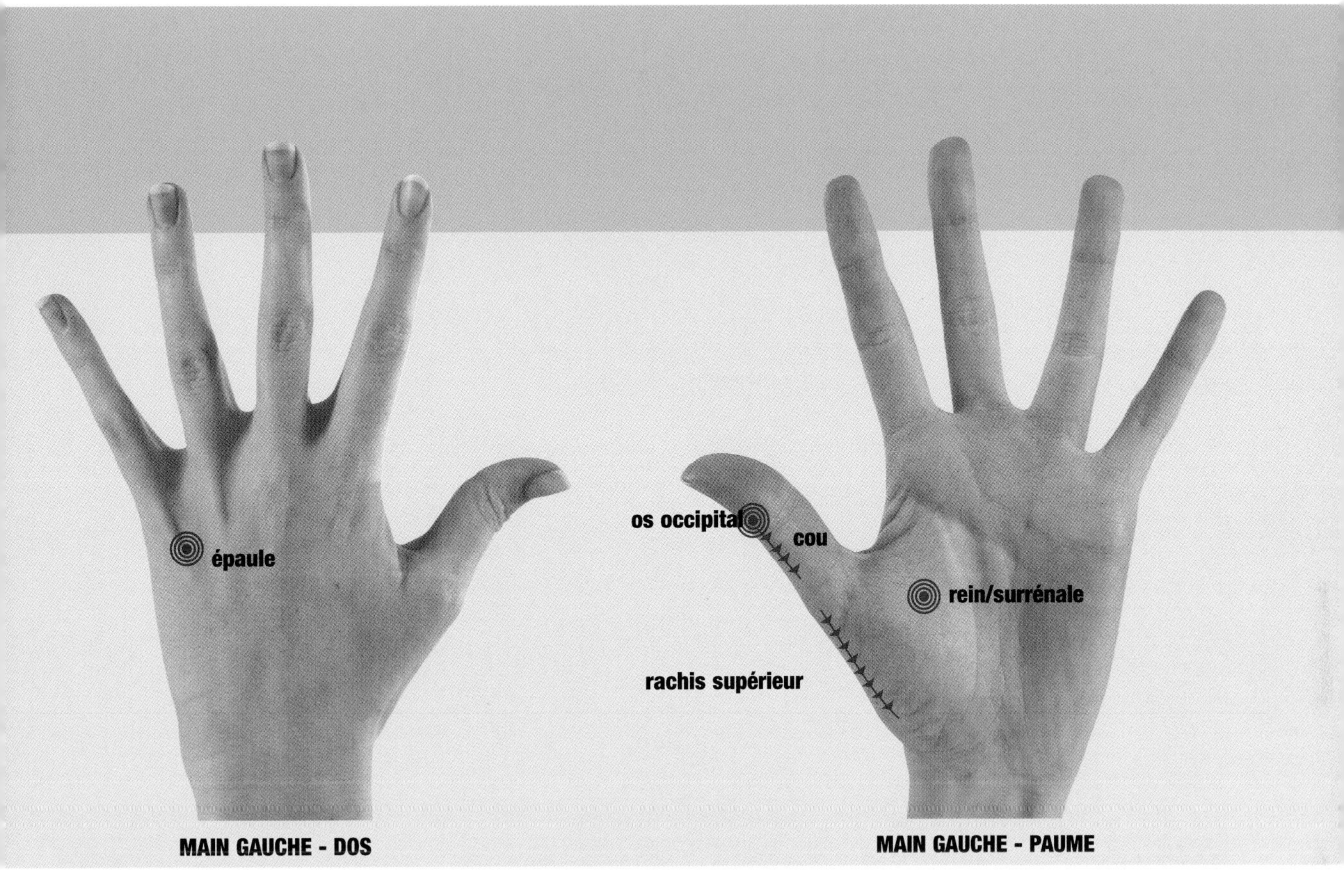

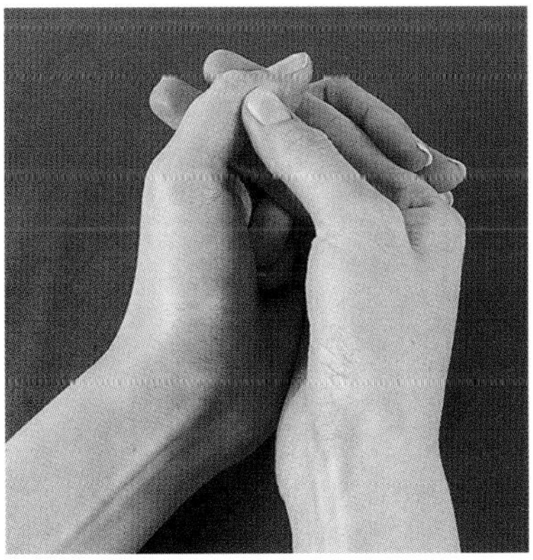

3 Réflexe de l'os occipital

01.00 min

Placez un pouce plié sur la première articulation de l'autre et procédez à la stimulation en décrivant de petits cercles dans un sens ou dans l'autre.

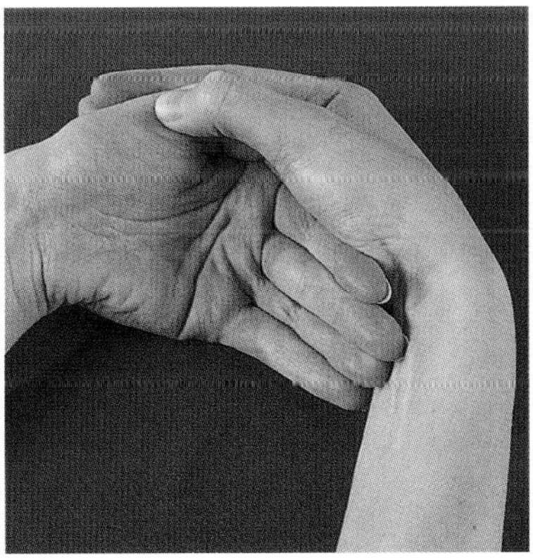

4 Réflexe du rachis supérieur

01.30 min

Une main posée sur l'autre pour que l'un de vos pouces soit en contact avec l'os situé à la base de son pouce, procédez à 12 petites pressions — représentant les 12 vertèbres dorsales — le long de l'os, en direction du poignet. Effectuez cette stimulation en décrivant de petits cercles après chaque pression.

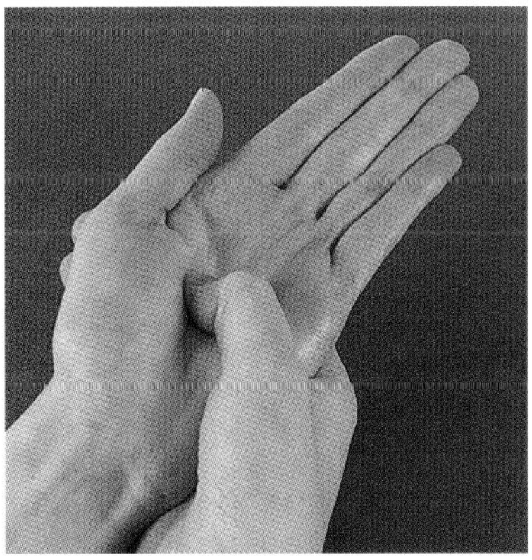

5 Réflexe rénal/Surrénal

00.30 sec

D'une main, soutenez l'autre puis, du pouce plié placé dans l'espace charnu séparant pouce et index, juste au-dessus du gros muscle, exercez des pressions successives.

Main et poignet

TÉNOSYNOVITE
C'est l'inflammation du revêtement interne de la gaine qui abrite un tendon (en général ceux de la main et du poignet), souvent entraînée par le surmenage.

SYNDROME DU CANAL CARPIEN
Il s'agit d'une douleur associée à un engourdissement et à des fourmillements affectant pouce, index et médius d'une ou des deux mains qui affaiblit la prise.

TRAUMATISME À L'EFFORT RÉPÉTÉ Caractérisé par une douleur et une raideur, il est causé par le surmenage des articulations digitales et carpiennes (poignet).

MALADIE DE REYNAUD
C'est une réduction de l'irrigation sanguine des doigts qui se manifeste par une blancheur et un engourdissement. Douleur, engourdissement et fourmillements peuvent être intenses.

"TENNIS ELBOW"
Se manifestant par une douleur et une hypersensibilité affectant l'articulation et l'extérieur du coude, il est d'ordinaire dû au surmenage musculaire.

Pour soulager de ces maux, stimulez les points réflexogènes correspondant aux zones anatomiques suivantes :

Poignet

Coude

Épaule

Cou

Reins/Surrénales

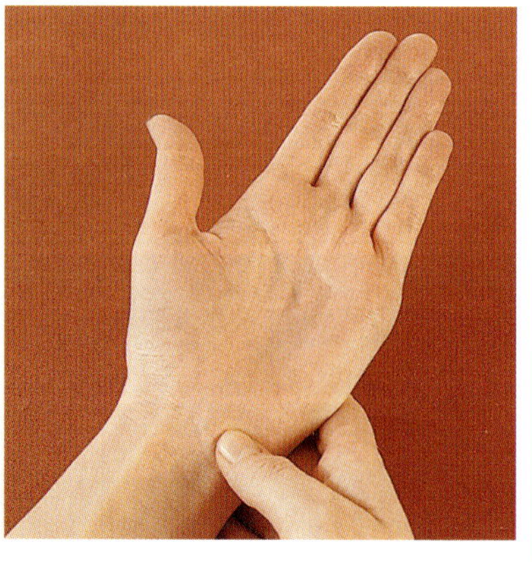

1 Réflexe du poignet

01.30 min

Placez votre pouce d'un côté du poignet, puis pratiquez la chenille à la base de la main, d'un côté à l'autre. Effectuez la stimulation en pratiquant de petits cercles après chaque pression. Recommencez.

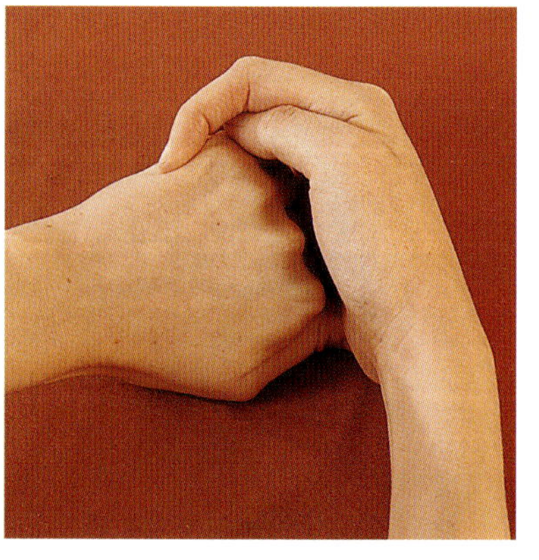

2 Réflexe du coude

00.45 sec

La paume d'une main tournée vers le bas, placez votre index sur le côté de la main, juste à la base de l'auriculaire puis, exercez deux petites pressions vers le poignet et déchirez en revenant vers les doigts.

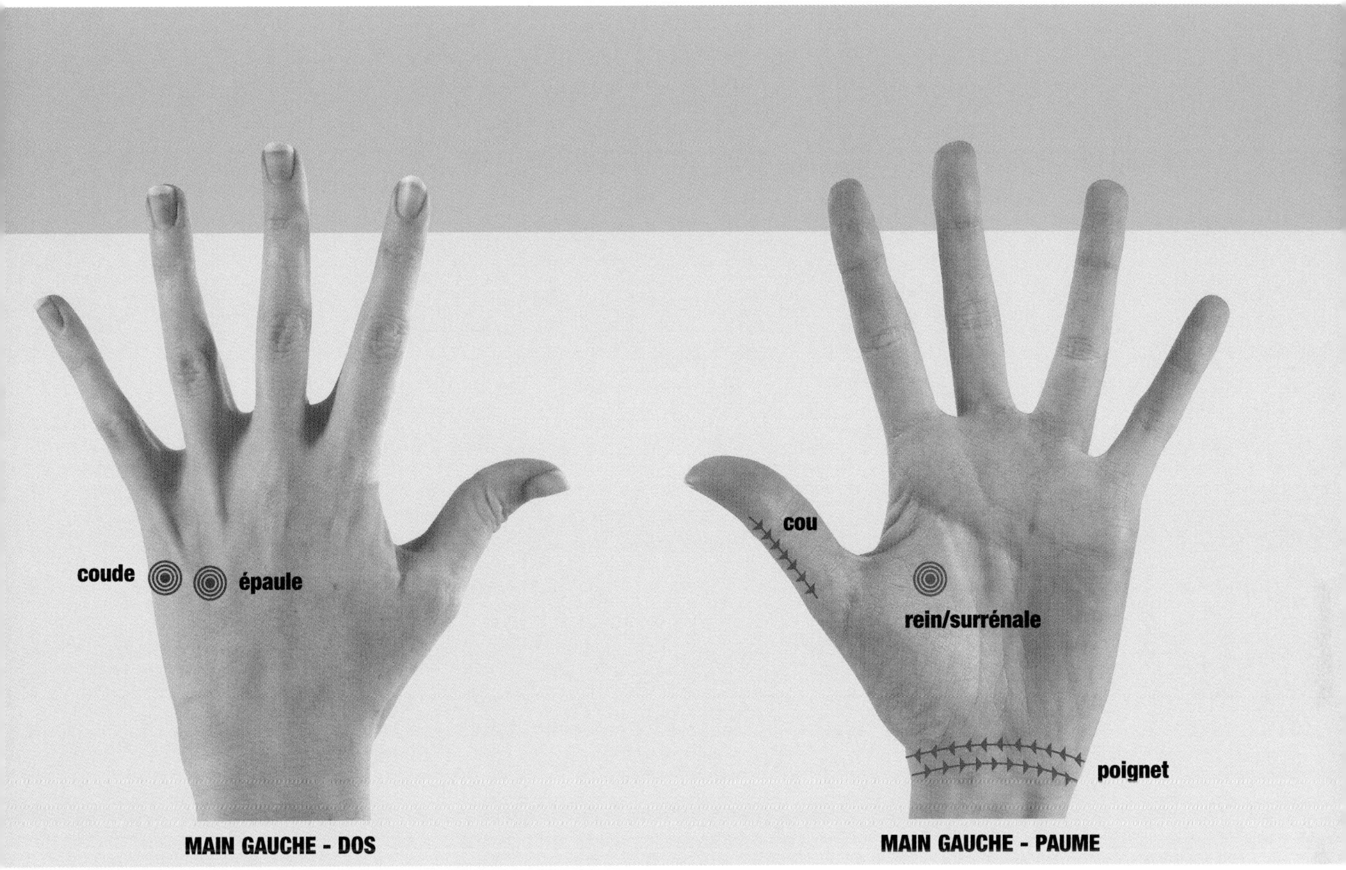

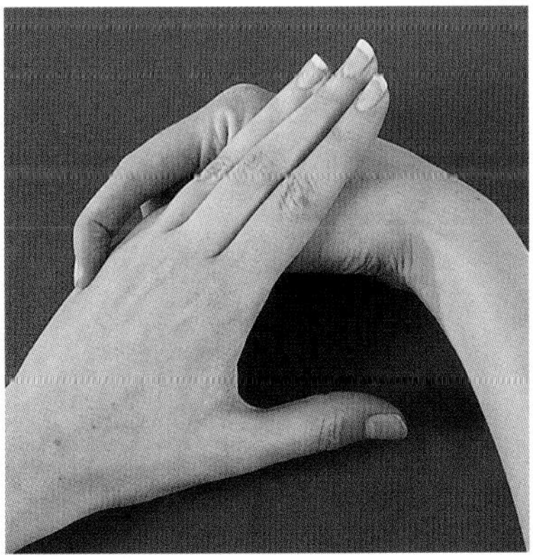

3 Réflexe scapulaire

00.45 sec

La paume d'une main tournée vers le bas, placez pouce et index de l'autre main entre la base de l'annulaire et celle de l'auriculaire, puis exercez trois pressions successives vers le poignet en faisant appel à la technique du bec d'oiseau, et en décrivant de petits cercles.

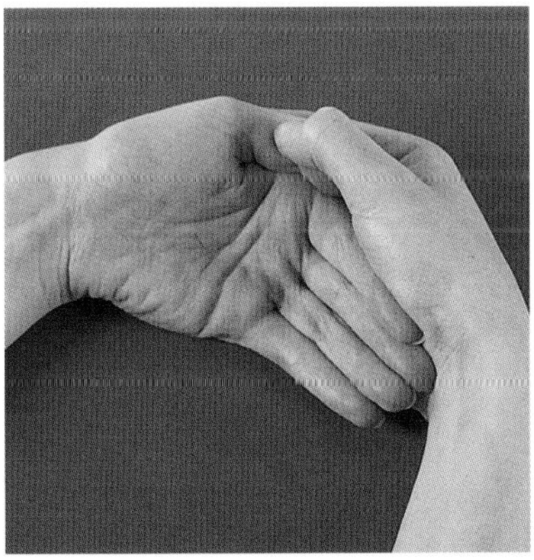

4 Réflexe cervical

01.30 min

Un pouce placé entre l'index et le médius d'une main, servez-vous de l'autre pouce pour manipuler l'os de sa deuxième phalange en sept petites étapes symbolisant les sept vertèbres cervicales.

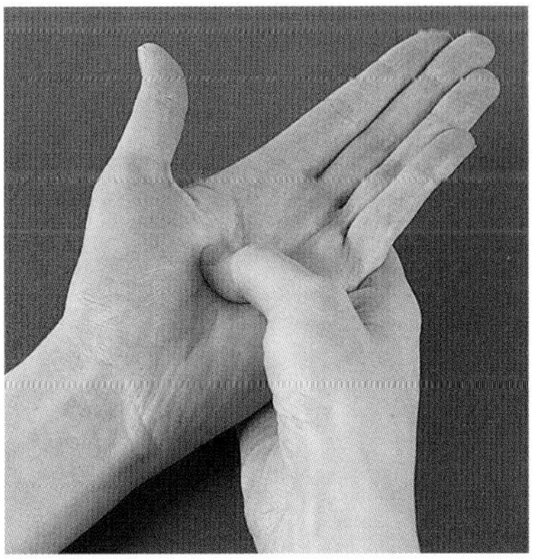

5 Réflexe rénal/Surrénal

00.30 sec

D'une main, soutenez l'autre, puis, du pouce plié placé dans l'espace charnu séparant pouce et index, juste au-dessus du gros muscle, exercez des pressions successives.

Appareil respiratoire

ASTHME
Pathologie allergique affectant les poumons et entraînant des difficultés respiratoires telles que respiration sifflante, toux, transpiration et accélération du pouls, étant donné le rétrécissement des voies aériennes.

RHUMES BANAUX
Ce sont des infections des voies respiratoires supérieures causées par maints microbes. Ils durent environ 8 jours, mais certains conduisent à des pathologies plus graves.

BRONCHITE
Elle est caractérisée par une inflammation ou une obstruction des bronches entraînant fièvre, toux, maux de gorge, sécrétion excessive de mucus et gêne respiratoire.

GRIPPE
Sur le plan épidémiologique, elle se transmet par la toux ou les éternuements. Les symptômes sont les suivants : céphalées, courbatures, fatigue et fièvre alternant avec des frissons.

MAUX DE GORGE
Symptômes : douleur et sensibilité des voies aériennes allant de l'arrière de la bouche et du nez à la zone supérieure de l'œsophage.

Pour soulager de ces maux, stimulez les points réflexogènes correspondant aux zones anatomiques suivantes :

Tête

Gorge

Poumons

Reins/Surrénales

Vaisseaux lymphatiques

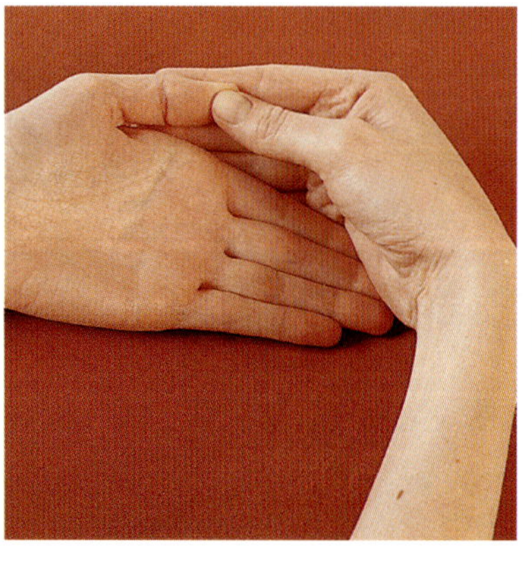

1 Réflexe céphalique

01.00 min

Un pouce dans une main, servez-vous de l'autre pouce pour le manipuler entièrement. La stimulation s'effectue en décrivant de tout petits cercles.

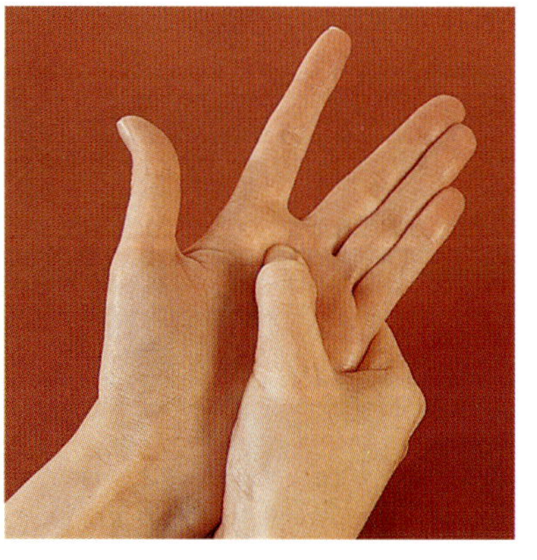

2 Réflexe laryngé (gorge)

01.00 min

Le pouce placé sur le point réflexogène correspondant à l'orifice œsophagien du diaphragme (hernie hiatale), effectuez la manipulation en remontant entre index et médius, de leurs extrémités à leurs bases. Continuez la stimulation ainsi en décrivant de petits cercles après chaque pression.

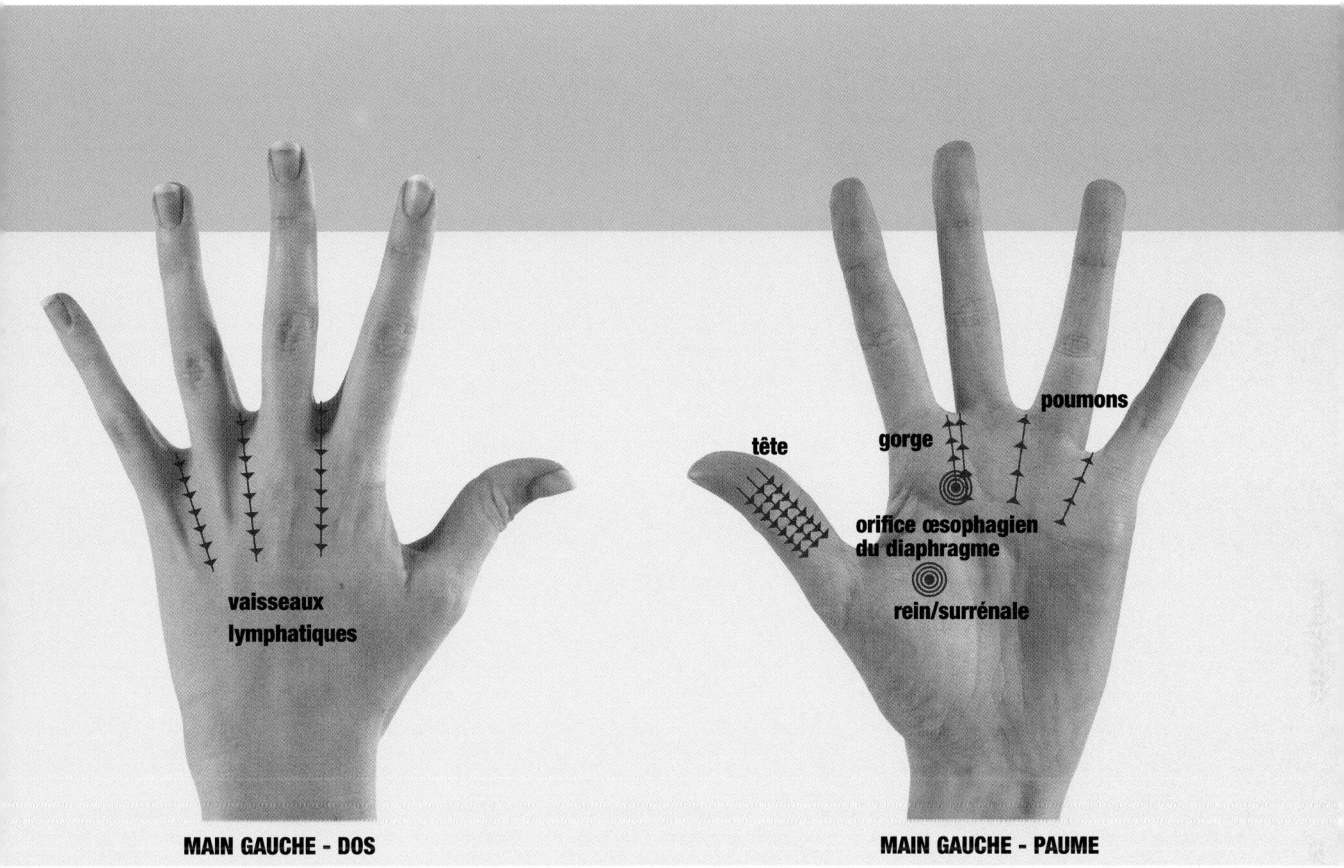

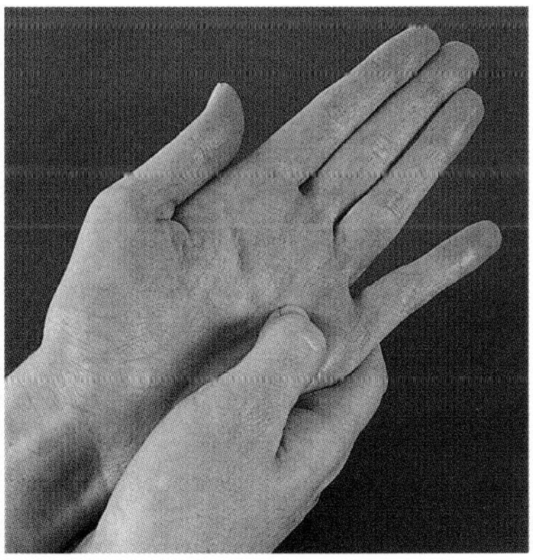

3 Réflexe pulmonaire

01.00 min

Pouce plié placé à mi-longueur de la paume, entre les zones 5 et 4, pratiquez la chenille vers la base des doigts et entre leurs os. Ensuite, faites de même entre les zones 4 et 3, puis entre les zones 3 et 2.

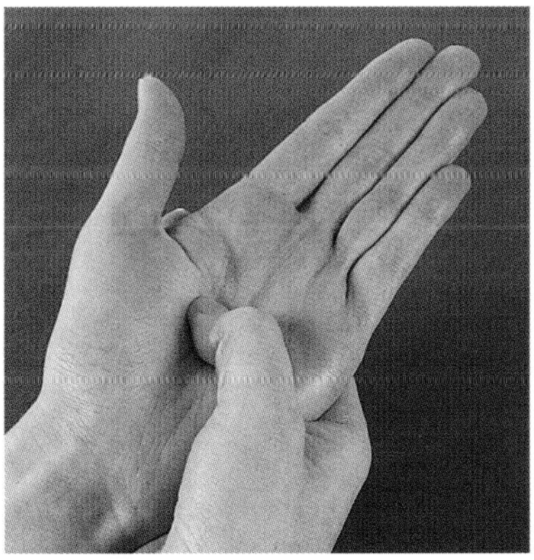

4 Réflexe rénal/surrénal

01.00 min

D'une main, soutenez l'autre, puis, du pouce plié placé dans l'espace charnu séparant pouce et index, juste au-dessus du gros muscle, exercez des pressions successives.

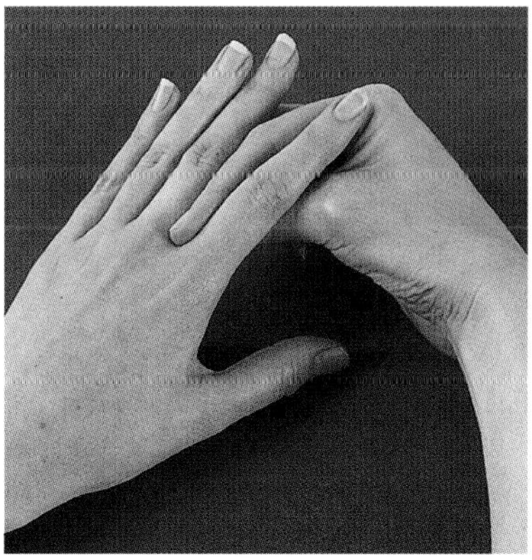

5 Réflexe des vaisseaux lymphatiques

01.00 min

La paume d'une main tournée vers le bas, placez pouce et index de l'autre main entre la base de l'index et celle du médius, puis exercez des pressions successives vers le poignet en faisant appel à la technique du bec d'oiseau. Faites de même entre les zones 3 et 4, et entre les zones 4 et 5.

Appareil digestif

REFLUX ACIDE
Ce trouble est provoqué par du liquide acide remontant de l'estomac par l'œsophage (voie faisant communiquer l'estomac et la gorge). Parmi les symptômes, citons un goût aigre dans la bouche et des sensations de brûlure lors des repas.

BRÛLURES D'ESTOMAC
Il s'agit de douleurs analogues à des brûlures qui remontent du centre de la poitrine vers la gorge, et qui s'accentuent quand on se penche en avant ou lorsqu'on s'allonge.

INDIGESTION
Il s'agit de la digestion incomplète d'aliments au niveau de l'estomac ou des intestins. Parmi les symptômes, citons : brûlures d'estomac, nausées, ballonnements, vesses, douleur abdominale et sensation de satiété.

NAUSÉES
Elles correspondent à l'impression d'avoir besoin de vomir, souvent accompagnée de pâleur et de forte transpiration.

HERNIE HIATALE
C'est une faiblesse du diaphragme qui permet à l'estomac de faire saillie hors de la cavité abdominale à travers l'orifice œsophagien du diaphragme. Brûlures d'estomac et reflux acides en sont les symptômes.

Pour soulager de ces maux, stimulez les points réflexogènes correspondant aux zones anatomiques suivantes :

Estomac

Diaphragme

Orifice œsophagien du diaphragme

Gorge (larynx)

Pancréas

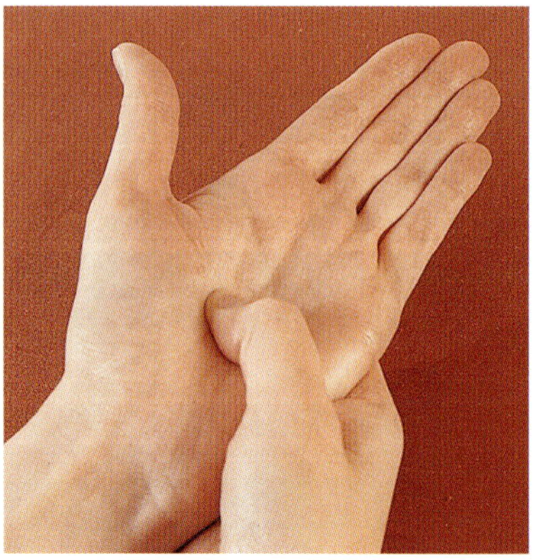

1 Réflexe gastrique

01.30 min

Une main soutenant l'autre, placez votre pouce à l'extrémité de l'espace charnu, puis dirigez-vous vers le côté de la main et revenez à votre point de départ. Poursuivez ainsi jusqu'à couverture totale de cet espace, comme si vous dépliiez un éventail.

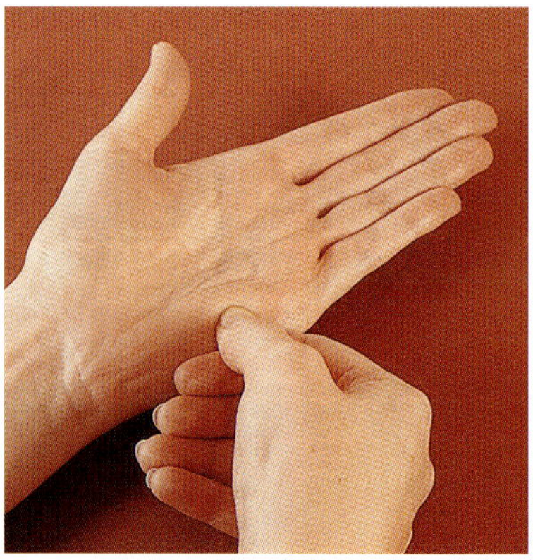

2 Réflexe diaphragmatique

01.00 min

Pouce placé à un tiers de la longueur de la paume de l'autre main, faites appel à la technique du papillon pour manipuler le travers de la main.

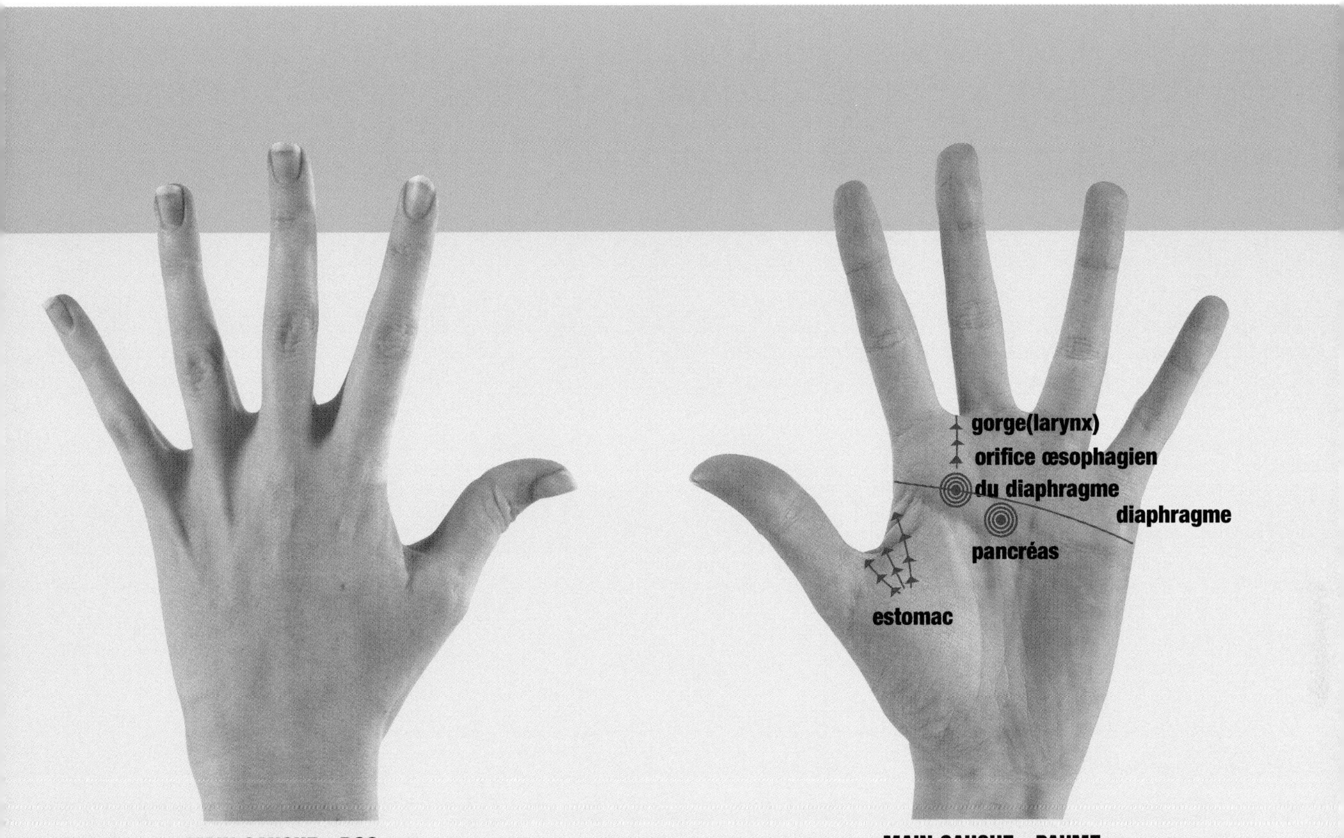

MAIN GAUCHE - DOS

MAIN GAUCHE - PAUME

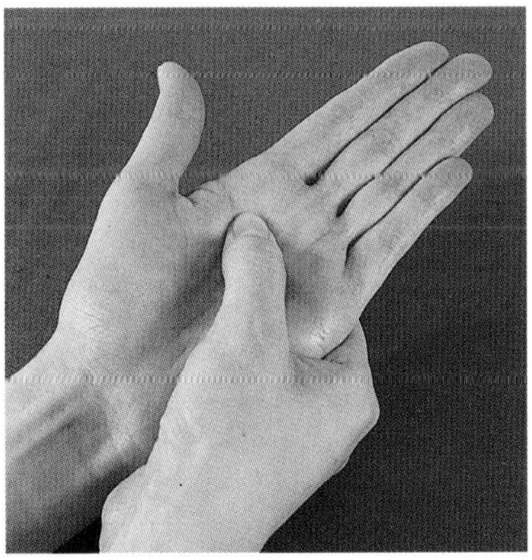

3 Réflexe de l'orifice œsophagien du diaphragme

01.00 min

Pouce placé au niveau du diaphragme, c'est-à-dire entre les zones 2 et 3, exercez des pressions accentuées.

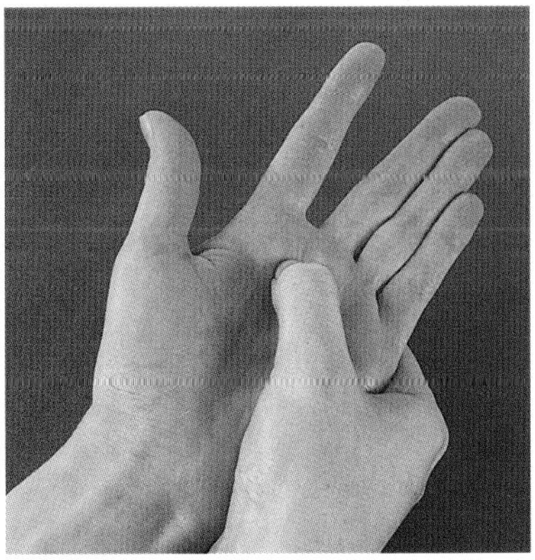

4 Réflexe laryngé

01.00 min

Pouce placé sur le point réflexogène correspondant à l'orifice œsophagien du diaphragme (hernie hiatale), effectuez la manipulation en remontant entre index et médius, de leurs extrémités à leurs bases. Continuez la stimulation ainsi, en décrivant de petits cercles après chaque pression.

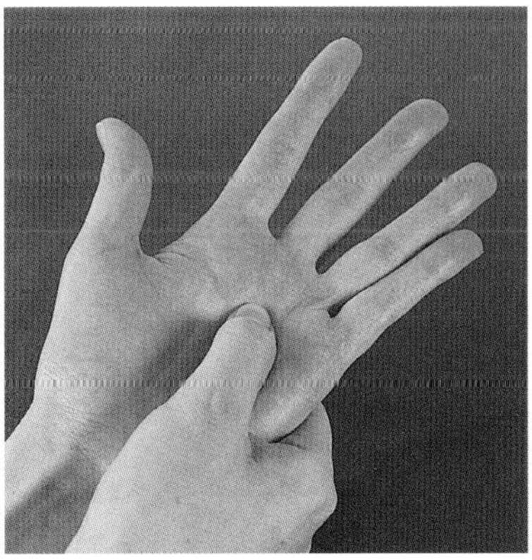

5 Réflexe pancréatique

00.30 sec

Pouce plié placé au niveau du diaphragme, c'est-à-dire sur l'articulation située à la base du médius, exécutez la manipulation en direction de l'annulaire et en appui sur l'articulation.

Appareil digestif

INTOXICATION ALIMENTAIRE
Elle survient généralement après ingestion d'une nourriture renfermant des germes pathogènes ou des toxines. Parmi les symptômes, citons : vomissements, crampes abdominales, vertiges, diarrhée, déshydratation, nausées, frissons, fièvre et céphalées.

UCÈRE GASTRO-DUODÉNAL
C'est une plaie ouverte de la muqueuse gastrique ou des parois du duodénum provoquée par l'acidité régnant dans l'estomac, qui irrite sa muqueuse et les tissus sous-jacents.

CONSTIPATION
Elle survient lorsque les déchets métaboliques parcourent trop lentement le gros intestin, engendrant des matières fécales dures et sèches, ainsi que des selles sporadiques et douloureuses.

DIARRHÉE
Elle correspond à l'évacuation de selles inhabituellement molles et aqueuses accompagnées de vomissements, de crampes, ainsi que d'une soif et de douleurs abdominales.

COLOPATHIE FONCTIONNELLE
Elle se manifeste par les symptômes suivants : selles irrégulières, diarrhée, constipation, ballonnements, douleurs abdominales, accumulation de mucus dans les excréments, nausées et flatulences.

Pour soulager de ces maux, stimulez les points réflexogènes correspondant aux zones anatomiques suivantes :

Estomac

Foie/Rate

Gros intestin

Intestin grêle

Nerfs du système neuro-végétatif

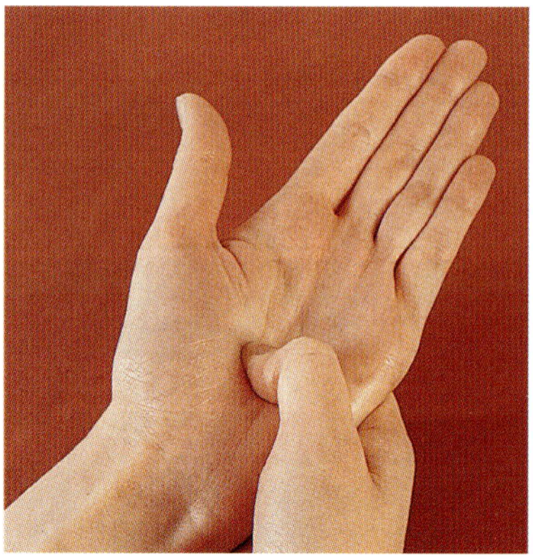

1 Réflexe gastrique

01.00 min

Une main soutenant l'autre, placez votre pouce à l'extrémité de l'espace charnu, puis dirigez-vous vers le côté de la main et revenez à votre point de départ. Poursuivez ainsi jusqu'à couverture totale de cet espace, comme si vous dépliiez un éventail.

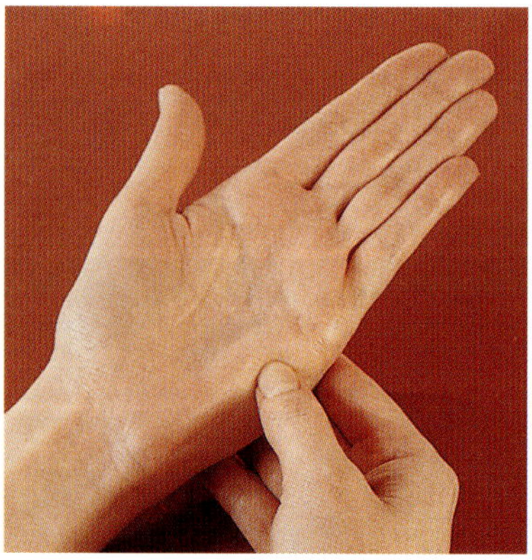

2 Réflexe hépatique (main droite)/splénique (main gauche)

01.00 min

Placez votre pouce sur le bord de votre autre main, à environ 3 cm de la base de l'auriculaire puis, en pratiquant la technique de la chenille, exercez trois pressions vers l'intérieur de la main. Continuez ainsi sur quatre lignes parallèles, pour vous arrêter juste au-dessus du poignet.

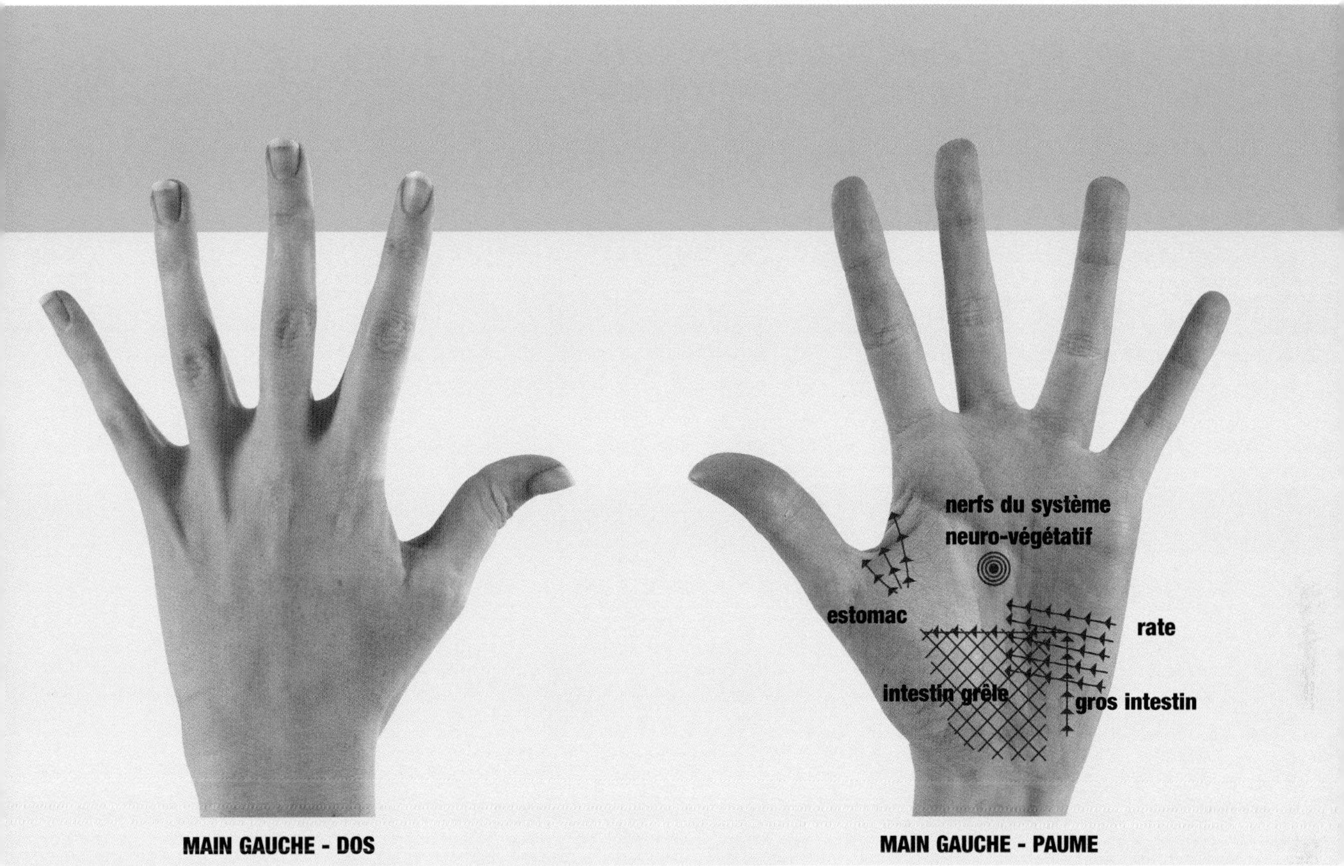

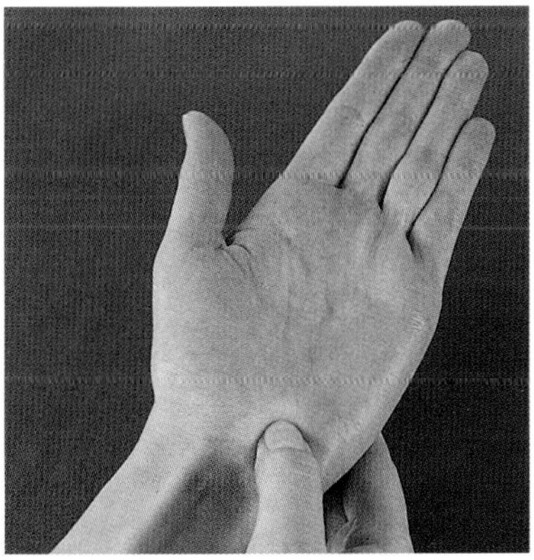

3 Réflexe du gros intestin

01.00 min

Placez votre pouce à la base de la zone 4, juste au-dessus du poignet, puis faites pivoter son ongle pour qu'il soit dans l'alignement de l'annulaire. Manipulez en remontant la zone 4 jusqu'à mi-longueur de la main. Stimulez cette zone en appuyant avant de tourner pour parcourir le travers de la main jusqu'à l'espace charnu situé entre pouce et index.

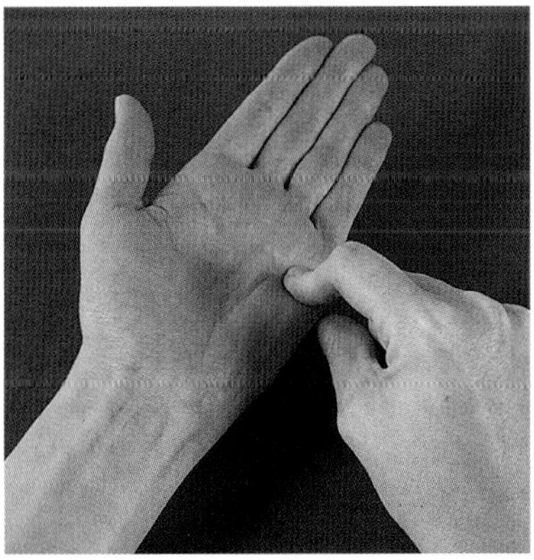

4 Réflexe de l'intestin grêle

01.00 min

Après avoir placé vos index et pouce à environ 3 cm de la base des doigts, exercez des pressions successives et rapprochées jusqu'à ce que vous ayez atteint le poignet.

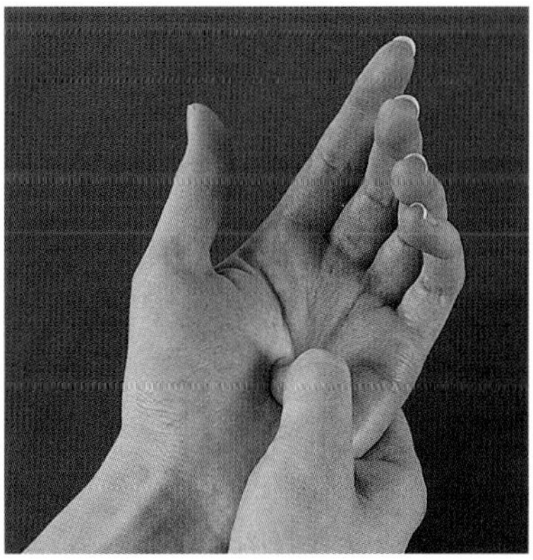

5 Réflexe des nerfs du système neuro-végétatif

01.00 min

Pouce placé au centre de la paume, détendez votre main pour que les doigts se rabattent sur lui puis, pour effectuer la stimulation, exercez des pressions en décrivant de petits cercles et en respirant plusieurs fois profondément.

Appareil urinaire

CYSTITE
Inflammation de la muqueuse vésicale, généralement provoquée par une infection bactérienne. Ses principaux symptômes sont un fréquent besoin d'uriner associé à une forte douleur.

INCONTINENCE
Plus fréquente chez les femmes, notamment après l'accouchement, elle se manifeste par un besoin incontrôlable (involontaire) d'uriner. Une pathologie ou un traumatisme des voies urinaires perturbe aussi le contrôle vésical.

CALCULS RÉNAUX
Ils sont à l'origine de violentes douleurs dans la région lombaire. Leur fréquence augmente en été, parce que, durant cette période, l'urine est plus concentrée en raison de la relative déshydratation engendrée par la transpiration.

CALCULS VÉSICAUX
Plus fréquents chez les hommes, ils sont provoqués par l'accumulation de minéraux dans la vessie, d'où mictions difficiles et douloureuses.

INFECTION RÉNALE
Elle survient le plus souvent parce que des germes pathogènes remontent de la vessie dans les reins. Lombalgies, frissons et fièvre en sont les symptômes principaux..

Pour soulager de ces maux, stimulez les points réflexogènes correspondant aux zones anatomiques suivantes :

Hypophyse

Vessie

Uretère (liaison rein-vessie)

Reins/Surrénales

Région lombaire

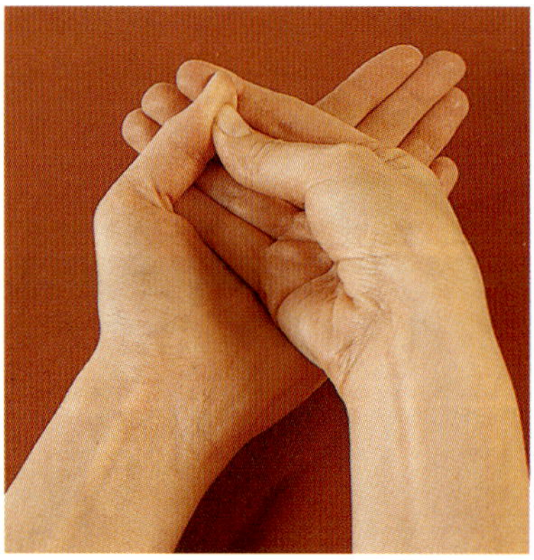

1 Réflexe hypophysaire

01.00 min

Un pouce posé sur les doigts d'une main, servez-vous de l'autre pouce pour le stimuler en exerçant des pressions en son centre.

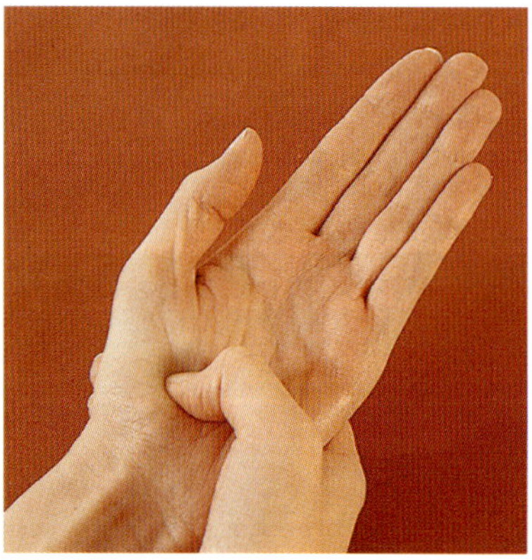

2 Réflexe vésical

00.30 sec

D'un pouce placé à la base du muscle de celui qui est traité, pratiquez la technique du déchirement en direction du poignet, puis procédez à la stimulation.

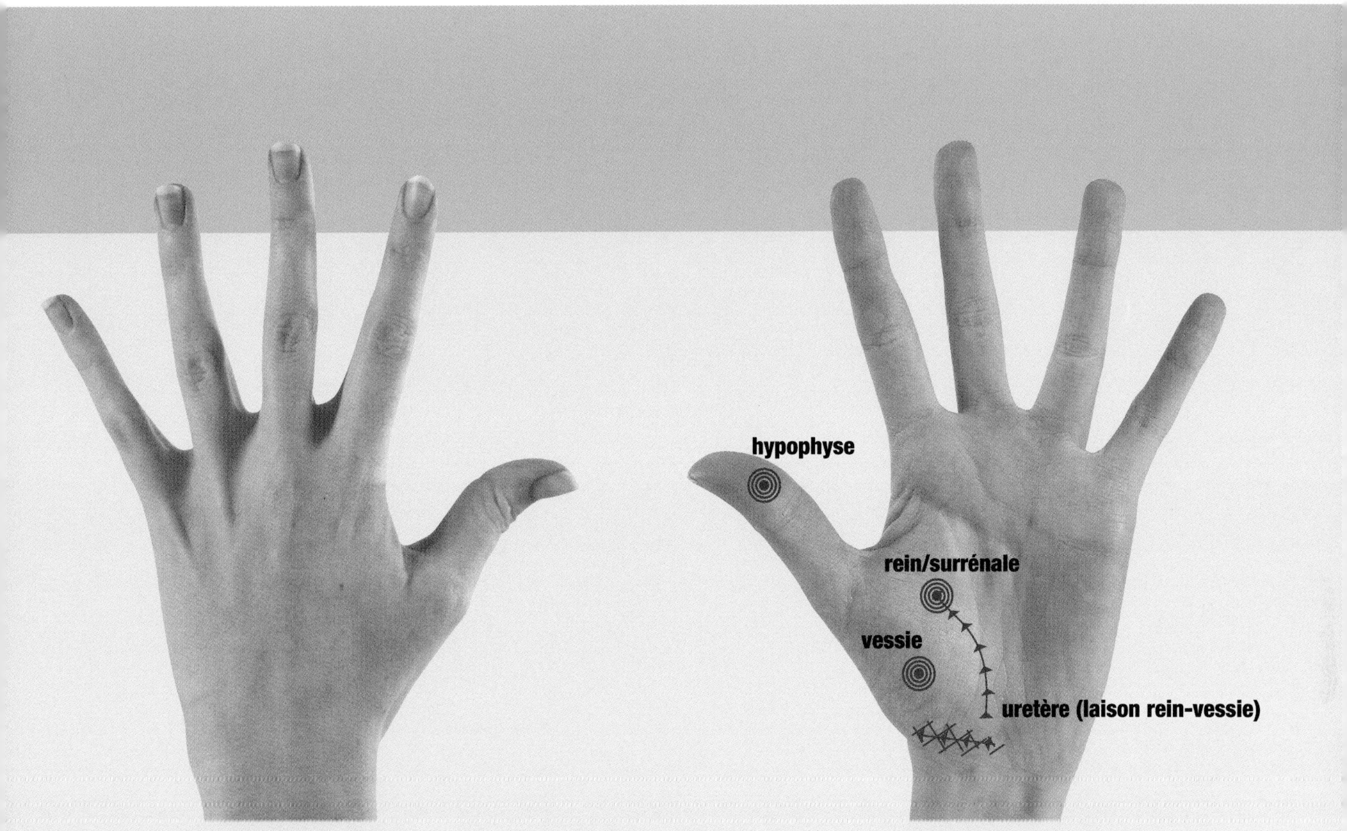

MAIN GAUCHE - DOS

MAIN GAUCHE - PAUME

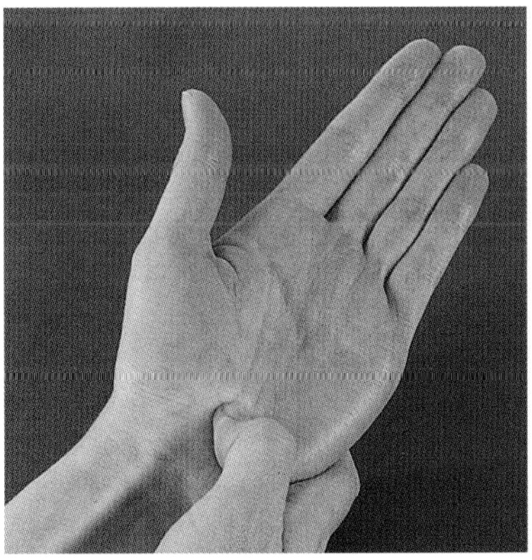

3 Réflexe de l'uretère (liaison rein-vessie)

01.00 min

Cherchez le point de départ de votre ligne de vie, juste au-dessus du poignet puis, du pouce, exercez des pressions le long de cette ligne jusqu'à ce que vous atteigniez l'espace charnu.

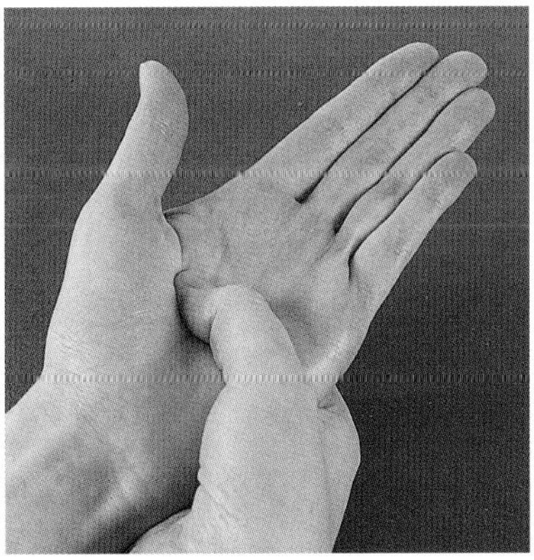

4 Réflexe rénal/surrénal

01.00 min

D'une main, soutenez l'autre puis, du pouce placé dans l'espace charnu séparant pouce et index, juste au-dessus du gros muscle, exercez des pressions successives

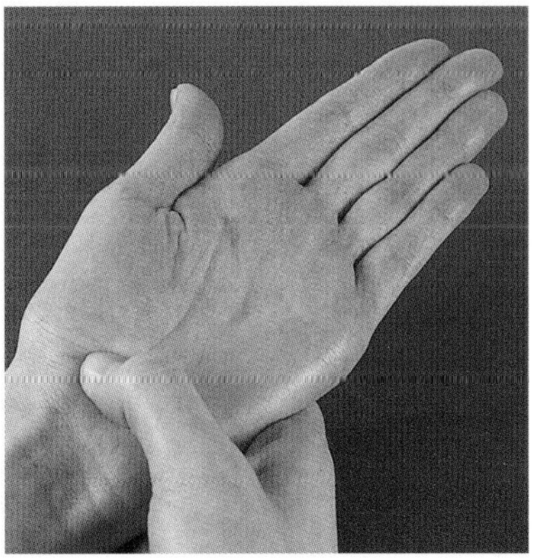

5 Réflexe lombaire

01.30 min

Pouce placé à la base de la main, juste au-dessus du poignet, manipulez sur toute sa longueur l'os le reliant à la base du pouce traité. Exercez, sur le bord de la main, cinq pressions rapprochées — ponctuées d'une stimulation exécutée à la faveur de petits cercles — symbolisant les cinq vertèbres lombaires.

Appareils reproducteurs

HYSTÉRECTOMIE
Ablation de l'utérus et, parfois, des ovaires, généralement destinée au traitement de fibromes, du cancer de l'utérus ou du col utérin, des règles excessivement abondantes, de l'endométriose, ou du prolapsus utérin ("descente d'organes").

SYNDROME PRÉMENSTRUEL (PMS)
Il s'agit d'un déséquilibre entre hormones sexuelles entraînant les symptômes suivants : dysménorrhée, anxiété, céphalées, maladresse, dorsalgies, acné, hypersensibilité mammaire au toucher, état dépressif, insomnie, constipation et/ou rétention hydrique.

RÈGLES IRRÉGULIÈRES
Écoulement menstruel anormal dû à des modifications de l'activité hormonale ou indiquant trois pathologies différentes, à savoir un fibrome, une endométriose, ou une salpingite aiguë.

SALPINGITE AIGUË
Infection des organes reproducteurs féminins se manifestant par des symptômes tels que douleurs et sensibilité abdominales, fièvre et dorsalgies.

PROSTATITE
Inflammation de la prostate, organe dont la fonction consiste à sécréter un liquide lubrifiant destiné aux spermatozoïdes durant l'éjaculation. Ses deux principaux symptômes sont la rétention urinaire et une douleur sourde siégeant dans l'entrejambe.

Pour soulager de ces maux, stimulez les points réflexogènes correspondants aux zones anatomiques suivantes :

Hypophyse

Reins/Surrénales

Région lombaire

Utérus/Prostate

Ovaires/Testicules

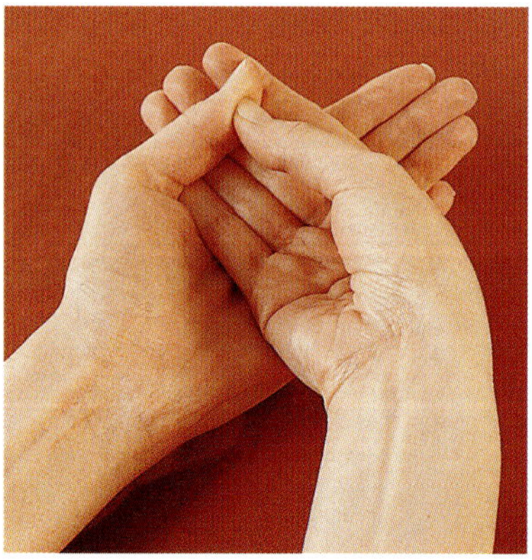

1 Réflexe hypophysaire

Un pouce posé sur les doigts d'une main, servez-vous de l'autre pouce pour le stimuler en exerçant des pressions en son centre.

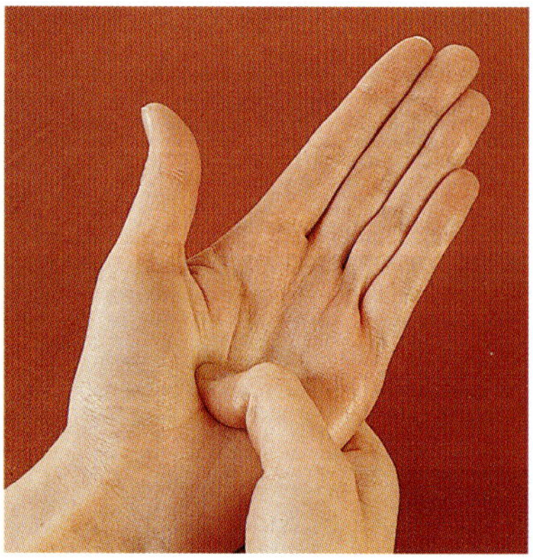

2 Réflexe rénal/surrénal

Une main soutenant l'autre, placez votre pouce sur l'espace charnu séparant pouce et index, juste au-dessus du gros muscle, puis exercez des pressions successives.

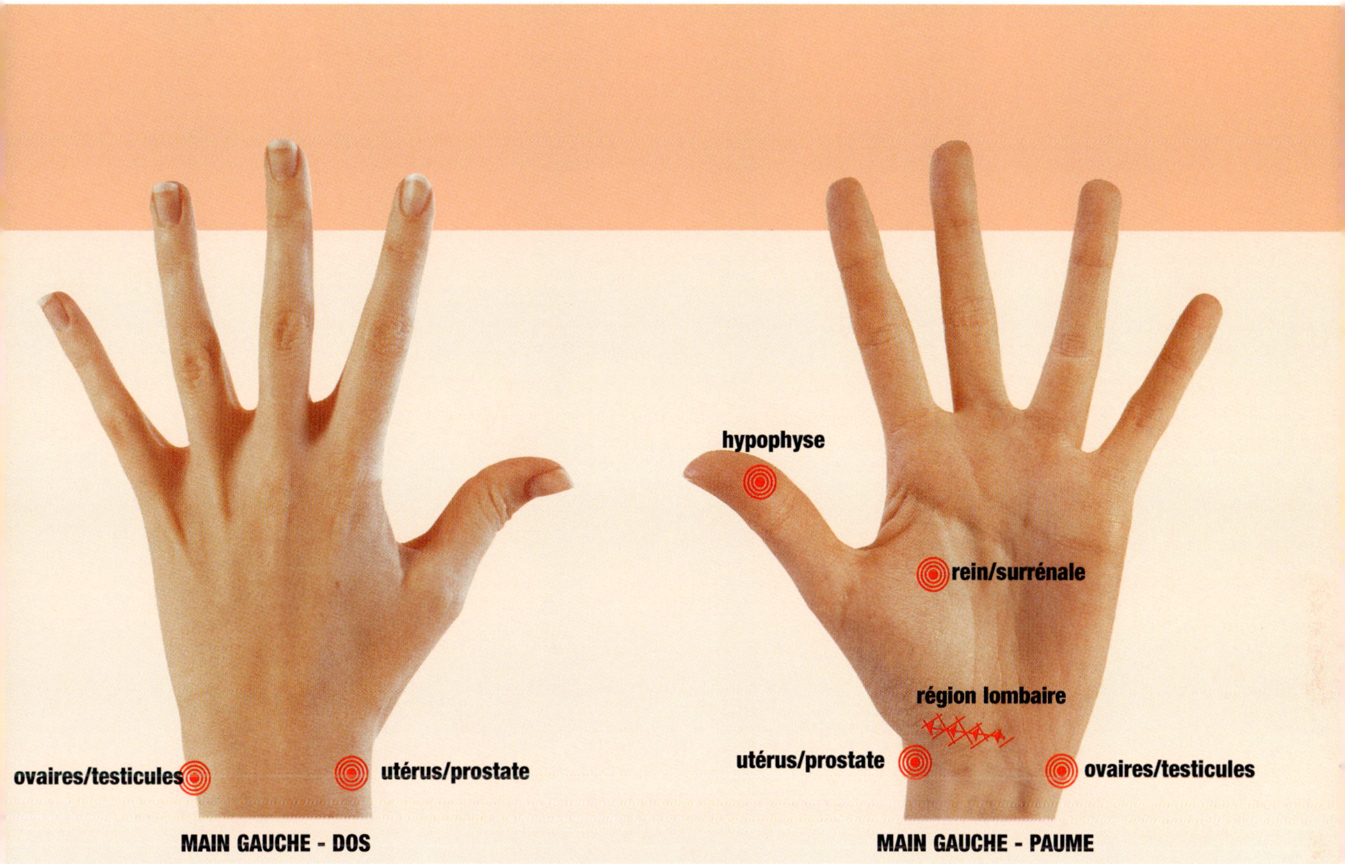

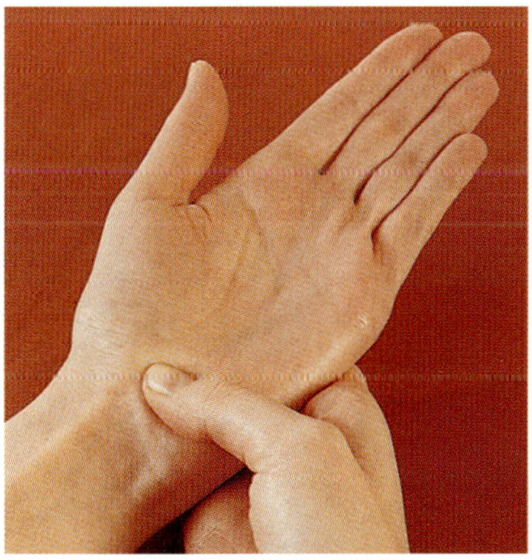

3 Réflexe lombaire

01.00 min

Pouce placé à la base de la main, juste au-dessus du poignet, manipulez sur toute sa longueur l'os le reliant à la base du pouce traité. Exercez, sur le bord de la main, cinq pressions rapprochées — ponctuées d'une stimulation exécutée à la faveur de petits cercles — symbolisant les cinq vertèbres lombaires.

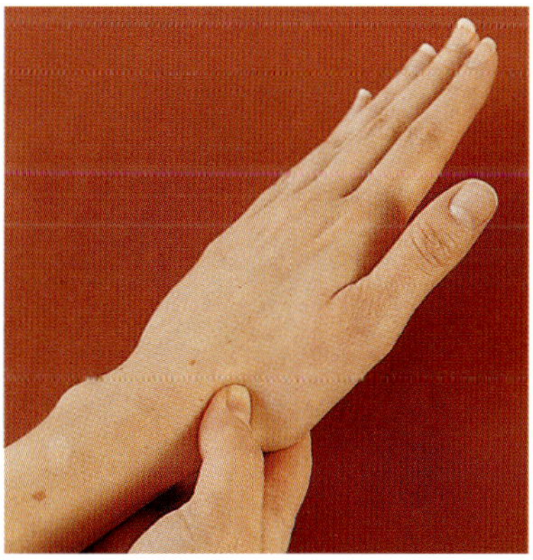

4 Réflexe utérin/prostatique

01.00 min

Paume d'une main tournée vers le bas, de l'index, suivez le bord du pouce et pratiquez la technique de la tornade à la base du poignet, là où vous percevez une petite échancrure, et stimulez cette zone en exerçant des pressions successives.

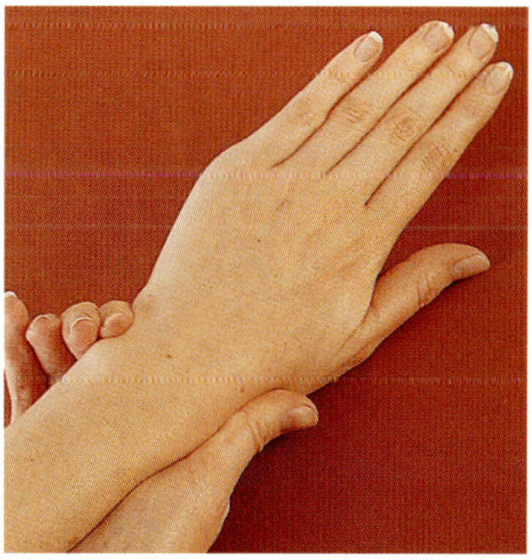

5 Réflexe ovarien/testiculaire

01.00 min

Paume de la main tournée vers le bas, de l'index, suivez le bord de l'auriculaire et pratiquez la technique de la tornade à la base du poignet, là où vous percevez une petite échancrure, et stimulez cette zone en exerçant des pressions successives.

Harmonisation des fonctions organiques

TRAITER AUTRUI - SÉANCES DE 10 MINUTES

Ce chapitre explique comment on peut restaurer les équilibres naturels chez autrui grâce à la réflexologie de la main. Elle permet de traiter efficacement les troubles affectant chaque appareil ou système afin que l'organisme, considéré dans son intégralité, retrouve bien-être et harmonie fonctionnelle.

Avant de traiter quelqu'un, veillez à créer une ambiance relaxante. Au cours des manipulations, prenez votre temps, car toutes ont été conçues pour être exécutées sans précipitation, chaque main devant en bénéficier pendant 5 minutes.

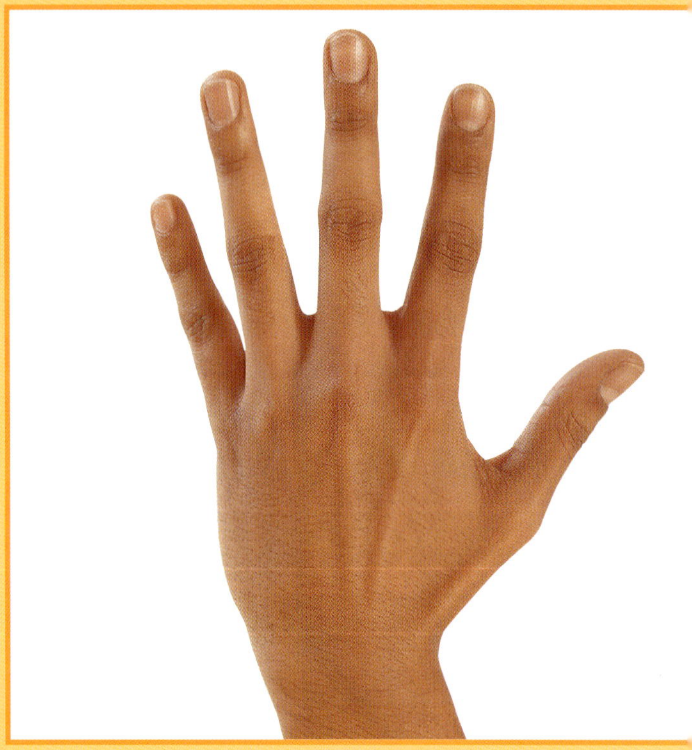

- Pathologies cutanées
- Appareil musculo-squelettique
- Appareil circulatoire
- Système immunitaire
- Système nerveux
- Système endocrinien
- Appareil respiratoire
- Appareil digestif
- Appareil urinaire
- Appareils reproducteurs

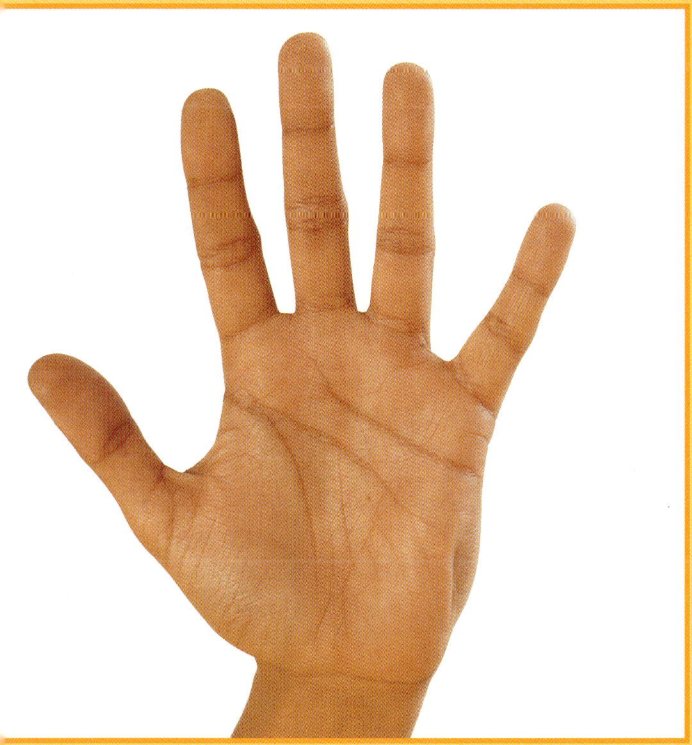

Pathologies cutanées

ACNÉ
Affection inflammatoire associée à l'évolution hormonale durant la puberté. Elle est plus fréquente chez l'homme mais, chez certaines femmes, elle se manifeste par des poussées avant les règles.

FURONCLES
Il s'agit de gros boutons circulaires, enflammés, remplis de pus apparaissant sur le cuir chevelu, le visage, les fesses ou sous les bras, dûs à une infection bactérienne. Ils démangent et sont douloureux.

DERMATITE
Inflammation de la peau provoquant démangeaisons, épaississement, desquamation et changement de couleur. Elle est souvent due au contact avec un agent irritant ou allergène.

PSORIASIS
Plaques d'écailles blanchâtres ou zones rouges apparaissant sur bras, coudes, genoux, jambes, oreilles, cuir chevelu ou dos. Parfois, les ongles des orteils et des doigts présentent des crêtes.

ACNÉ ROSACÉE
Les capillaires proches de l'épiderme se dilatent, entraînant des rougeurs, parfois de la couperose, des boutons ou des pustules, généralement visibles sur le front, les pommettes, le nez et le menton.

Pour soulager de ces maux, stimulez les points réflexogènes correspondant aux zones anatomiques suivantes :

Foie/Rate

Gros intestin

Reins/Surrénales

Cou

Hypophyse

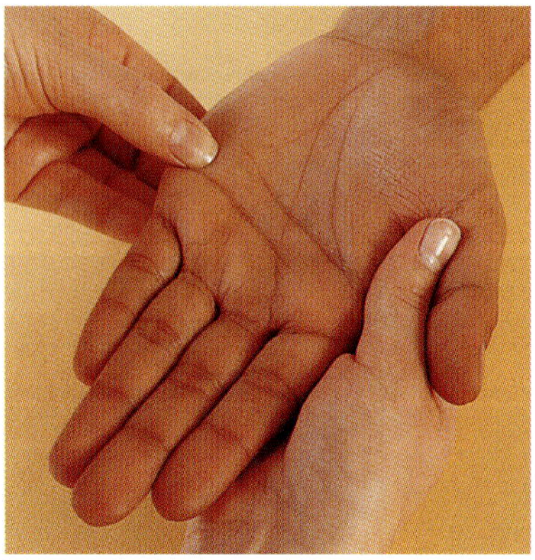

1 Réflexe hépatique (main droite)/splénique (main gauche)

01.00 min

Pouce placé sur le bord de la main du sujet, à environ 3 cm de la base de l'auriculaire, faites appel à la technique de la chenille en exerçant trois pressions rapprochées vers l'intérieur de la paume. Continuez ainsi sur quatre lignes parallèles pour vous arrêter juste au-dessus du poignet.

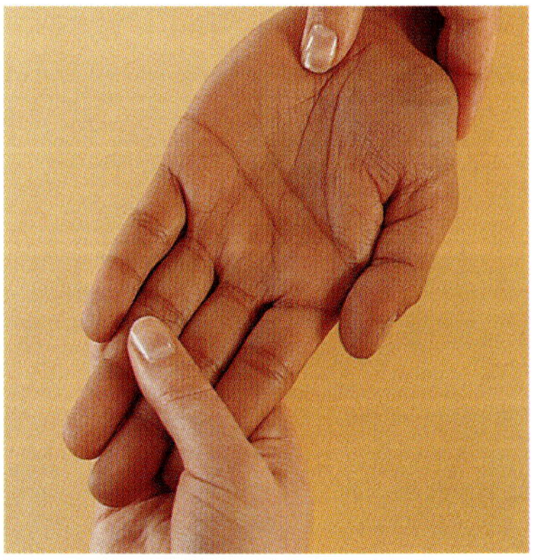

2 Réflexe du gros intestin

01.30 min

Placez votre pouce à la base de la zone 4, juste au-dessus du poignet du sujet, puis faites pivoter son ongle pour qu'il soit dans l'alignement de l'annulaire. Manipulez en remontant la zone 4 jusqu'à mi-longueur de la main. Stimulez cette zone en appuyant avant de tourner pour parcourir le travers de la main jusqu'à l'espace charnu situé entre pouce et index.

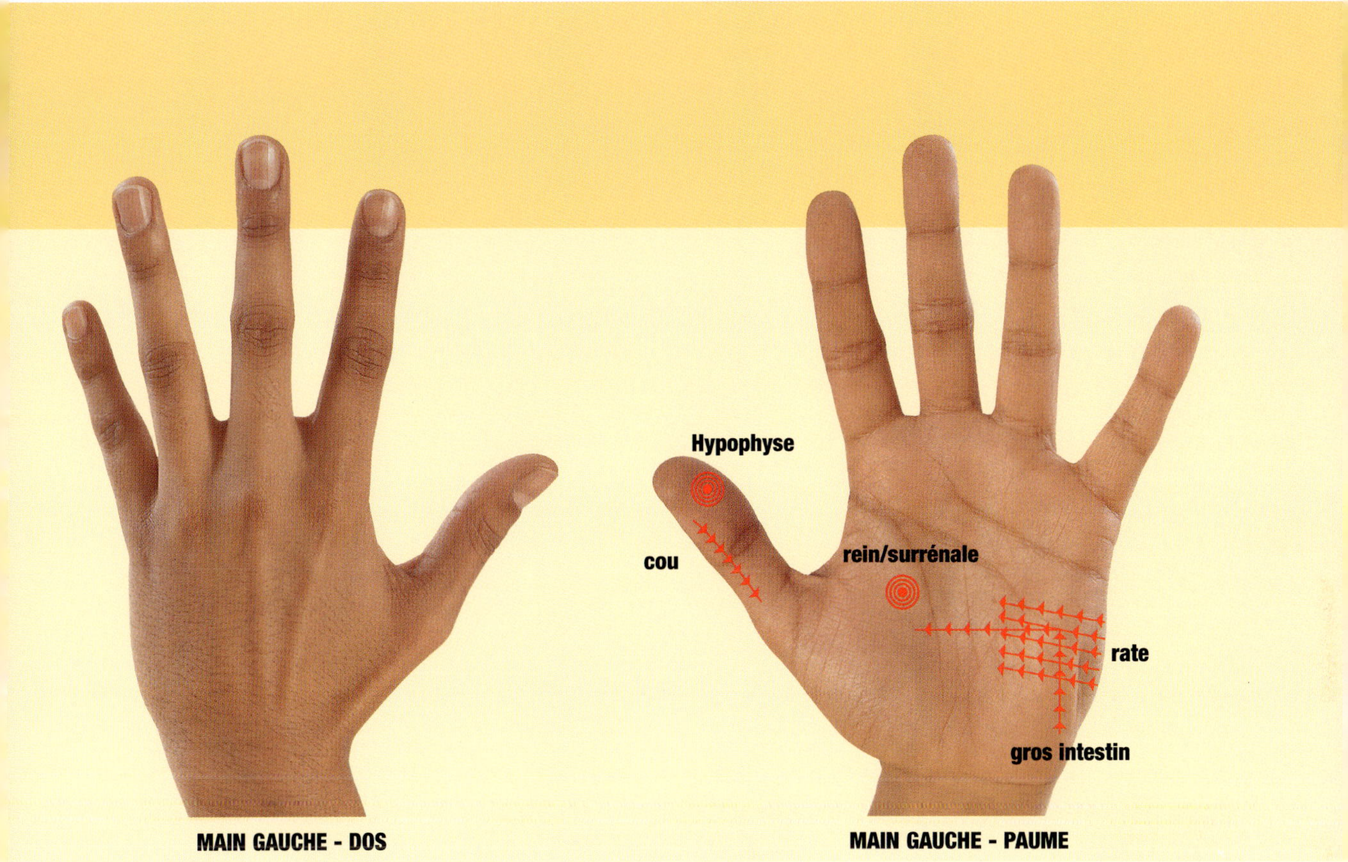

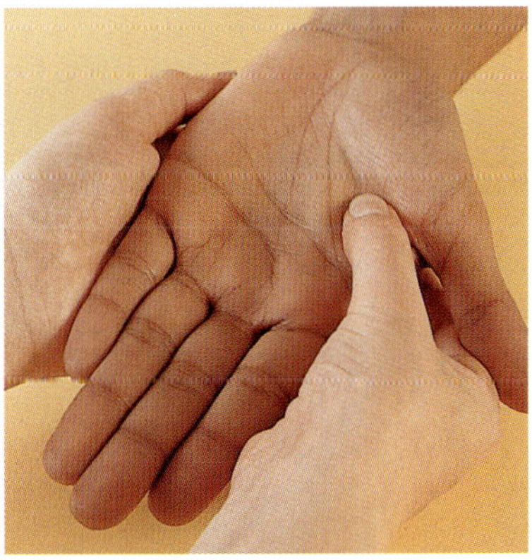

3 Réflexe rénal/surrénal

00.30 sec

D'une main, soutenez celle du sujet, puis, du pouce plié placé dans l'espace charnu séparant pouce et index, juste au-dessus du gros muscle, exercez des pressions successives.

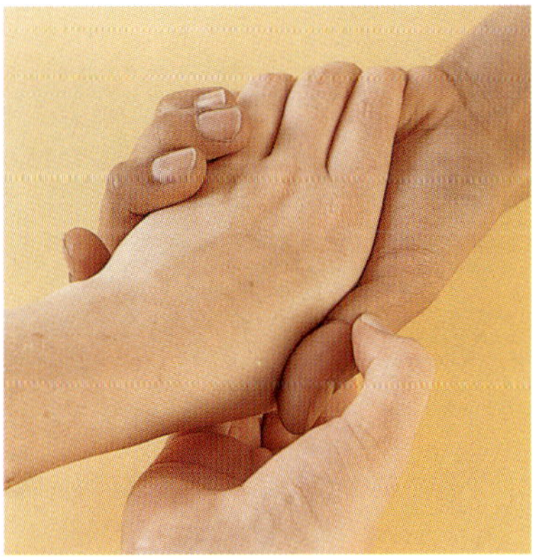

4 Réflexe cervical

01.00 min

Votre pouce placé comme si vous serriez la main du sujet, manipulez l'os de la deuxième phalange de son pouce en sept petites étapes — ponctuées de petits cercles — symbolisant les sept vertèbres cervicales.

5 Réflexe hypophysaire

01.00 min

La main du sujet posée dans la paume de la vôtre, servez-vous de votre pouce pour stimuler le sien en exerçant des pressions en son centre.

Appareil musculo-squelettique

ÉLONGATION ET DÉCHIRURE MUSCULAIRE
Ces lésions modérées des fibres musculaires entraînent un saignement interne au tissu musculaire. Parmi les symptômes, citons : hypersensibilité au toucher et enflure, parfois accompagnées de spasmes douloureux.

MYOPATHIE PRIMITIVE PROGRESSIVE
Elle fait partie d'un groupe de pathologies héréditaires rares, de cause inconnue, qui se traduisent par une lente et progressive dégénérescence des muscles squelettiques.

ARTHROSE
Caractérisée par une inflammation articulaire, elle provoque craquements, raideurs, pertes de mobilité articulaire, déformations et douleurs chez la plupart des sujets de plus de 60 ans.

DORSALGIES
Elles sont d'ordinaire dues à un effort musculaire, bien que des pathologies de ce type, ligamentaires, tendineuses, osseuses ou affectant des organes sous-jacents (par exemple les reins) puissent en être la cause.

HERNIE DISCALE
Extrêmement douloureuse, elle se caractérise par la saillie anormale d'un disque intervertébral.

Pour soulager de ces maux, stimulez les points réflexogènes correspondant aux zones anatomiques suivantes :

Parathyroïde

Cou

Rachis (colonne vertébrale)

Genou

Hanche

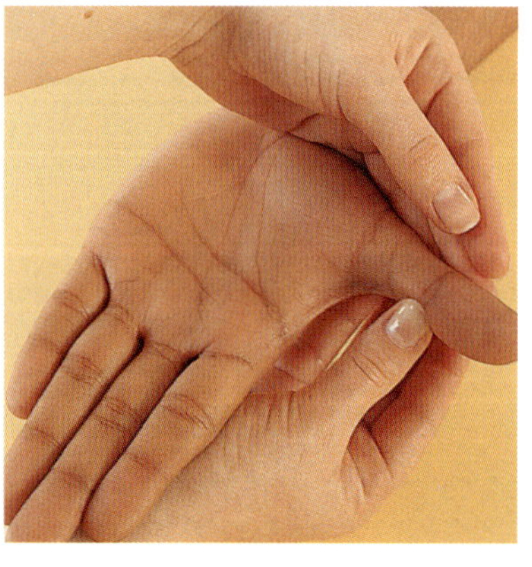

1 Réflexe parathyroïdien

00.30 sec

Pouce plié placé sur la première articulation de celui du sujet, manipulez-en l'os sur sa face interne, juste au-dessus de l'espace charnu, la stimulation s'effectuant en décrivant de petits cercles dans l'un ou l'autre sens.

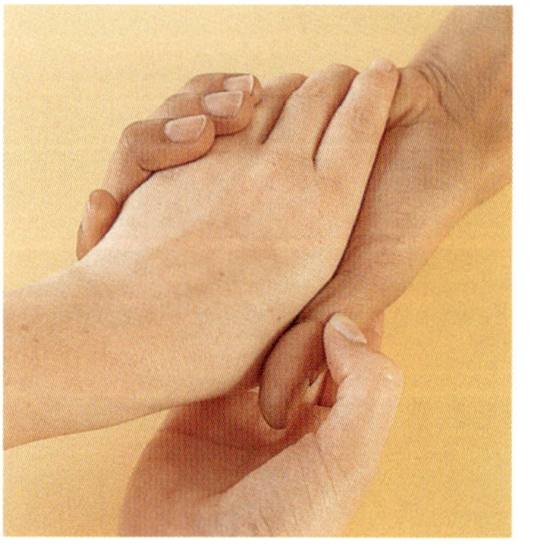

2 Réflexe cervical

01.00 min

Votre pouce placé comme si vous serriez la main de la personne, manipulez l'os de la deuxième phalange de son pouce en sept petites étapes — ponctuées de petits cercles — symbolisant les sept vertèbres cervicales.

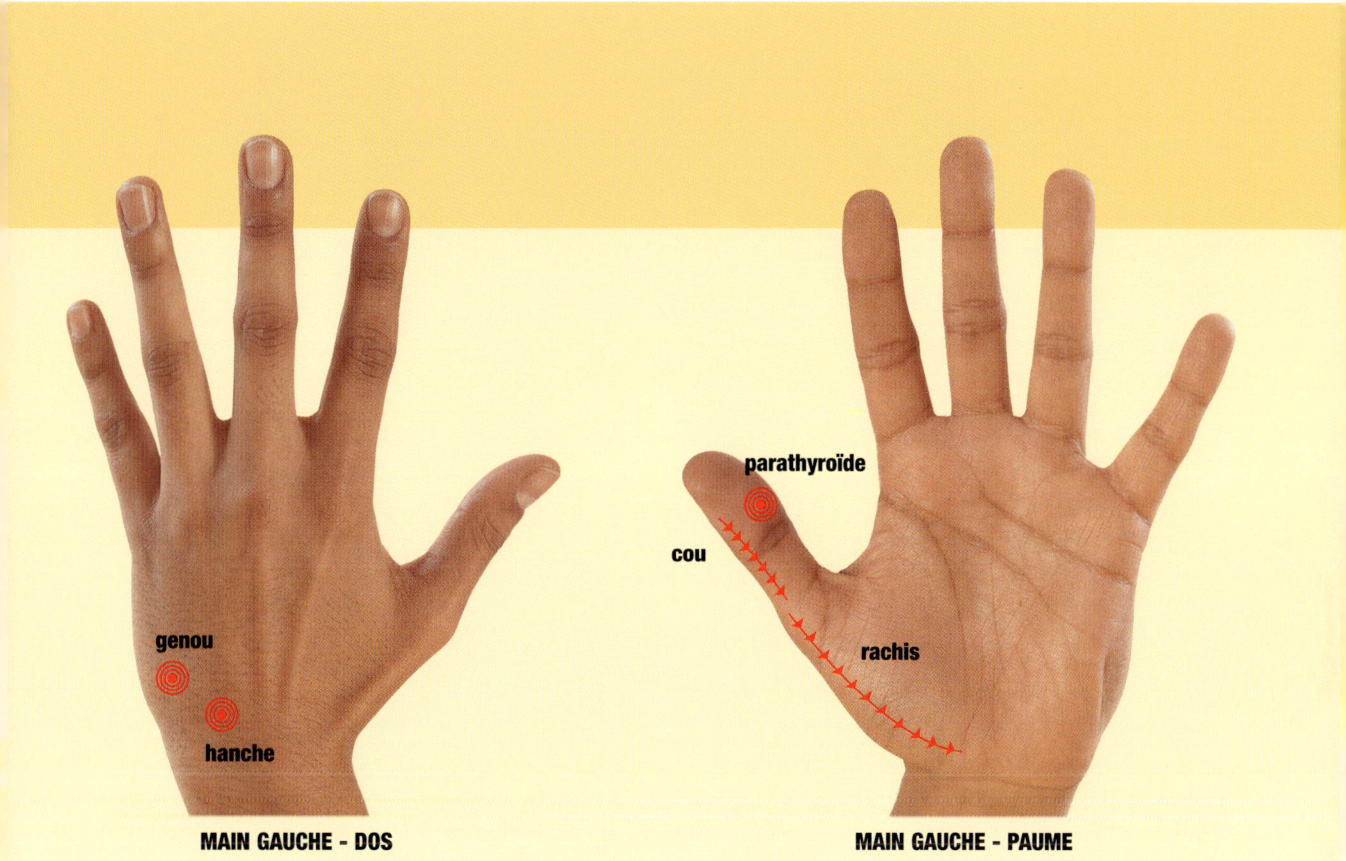

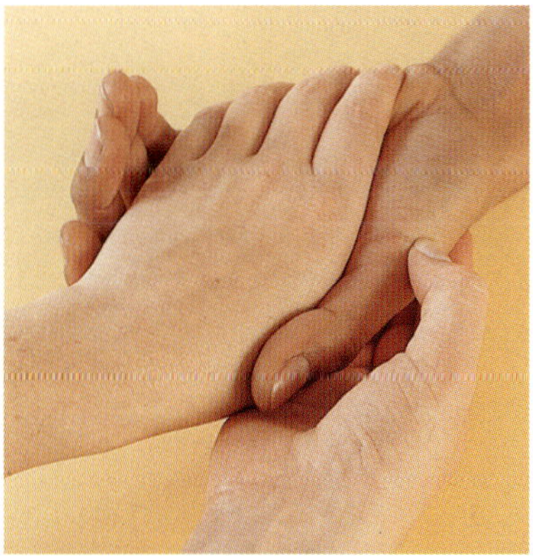

3 Réflexe rachidien

01.30 min

Serrez la main du sujet pour que votre pouce soit en contact avec l'os situé à la base du sien, puis exercez 12 petites pressions — représentant les 12 vertèbres dorsales — le long de l'os, en direction du poignet. Effectuez cette stimulation en décrivant de petits cercles après chaque pression.

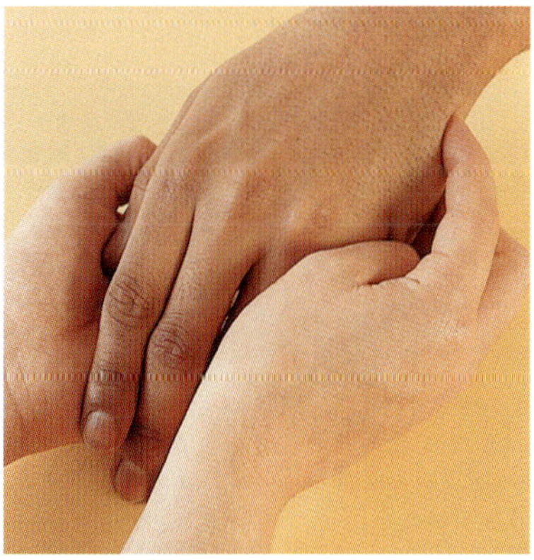

4 Réflexe du genou

01.00 min

D'une main, soutenez celle du sujet, paume tournée vers la bas, puis placez votre index sur le côté de la main, aux trois quarts de la distance séparant l'auriculaire du poignet, là où un os fait saillie, et pratiquez la technique du déchirement avant de procéder à la stimulation.

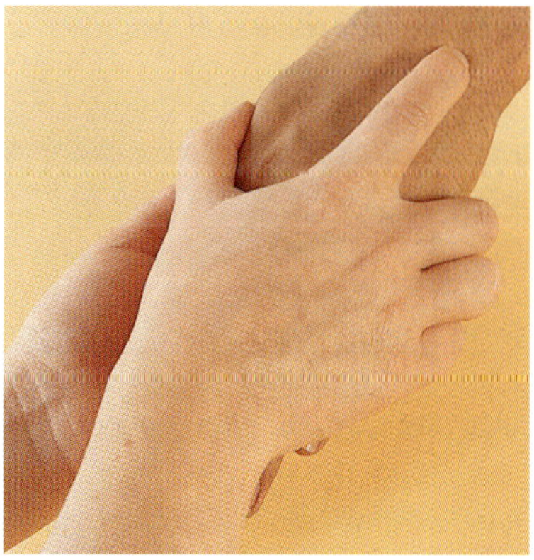

5 Réflexe de la hanche

01.00 min

D'une main, soutenez celle du sujet, paume tournée vers le bas, puis, de l'index et en partant de la base de l'auriculaire, suivez le côté de la main jusqu'à l'endroit où elle rejoint le poignet, et pratiquez la technique du déchirement en direction de l'auriculaire avant d'exécuter la stimulation.

Appareil circulatoire

ANÉMIE
C'est une carence en globules rouges ou en hémoglobine dont les symptômes sont les suivants : ongles cassants, bouche ou langue douloureuse, fatigue et céphalées.

ANGINE DE POITRINE
Elle se manifeste par des douleurs thoraciques ressenties à l'effort et dues à une irrigation sanguine du muscle cardiaque insuffisante.

ATHÉROSCLÉROSE
Elle est provoquée par l'accumulation de dépôts lipidiques sur le revêtement interne (intima) des parois artérielles, ce qui les durcit et rétrécit ses vaisseaux, gênant et ralentissant ainsi la circulation. Douleurs thoraciques et souffle court en sont les symptômes.

HYPERTENSION ARTÉRIELLE
Elle ne se traduit que rarement sur le plan clinique. Toutefois, à un stade avancé, elle se traduit par les signes suivants : céphalées, souffle court, troubles visuels et vertiges.

THROMBOSE VEINEUSE PROFONDE
Il s'agit d'une pathologie grave affectant les veines profondes des jambes. Parmi les symptômes, citons l'œdème, une rougeur et une décoloration de la peau, ainsi que des douleurs.

Pour soulager de ces maux, stimulez les points réflexogènes correspondant aux zones anatomiques suivantes :

Diaphragme

Cœur I

Cœur II

Reins/Surrénales

Foie/Rate

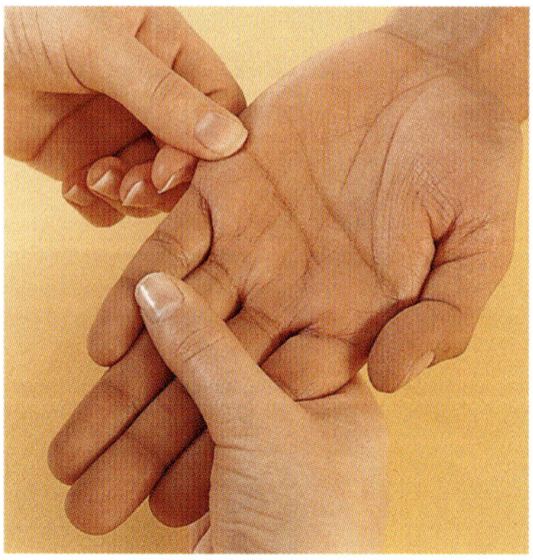

1 Réflexe diaphragmatique

01.00 min

Pouce placé à un tiers de la longueur de la paume du sujet, faites appel à la technique du papillon pour manipuler le travers de la main.

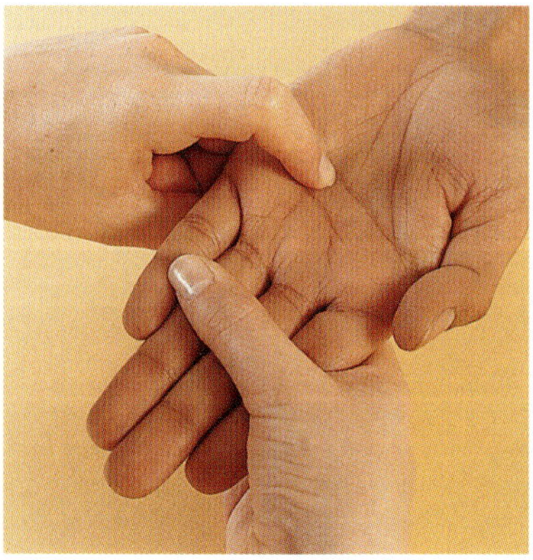

2 Réflexe cardiaque I

01.00 min

Pouce placé au niveau du diaphragme, en zone 4 de la paume du sujet, déplacez-vous d'environ 1,5 cm vers le poignet puis, du pouce plié, exercez des pressions en direction de l'auriculaire, et stimulez en décrivant de petits cercles.

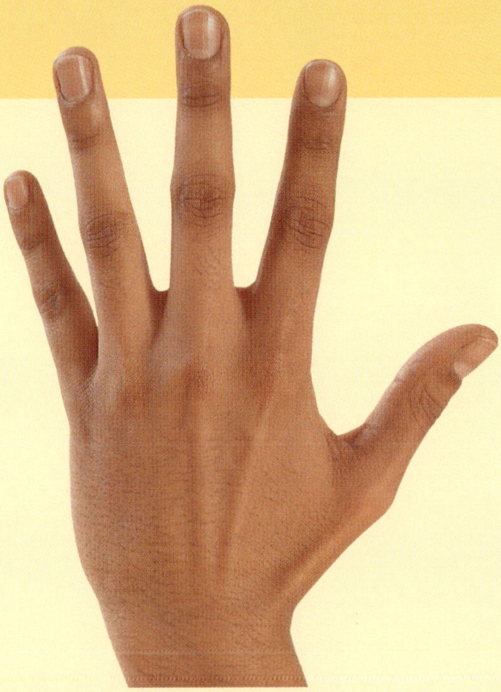
MAIN GAUCHE - DOS

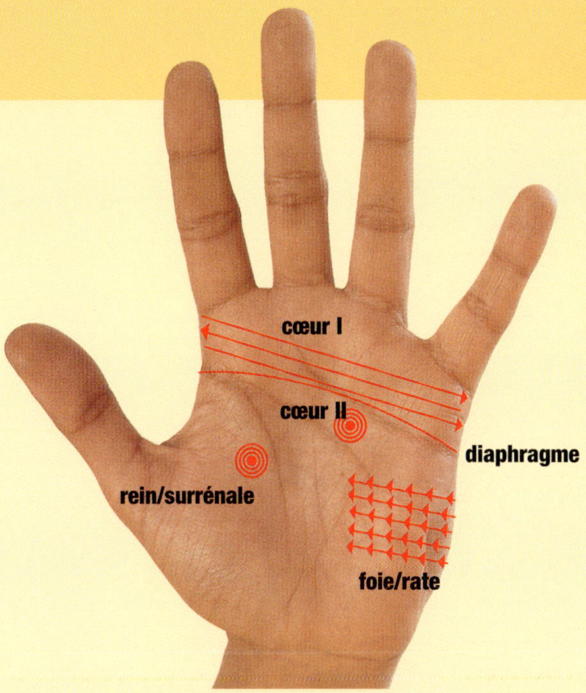

MAIN GAUCHE - PAUME

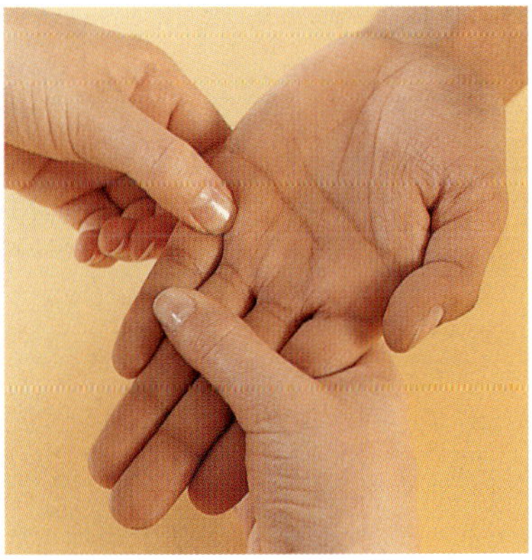

3 Réflexe cardiaque II

01.00 min

De votre pouce plié, manipulez la paume du sujet de la base des doigts à la ligne diaphragmatique.

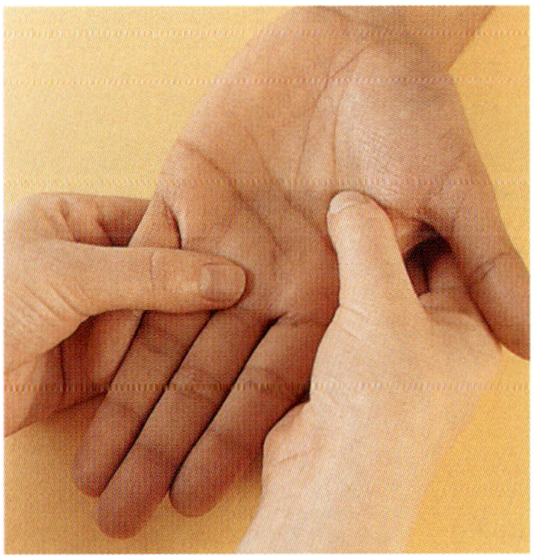

4 Réflexe rénal/surrénal

01.00 min

D'une main, soutenez celle du sujet, puis, du pouce plié placé dans l'espace charnu séparant pouce et index, juste au-dessus du gros muscle, exercez des pressions successives.

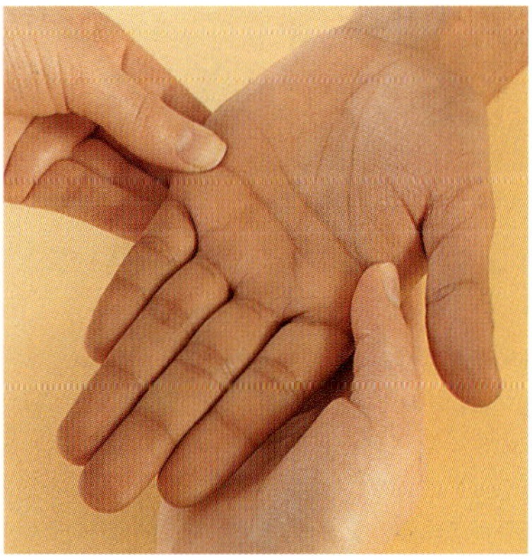

5 Réflexe hépatique (main droite)/splénique (main gauche)

01.00 min

Placez votre pouce sur le bord de la main du sujet, à environ 3 cm de la base de l'auriculaire puis, en pratiquant la technique de la chenille, exercez trois pressions rapprochées vers l'intérieur de la main. Continuez ainsi sur quatre lignes parallèles, pour vous arrêter juste au-dessus du poignet.

Système immunitaire

ENCÉPHALOMYÉLITE MYALGIQUE
Une infection virale grave ou une atteinte du système immunitaire peut en être la cause. Citons ses principaux symptômes : grande fatigue musculaire débilitante, céphalées, vertiges, états dépressifs et crises de panique.

INFECTIONS BACTÉRIENNES
La plupart des bactéries sont inoffensives pour l'être humain, mais fabriquent des toxines qui, en grandes quantités, sont nocives. Habituellement, les antibiotiques les guérissent.

INFECTIONS FONGIQUES
Caractérisées par des plaques humides, rouges et qui, parfois, démangent, sur tout le corps, elles affectent la peau et les muqueuses.

ALLERGIES
Elles sont le résultat de réactions inadéquates du système immunitaire à des substances qui, d'ordinaire, ne sont pas nocives (allergènes).

POLYARTHRITE RHUMATOÏDE
Ici, l'organisme est attaqué par le système immunitaire qui provoque inflammations, altérations ou destruction des cartilages et tissus péri-articulaires. Douleurs ou raideurs articulaires aggravées le matin et durant plusieurs heures en sont les symptômes.

Pour soulager de ces maux, stimulez les points réflexogènes correspondant aux zones anatomiques suivantes :

Foie/Rate

Poumons

Reins/Surrénales

Gros intestin

Vaisseaux lymphatiques

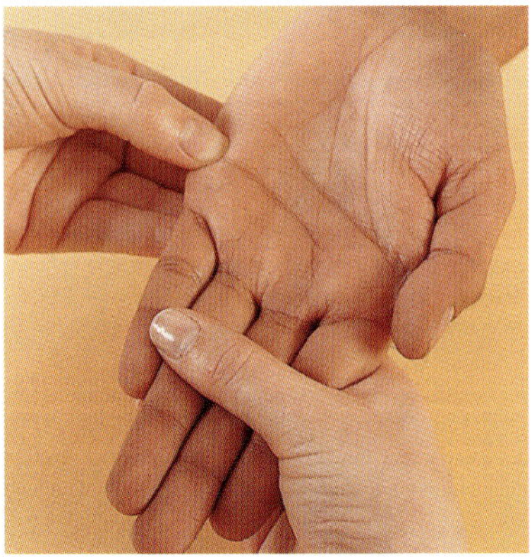

1 Réflexe hépatique (main droite)/splénique (main gauche)

01.00 min

Placez votre pouce sur le bord de la main du sujet, à environ 3 cm de la base de l'auriculaire, puis, en pratiquant la technique de la chenille, exercez trois pressions vers l'intérieur de la main. Continuez ainsi sur quatre lignes parallèles, pour vous arrêter juste au-dessus du poignet.

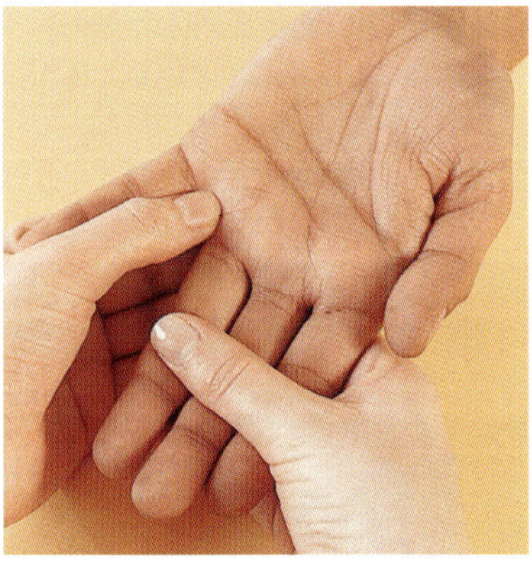

2 Réflexe pulmonaire

01.00 min

Pouce plié placé à mi-longueur de la paume du sujet, entre les zones 5 et 4, pratiquez la chenille vers la base des doigts et entre les os. Ensuite, faites de même entre les zones 4 et 3, puis entre les zones 3 et 2.

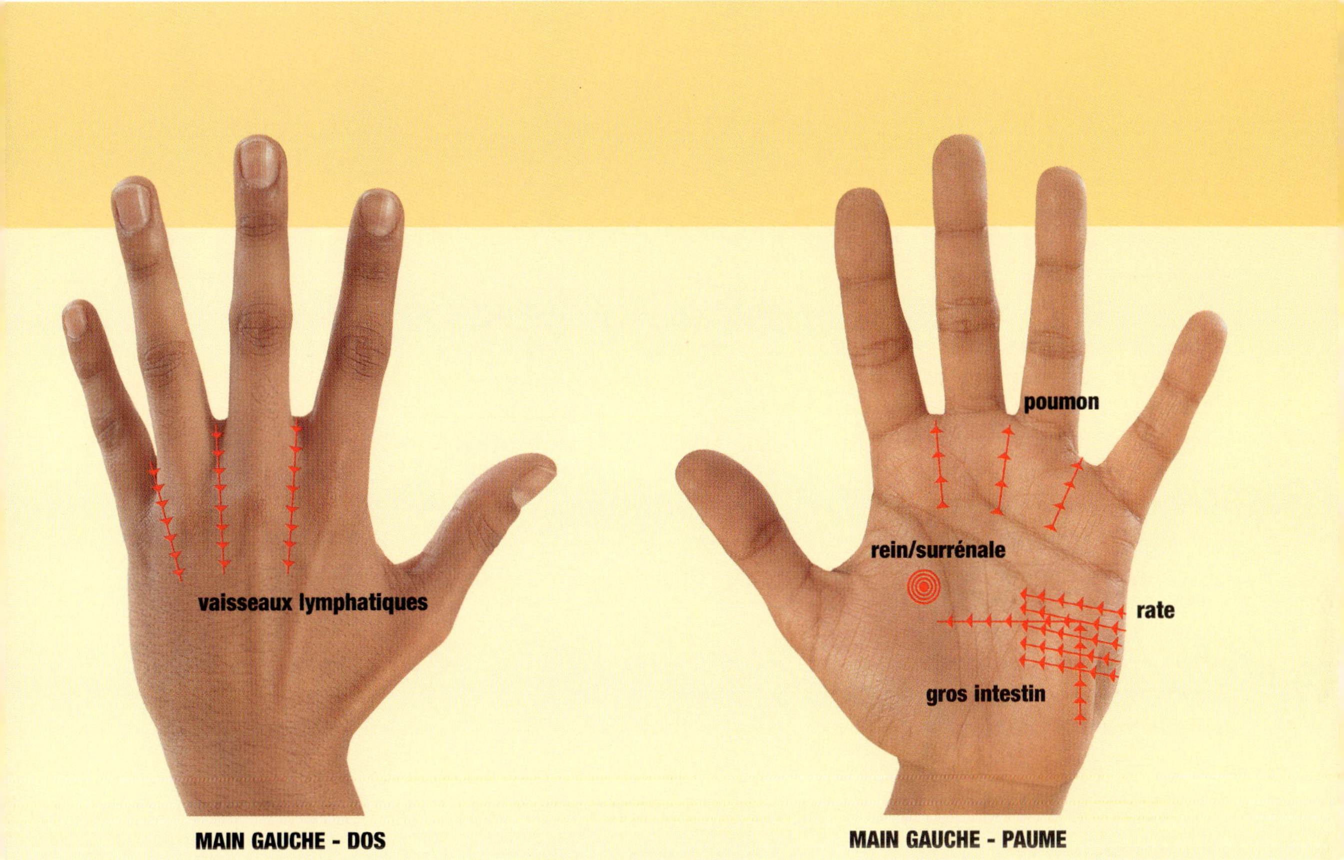

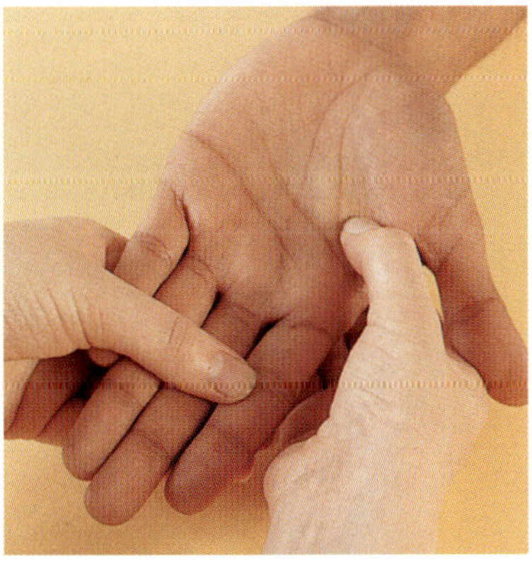

3 Réflexe rénal/surrénal

01.00 min

D'une main, soutenez celle du sujet, puis, du pouce plié placé dans l'espace charnu séparant pouce et index, juste au-dessus du gros muscle, exercez des pressions successives.

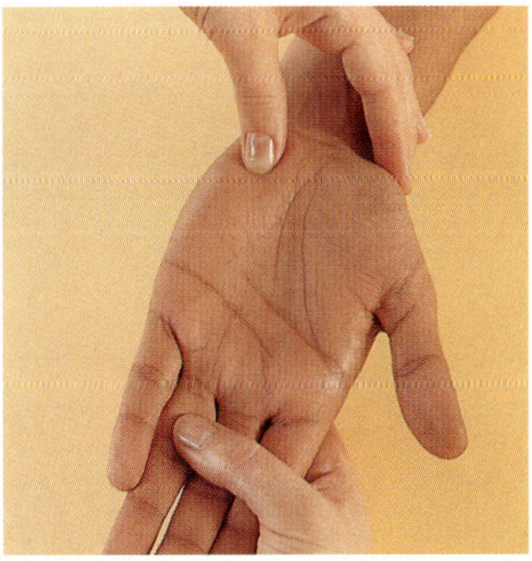

4 Réflexe du gros intestin

01.00 min

Placez votre pouce à la base de la zone 4, juste au-dessus du poignet du sujet, puis faites pivoter son ongle pour qu'il soit dans l'alignement de l'annulaire. Manipulez en remontant la zone 4 jusqu'à mi-longueur de la main. Stimulez cette zone en appuyant avant de tourner pour parcourir le travers de la main jusqu'à l'espace charnu situé entre pouce et index.

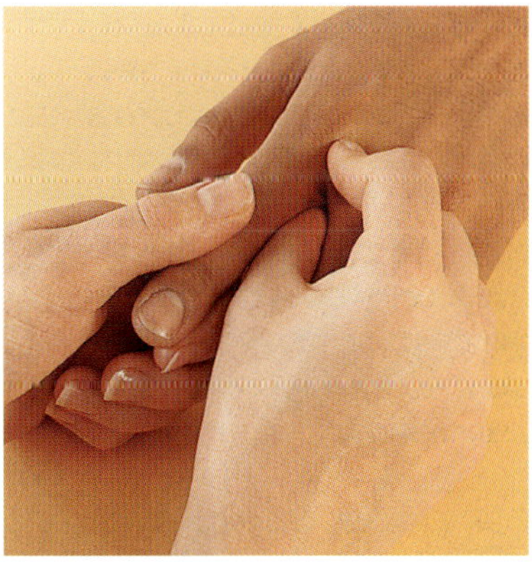

5 Réflexe des vaisseaux lymphatiques

01.00 min

La paume de la main traitée tournée vers le bas, placez vos pouce et index entre la base de l'annulaire et celle de l'auriculaire, puis exercez des pressions successives vers le poignet, en faisant appel à la technique du bec d'oiseau.

Système nerveux

PARALYSIE FACIALE
Souvent temporaire et sans cause connue, elle est caractérisée par une chute unilatérale de la paupière et de la commissure des lèvres.

SYNDROME DE MÉNIÈRE
Il s'agit d'un trouble de l'oreille interne provoqué par l'accumulation de liquide dans les canaux commandant l'équilibre. Parmi les symptômes, on observe des vertiges fréquents, prononcés, ainsi que des bourdonnements d'oreille et de la surdité.

SCLÉROSE EN PLAQUES
Cette pathologie débilitante provoque des altérations des fibres nerveuses cérébrales et médullaires. Les symptômes sont les suivants : vision brouillée, troubles de l'élocution et faiblesse musculaire.

MALADIE DE PARKINSON
Elle a pour causes des lésions neuronales localisées à la base du cerveau, ce qui provoque tremblements, raideurs et faiblesse musculaires.

PARALYSIE
Qu'elle soit partielle ou totale, passagère ou permanente, il s'agit d'une perte de la motricité volontaire affectant les muscles du corps. Elle peut également se manifester par une perte de sensibilité.

Pour soulager de ces maux, stimulez les points réflexologiques correspondant aux zones anatomiques suivantes :

Hypothalamus

Oreille interne/Équilibre

Cou

Rachis

Nerf sciatique

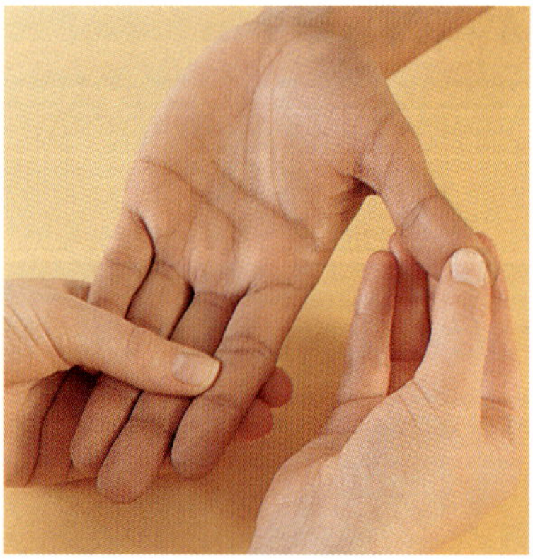

1 Réflexe hypothalamique

01.00 min

Placez la main du sujet dans votre paume, puis servez-vous de votre pouce pour exercer des pressions stimulantes sur le bord extérieur du sien.

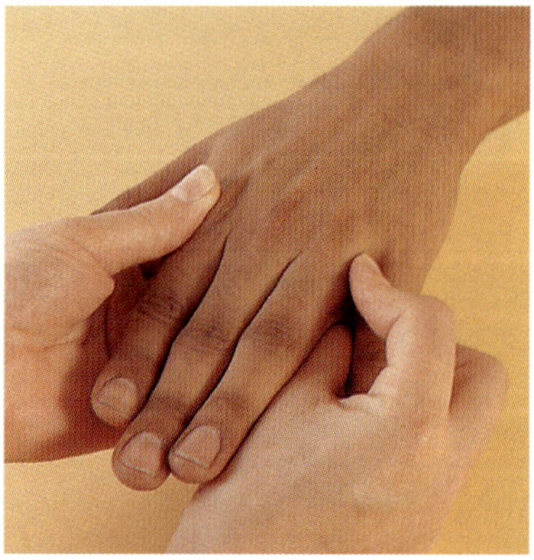

2 Réflexe de l'oreille interne/de l'équilibre

01.00 min

Paume du sujet tournée vers le bas, placez vos pouce et index sur l'articulation située à la base de l'annulaire, puis pressez et décrivez de petits cercles pour effectuer la stimulation.

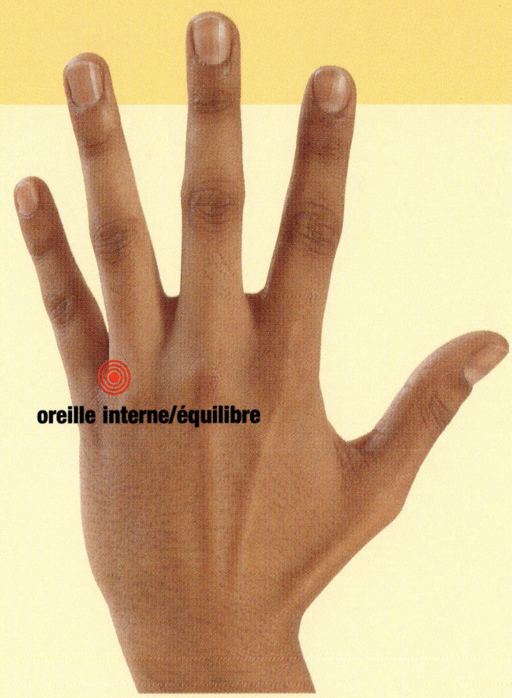

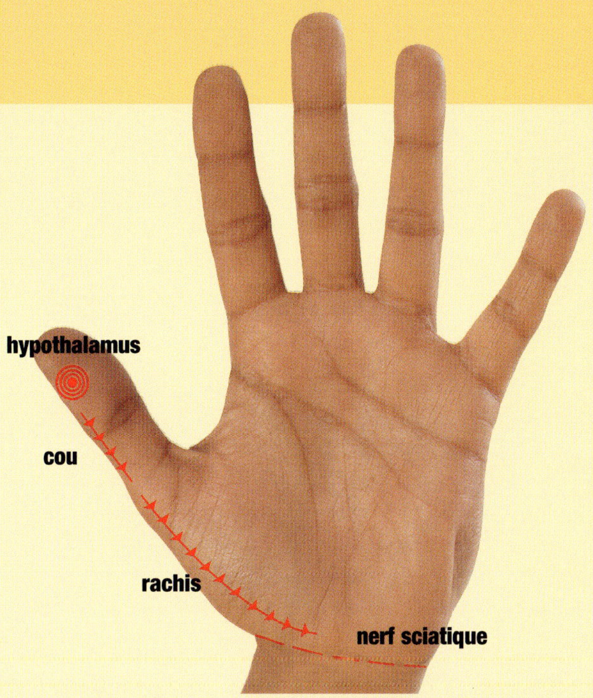

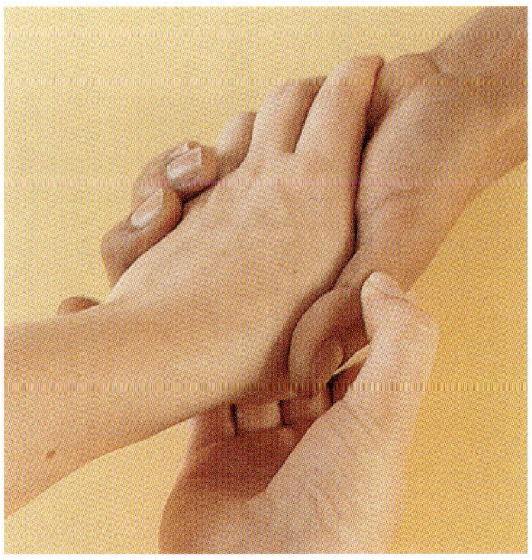

3 Réflexe cervical

01.00 min

Votre pouce placé comme si vous serriez la main du sujet, manipulez l'os de la deuxième phalange de son pouce en sept petites étapes — ponctuées de petits cercles — symbolisant les sept vertèbres cervicales.

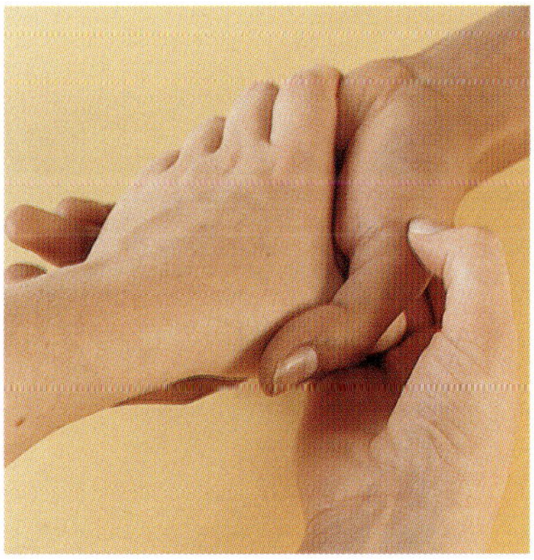

4 Réflexe rachidien

01.00 min

Serrez la main du sujet pour que votre pouce soit en contact avec l'os situé à la base du sien, puis exercez 12 petites pressions — représentant les 12 vertèbres dorsales — le long de l'os, en direction du poignet. Effectuez cette stimulation en décrivant de petits cercles après chaque pression.

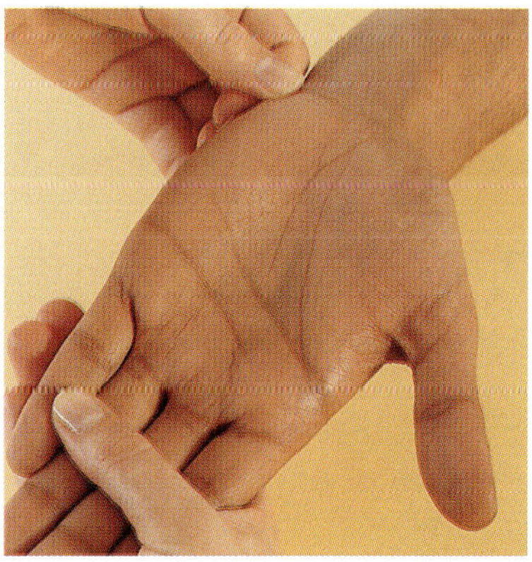

5 Réflexe sciatique

01.00 min

Placez votre pouce à la base de la main du patient, c'est-à-dire là où elle rejoint le poignet, puis manipulez le travers supérieur de ce dernier en utilisant la technique du papillon.

Système endocrinien

DIABÈTE SUCRÉ
Ici, la sécrétion insuffisante d'insuline par le pancréas entraîne une élévation anormale de la glycémie, avec pour conséquences mictions fréquentes, irritabilité, soif intense et faiblesse.

INSUFFISANCE SURRÉNALE
Il s'agit d'une sécrétion insuffisante de cortisol par les surrénales. Parmi les symptômes, citons les suivants : faiblesse, fatigue, douleurs abdominales, nausées, déshydratation et couleur de la peau qui fonce.

HYPOTHYROÏDIE
Elle est due à une sécrétion insuffisante de thyroxine, hormone qui participe à la régulation thermique. Perte d'appétit, prise de poids, intolérance au froid et fatigue en sont les symptômes.

HYPERTHYROÏDIE
Dans ce cas, on observe un taux sanguin anormalement élevé d'hormones thyroïdiennes. Elle se manifeste ainsi: perte de poids, nervosité, transpiration excessive et œdème cervical.

HYPERTROPHIE PROSTATIQUE
Il s'agit d'une augmentation progressive (non cancéreuse) du volume de la prostate, due à des modifications hormonales. Les symptômes sont les suivants : mictions difficiles et douloureuses. Elle peut entraîner des infections vésicales.

Pour soulager de ces maux, stimulez les points réflexogènes correspondant aux zones anatomiques suivantes :

Hypophyse

Thyroïde

Pancréas

Reins/Surrénales

Utérus/Prostate & Ovaires/Testicules

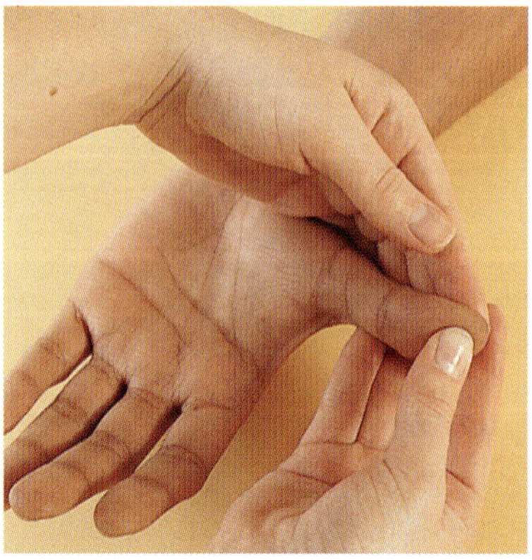

1 Réflexe hypophysaire

01.00 min

La main du sujet posée dans la paume de la vôtre, servez-vous de votre pouce pour stimuler le sien en exerçant des pressions en son centre.

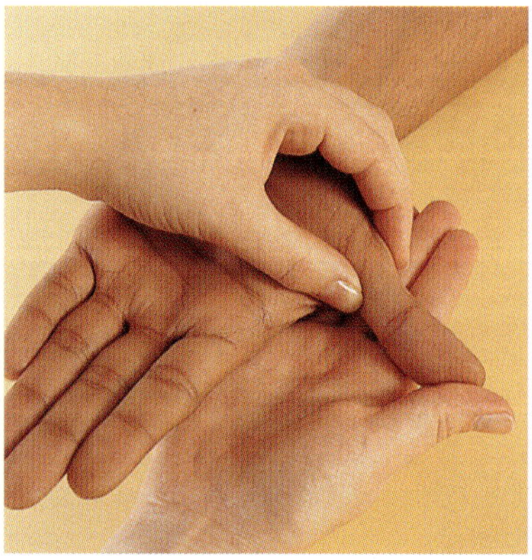

2 Réflexe thyroïdien

01.00 min

Le pouce du sujet étant soutenu par les doigts d'une main, du vôtre, manipulez-le de sa base — point le plus proche du poignet — au premier pli.

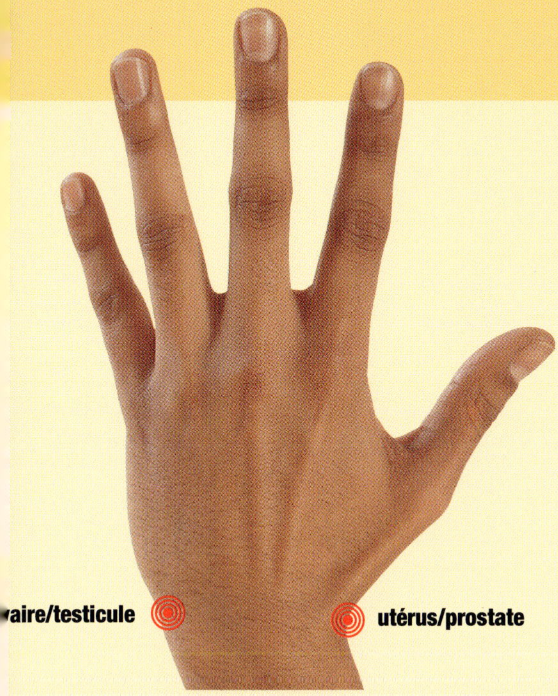

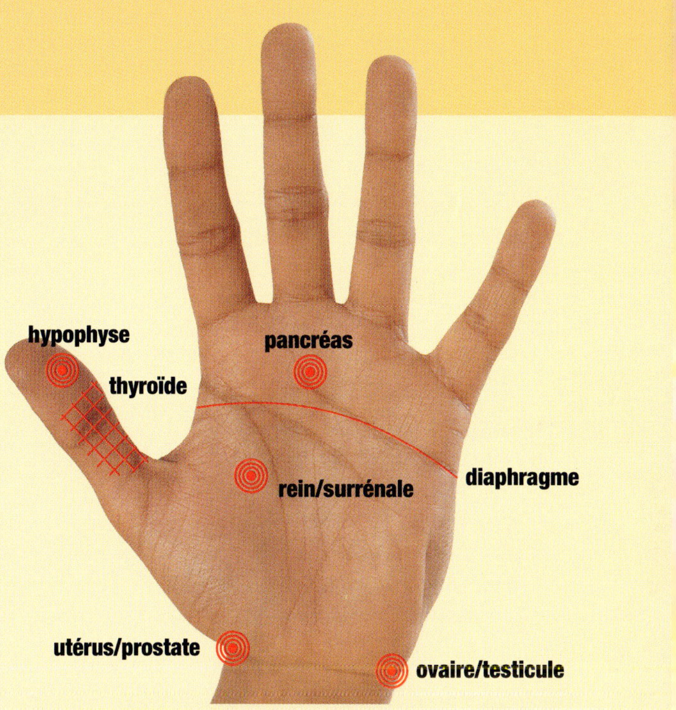

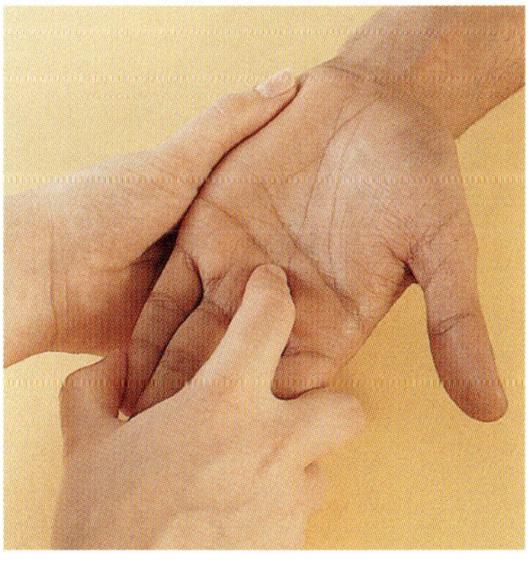

3 Réflexe pancréatique

01.00 min

Pouce plié placé au niveau du diaphragme, c'est-à-dire sur l'articulation située à la base du médius, exécutez la manipulation en direction de l'annulaire, et en appui sur l'articulation.

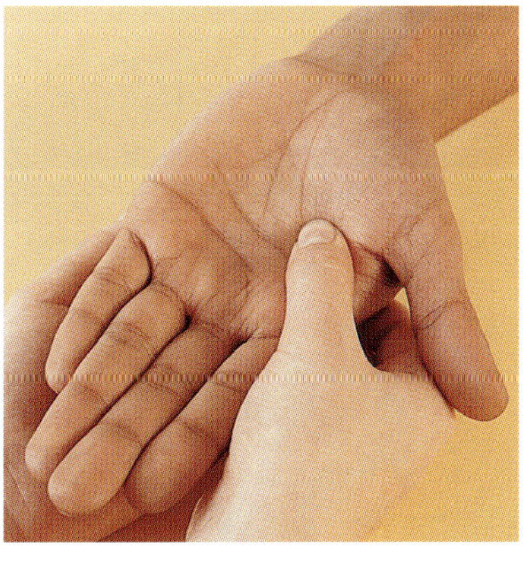

4 Réflexe rénal/surrénal

01.00 min

D'une main, soutenez celle du sujet, puis, du pouce plié placé dans l'espace charnu séparant pouce et index, juste au-dessus du gros muscle, exercez des pressions successives.

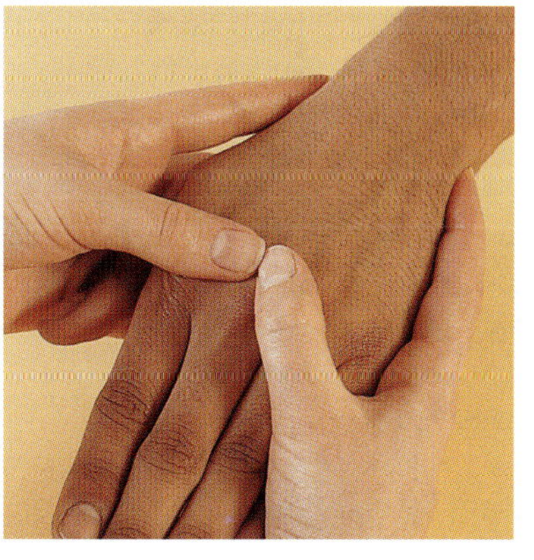

5 Réflexes utérin/prostatique & ovarien/testiculaire

01.00 min

Paume du sujet tournée vers le bas, des deux index, suivez les bords de ses auriculaire et pouce, jusqu'à la base du poignet, là où vous percevez une petite échancrure, et stimulez cette zone en exerçant des pressions successives.

Appareil respiratoire

ASTHME
Il se manifeste par des épisodes répétés de difficultés respiratoires provoquées par la constriction des voies aériennes inférieures. En effet, l'accumulation de mucus et l'inflammation pulmonaire rendent la respiration malaisée.

EMPHYSÈME
Il est engendré par une altération des alvéoles pulmonaires, atteinte entraînant une aggravation progressive et incurable de l'essoufflement.

BRONCHITE
Ici, les bronches, qui conduisent l'air aux poumons s'enflamment et s'obstruent, entraînant les symptômes suivants : sécrétion excessive de mucus, fièvre, toux, maux de gorge et gêne respiratoire.

INFECTIONS RESPIRATOIRES SUPÉRIEURES Dues à des virus ou à des bactéries, elles provoquent une inflammation des muqueuses sinusales et/ou laryngées.

SINUSITE
Inflammation des sinus faciaux provoquée par une allergie ou une infection due à des bactéries ou des virus. La pression régnant à l'intérieur de ces cavités entraînent douleur et fièvre.

Pour soulager de ces maux, stimulez les points réflexologènes correspondant aux zones anatomiques suivantes :

Sinus

Diaphragme

Poumons

Nez

Vaisseaux lymphatiques

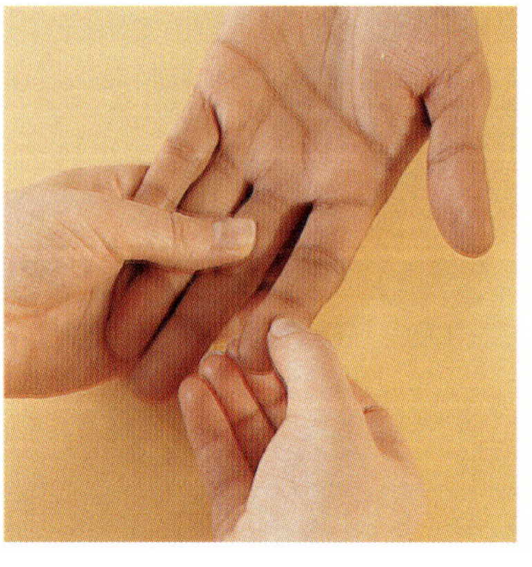

1 Réflexe sinusal

01.00 min

D'une main, soutenez les doigts du sujet puis, du pouce, manipulez son index de l'extrémité à la base, ou inversement, en décrivant de minuscules cercles. Poursuivez ainsi sur tous les doigts.

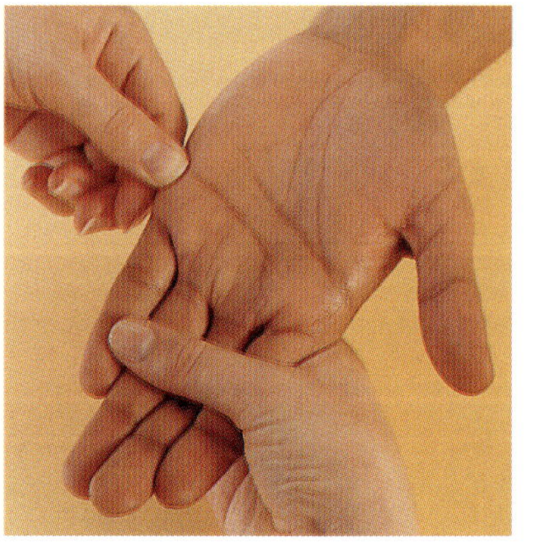

2 Réflexe diaphragmatique

01.00 min

Pouce placé à un tiers de la longueur de la paume de la main du sujet, faites appel à la technique du papillon pour manipuler le travers de la main.

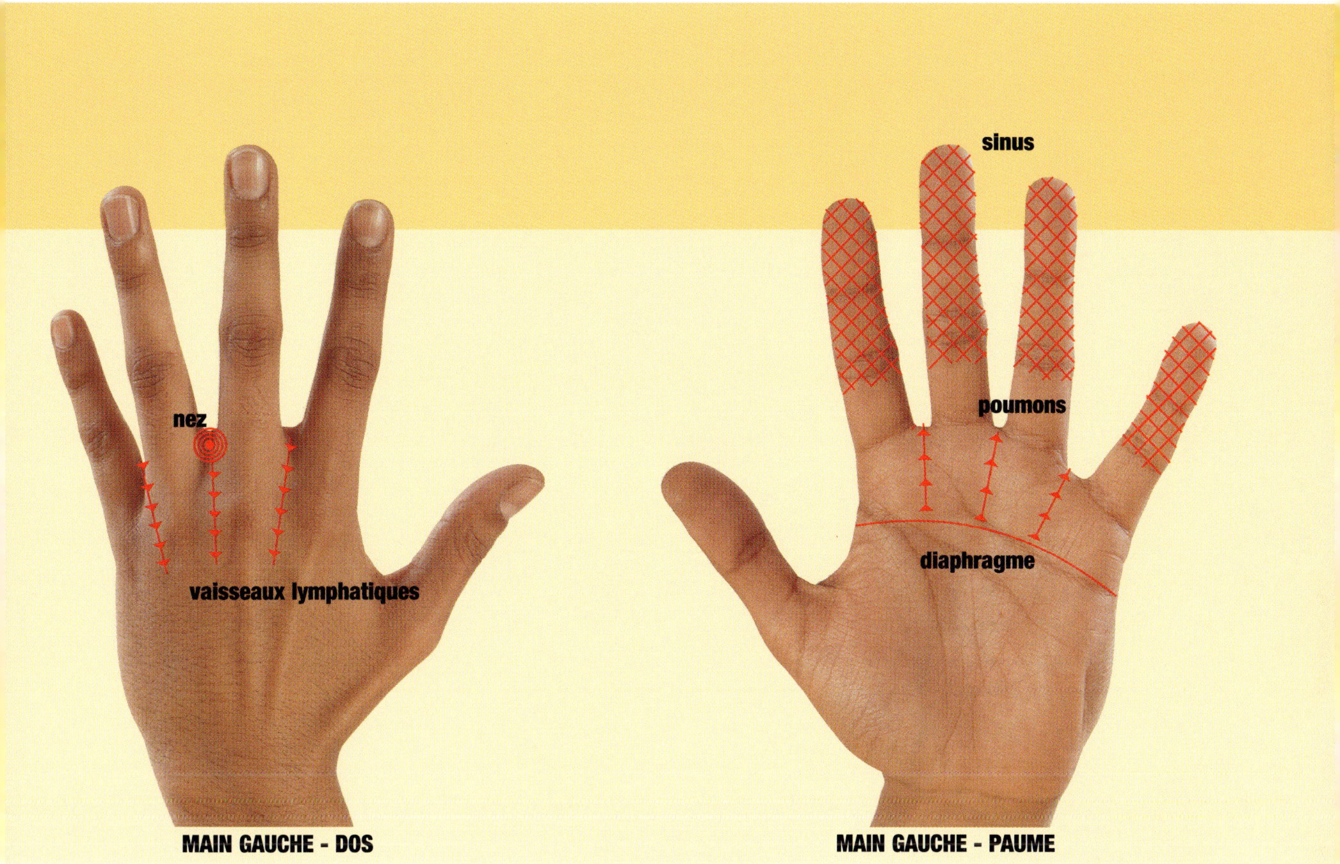

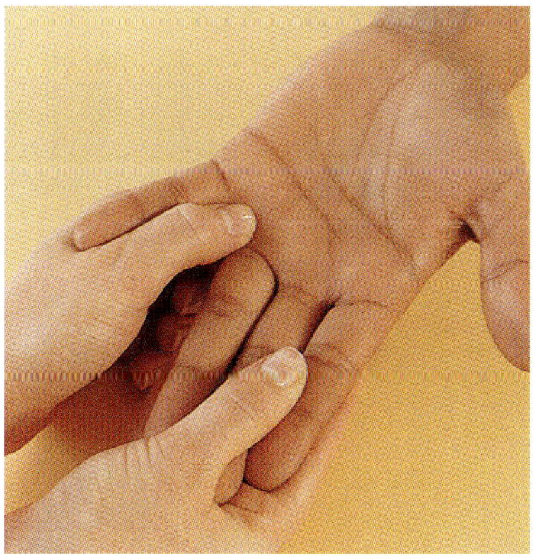

3 Réflexe pulmonaire

01.00 min

Pouce plié placé à mi-longueur de la paume, entre les zones 5 et 4, pratiquez la chenille vers la base des doigts, et entre les os. Ensuite, faites de même entre les zones 4 et 3, puis entre les zones 3 et 2.

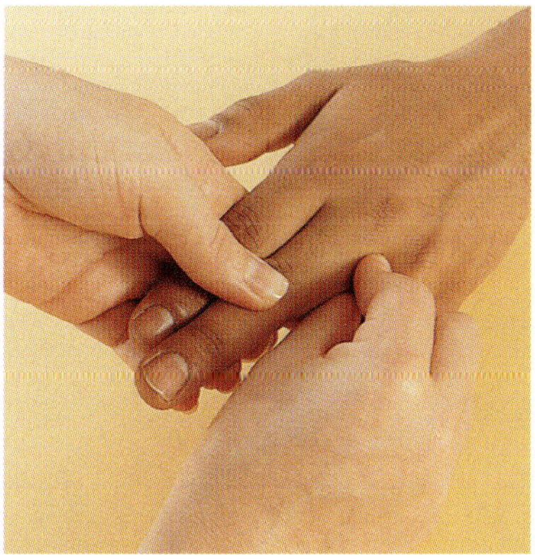

4 Réflexe nasal

01.00 min

Paume du sujet tournée vers le bas, de l'index et du pouce, exercez des pressions accentuées pour stimuler la zone située à la base du médius et de l'annulaire, et entre eux.

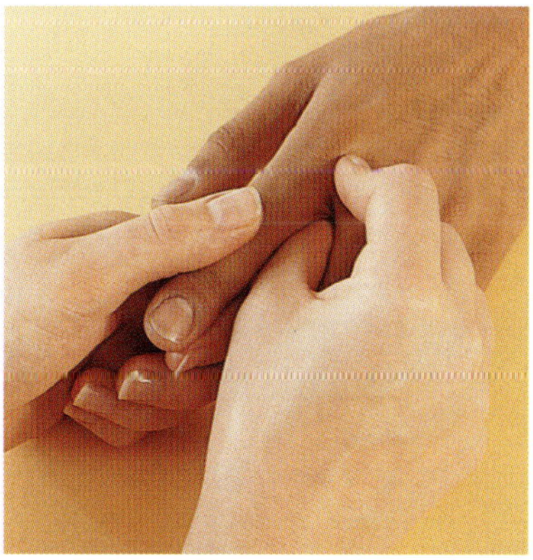

5 Réflexe des vaisseaux lymphatiques

01.00 min

La paume de la main tournée vers le bas, placez vos pouce et index entre la base de l'index et du médius, puis exercez des pressions successives vers le poignet en faisant appel à la technique du bec d'oiseau. Faites de même entre les zones 3 et 4, et entre les zones 4 et 5.

Appareil digestif

CONSTIPATION
Elle se traduit par des selles sporadiques, dures, sèches et douloureuses, dues en général à un régime alimentaire carencé en fibres et liquides.

MALADIE DE CROHN
Elle se manifeste par l'ulcération d'au moins une portion du tube digestif — n'importe où — entre bouche et anus — ainsi que par son rétrécissement lorsqu'elle cicatrise. Fortes douleurs abdominales et saignements rectaux en sont les symptômes.

DIVERTICULITE
Inflammation de la muqueuse du gros intestin, elle conduit à la formation de poches appelées diverticules, qui se remplissent de déchets métaboliques, entraînant coliques, ballonnements, constipation ou diarrhée et nausées.

TROUBLES VÉSICULAIRES
Ils sont d'ordinaire dûs à des calculs biliaires entraînant une vive douleur dans l'hypochondre droit, accompagnée de vomissements, fièvre et nausées.

HÉMORROÏDES
Elles sont provoquées par l'inflammation des veines rectales, qui peuvent faire saillie hors de l'anus. En général, les symptômes sont les suivants : saignements, démangeaisons, douleurs, brûlures et inflammation.

Pour soulager de ces maux, stimulez les points réflexogènes correspondant aux zones anatomiques suivantes :

Vésicule biliaire

Foie/Rate

Reins/Surrénales

Gros intestin

Pancréas

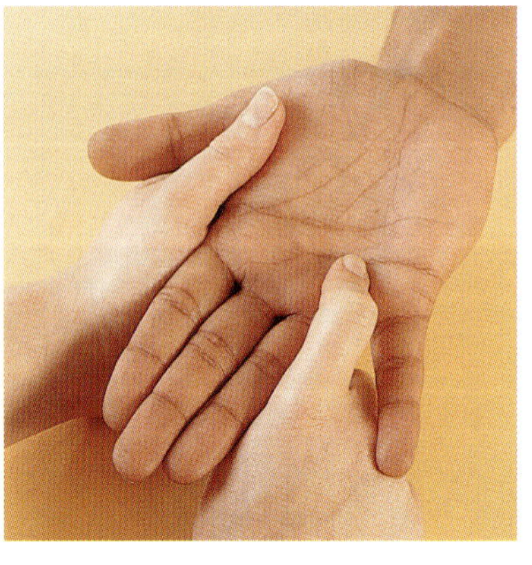

1 Réflexe vésiculaire

01.00 min

Pouce plié placé au niveau du diaphragme, c'est-à-dire sur l'articulation située à la base de l'annuaire du sujet, exercez des pressions successives vers ce doigt et stimulez en décrivant de petits cercles sur l'articulation.

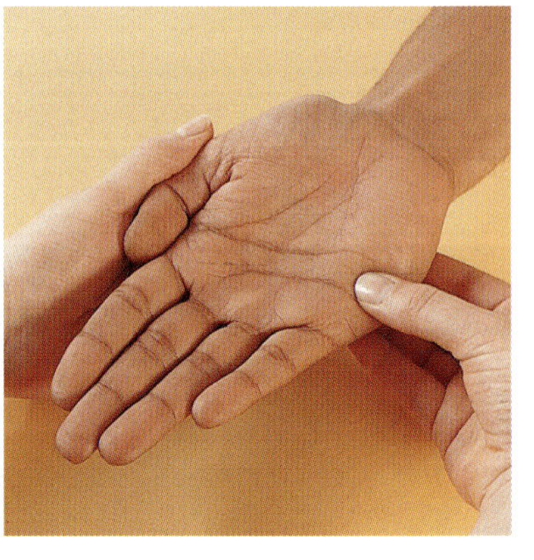

2 Réflexe hépatique (main droite)/splénique (main gauche)

01.00 min

Placez votre pouce sur le bord de la main du sujet, à environ 3 cm de la base de l'auriculaire, puis, en pratiquant la technique de la chenille, exercez trois pressions vers l'intérieur de la main. Continuez ainsi sur quatre lignes parallèles pour vous arrêter juste au-dessus du poignet.

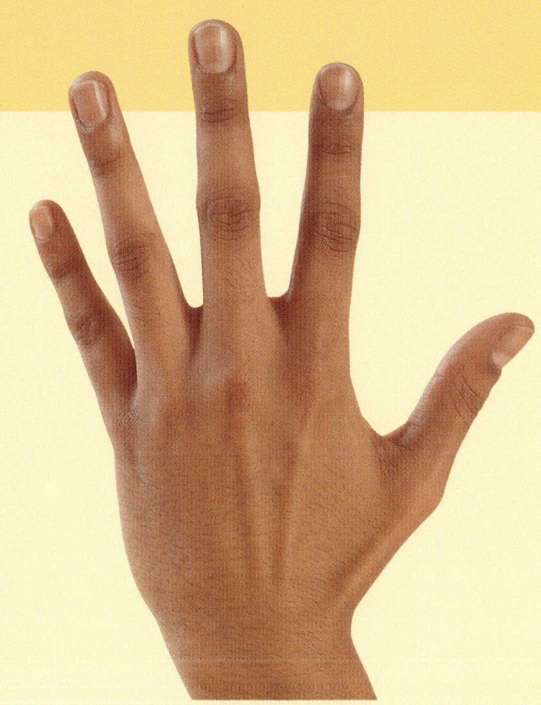

MAIN GAUCHE - DOS

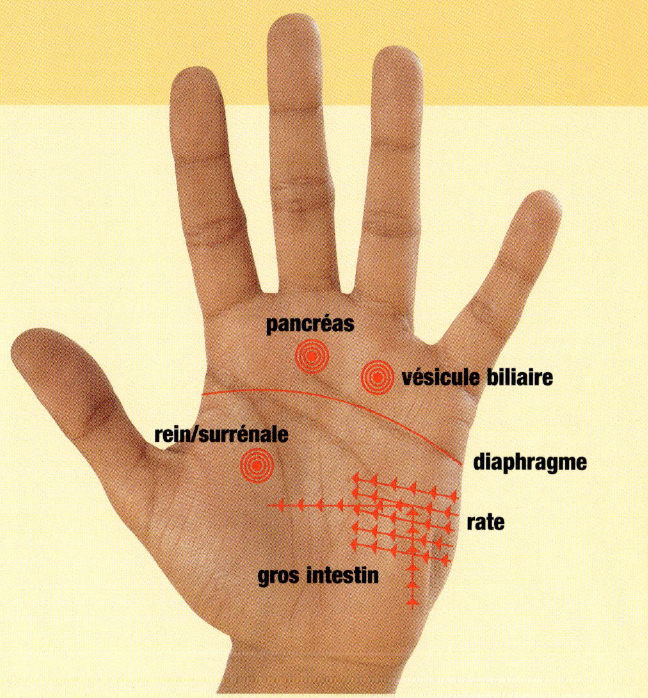

MAIN GAUCHE - PAUME

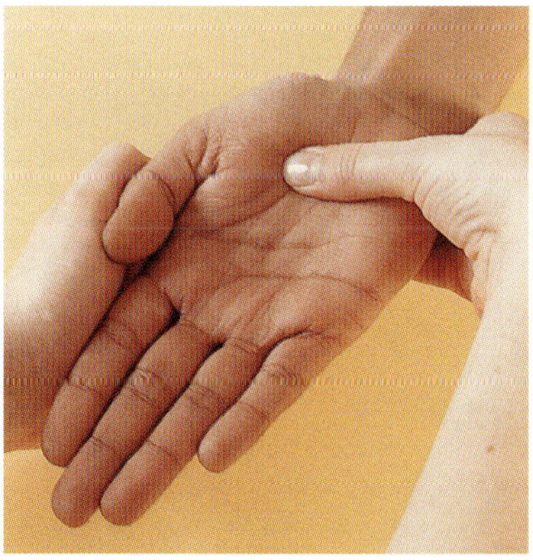

3 Réflexe rénal/surrénal

01.00 min

D'une main, soutenez celle du sujet, puis, du pouce plié placé dans l'espace charnu séparant pouce et index, juste au-dessus du gros muscle, exercez des pressions successives.

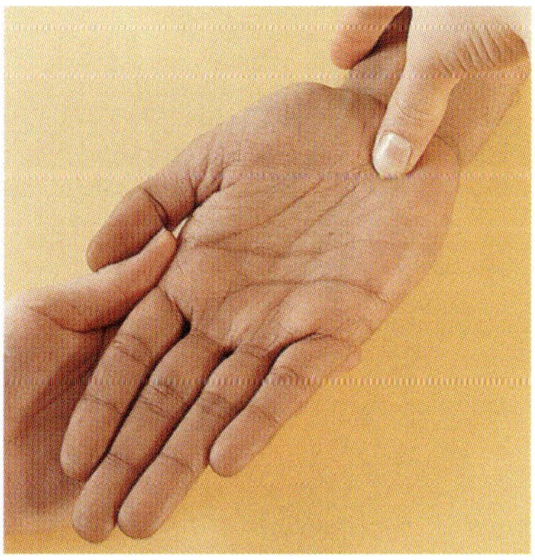

4 Réflexe du gros intestin

01.00 min

Placez votre pouce à la base de la zone 4, juste au-dessus du poignet du sujet, puis faites pivoter son ongle pour qu'il soit dans l'alignement de l'annulaire. Manipulez en remontant la zone 4 jusqu'à mi-longueur de la main. Stimulez cette zone en appuyant avant de tourner pour parcourir le travers de la main jusqu'à l'espace charnu situé entre pouce et index.

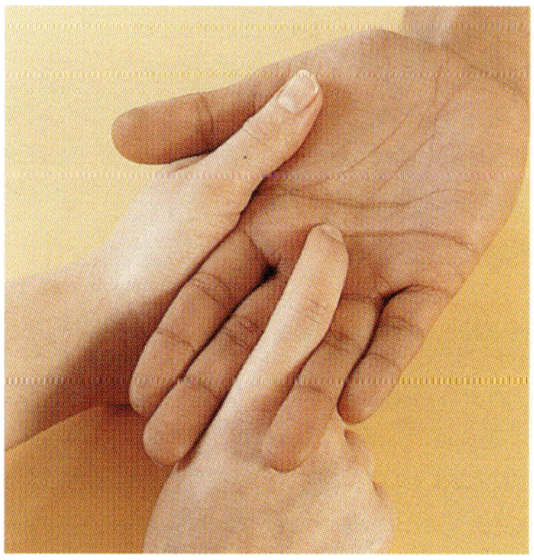

5 Réflexe pancréatique

01.00 min

Pouce plié placé au niveau du diaphragme, c'est-à-dire sur l'articulation située à la base du médius, exécutez la manipulation en direction de l'annulaire, et en appui sur l'articulation.

Appareil urinaire

POLYKYSTOSE RÉNALE
Il s'agit d'une pathologie héréditaire rare caractérisée par la formation de nombreux kystes — dans les deux reins — qui augmentent progressivement de volume et détruisent la plus grande partie du tissu rénal.

INFECTION RÉNALE
Elle est le plus souvent due à des bactéries remontant de la vessie dans les reins. Elle entraîne dorsalgies, frissons et fièvre.

CYSTITE
C'est une infection bactérienne vésicale provoquant une inflammation. Mictions douloureuses, parfois hématurie, ainsi qu'impérieux et fréquent besoin d'uriner en sont les symptômes.

ÉNURÉSIE
Mictions nocturnes involontaires survenant souvent durant l'enfance et chez les personnes âgées.

INCONTINENCE
C'est l'incapacité à maîtriser les mictions (le fait d'uriner). Elle va de la fuite urinaire occasionnelle à l'écoulement fréquent.

Pour soulager de ces maux, stimulez les points réflexogènes correspondant aux zones anatomiques suivantes :

Hypophyse/Hypothalamus

Vessie

Uretère (liaison rein-vessie)

Reins/Surrénale

Zone lombaire

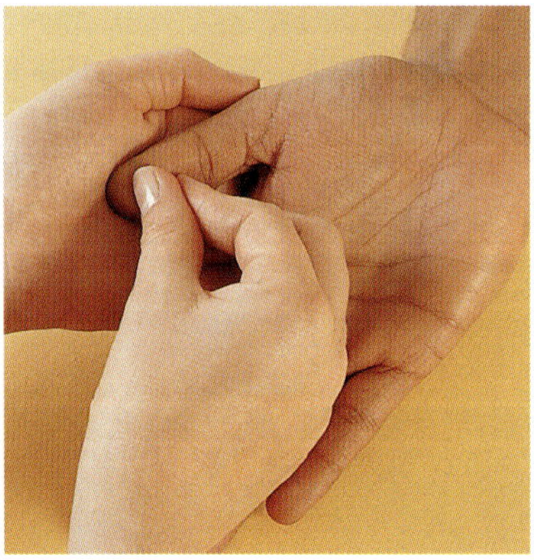

1 Réflexe hypophyso-hypothalamique

01.00 min

Placez la main du sujet dans votre paume, du pouce et de l'index, exercez simultanément des pressions successives sur le centre et le bord externe de son pouce.

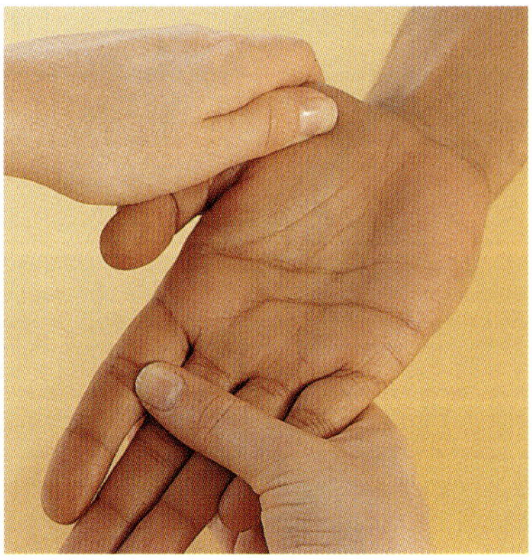

2 Réflexe vésical

00.30 sec

D'un pouce placé à la base du muscle de celui du sujet, pratiquez la technique du déchirement en direction du poignet, puis procédez à la stimulation.

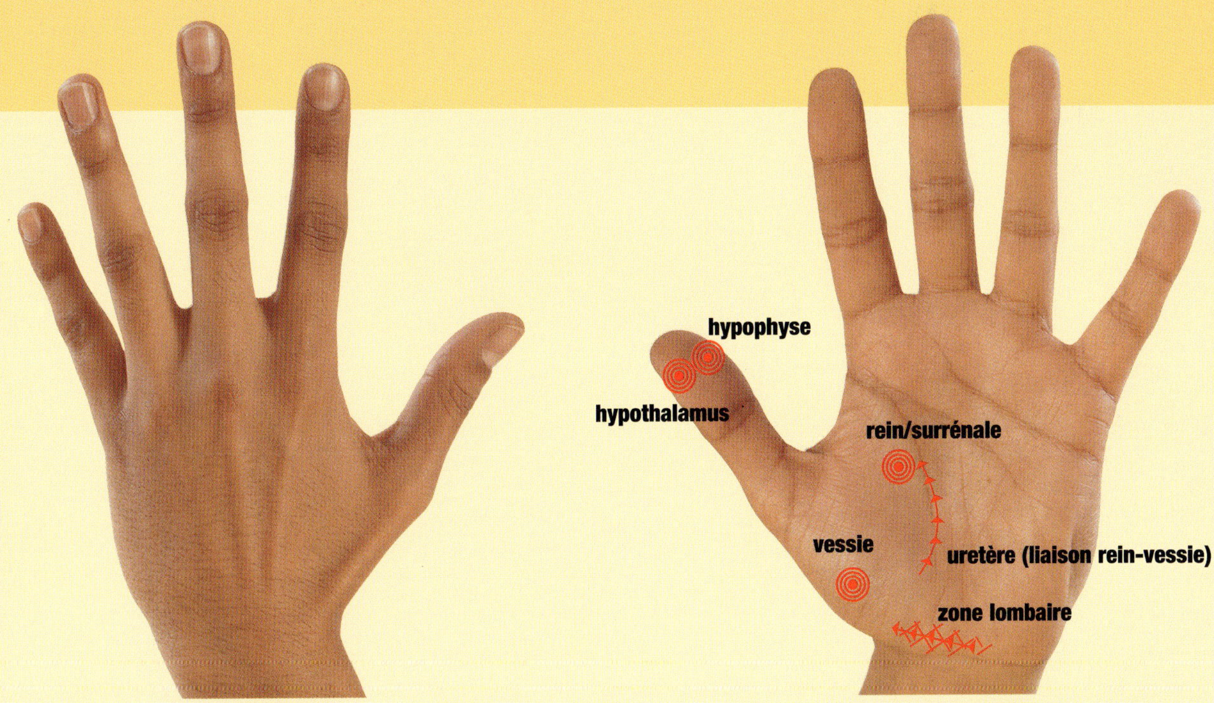

MAIN GAUCHE - DOS **MAIN GAUCHE - PAUME**

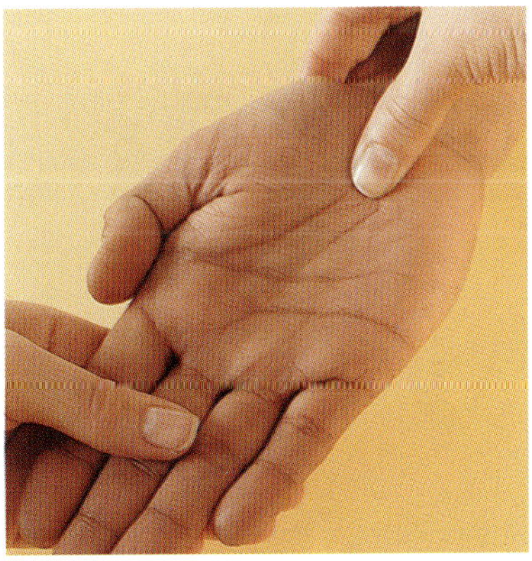

3 Réflexe de l'uretère (liéson rein-vessie)

01.00 min

D'une main, soutenez celle du sujet, et placez votre pouce à la base du poignet, là où débute la ligne de vie, puis, du pouce, exécutez des pressions le long de cette ligne jusqu'à ce que vous atteigniez l'espace charnu.

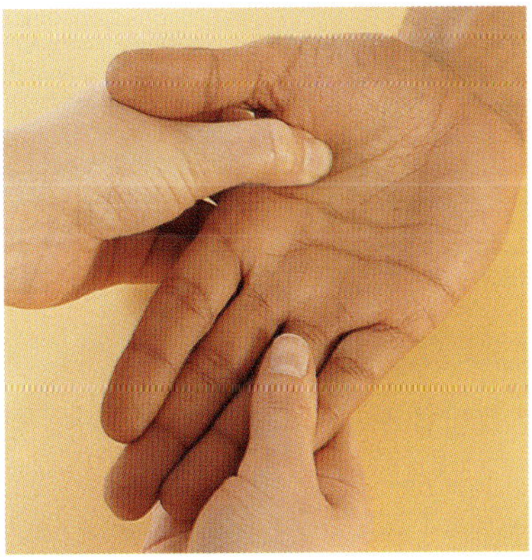

4 Réflexe rénal/surrénal

01.00 min

D'une main, soutenez celle du sujet, puis, du pouce plié placé dans l'espace charnu séparant pouce et index, juste au-dessus du gros muscle, exercez des pressions successives.

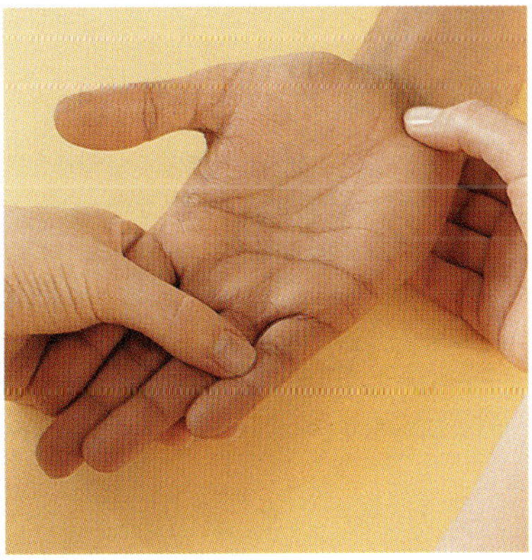

5 Réflexe lombaire

01.30 min

Pouce placé à la base de la main du sujet, juste au-dessus du poignet, manipulez sur toute sa longueur l'os le reliant à la base du pouce traité. Exercez, sur le bord de la main, cinq pressions rapprochées — ponctuées d'une stimulation exécutée à la faveur de petits cercles — symbolisant les cinq vertèbres lombaires.

Appareils reproducteurs

IMPUISSANCE
C'est l'incapacité, pour un homme, à présenter une érection et à la maintenir de façon à effectuer une pénétration adéquate en vue du coït.

STÉRILITÉ MASCULINE
Ici, on se perd en conjectures quant à la cause précise de ce problème, bien que le plus souvent, il soit dû à une oligospermie (nombre de spermatozoïdes insuffisant) ou à des spermatozoïdes anormaux.

STÉRILITÉ FÉMININE
Elle se définit comme l'inaptitude à procréer au bout d'une année ou plus d'une activité sexuelle régulière pendant l'ovulation.

PROLAPSUS UTÉRIN
Il apparaît lorsque les muscles pelviens ont subi une lésion ou sont affaiblis au point qu'ils ne peuvent plus maintenir l'utérus en place. Il se manifeste par les symptômes suivants : dorsalgies, gêne abdominale, règles abondantes et incontinence urinaire.

ENDOMÉTRIOSE
Pathologie dans laquelle des cellules provenant de la muqueuse utérine migrent pour se développer en différentes régions pelviennes voisines, entraînant règles douloureuses, saignements abondants et lombalgies.

Pour soulager de ces maux, stimulez les points réflexogènes correspondant aux zones anatomiques suivantes :

Utérus/Prostate & Ovaires/Testicules

Pénis

Hypophyse

Zone lombaire

Trompes de Fallope/Canaux déférents

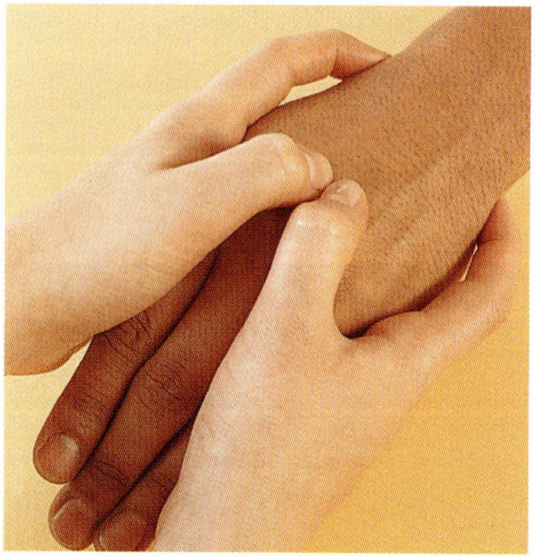

1 Réflexes utérin/prostatique & ovarien/testiculaire

01.00 min

Paume du sujet tournée vers le bas, des deux index, suivez les bords de ses auriculaire et pouce, jusqu'à la base du poignet, là où vous percevez une petite échancrure, et stimulez cette zone en exerçant des pressions successives.

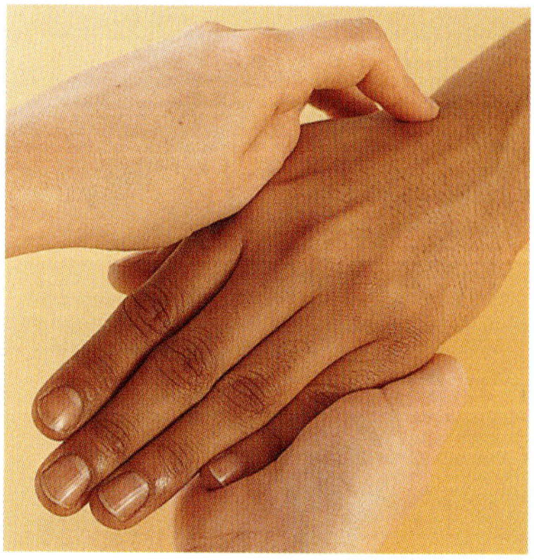

2 Réflexe pénien

00.30 sec

En partant du point réflexogène de la prostate, de l'index, déplacez-vous légèrement vers le dos de la main du sujet, puis exercez une poussée et procédez à un déchirement en direction de ce point.

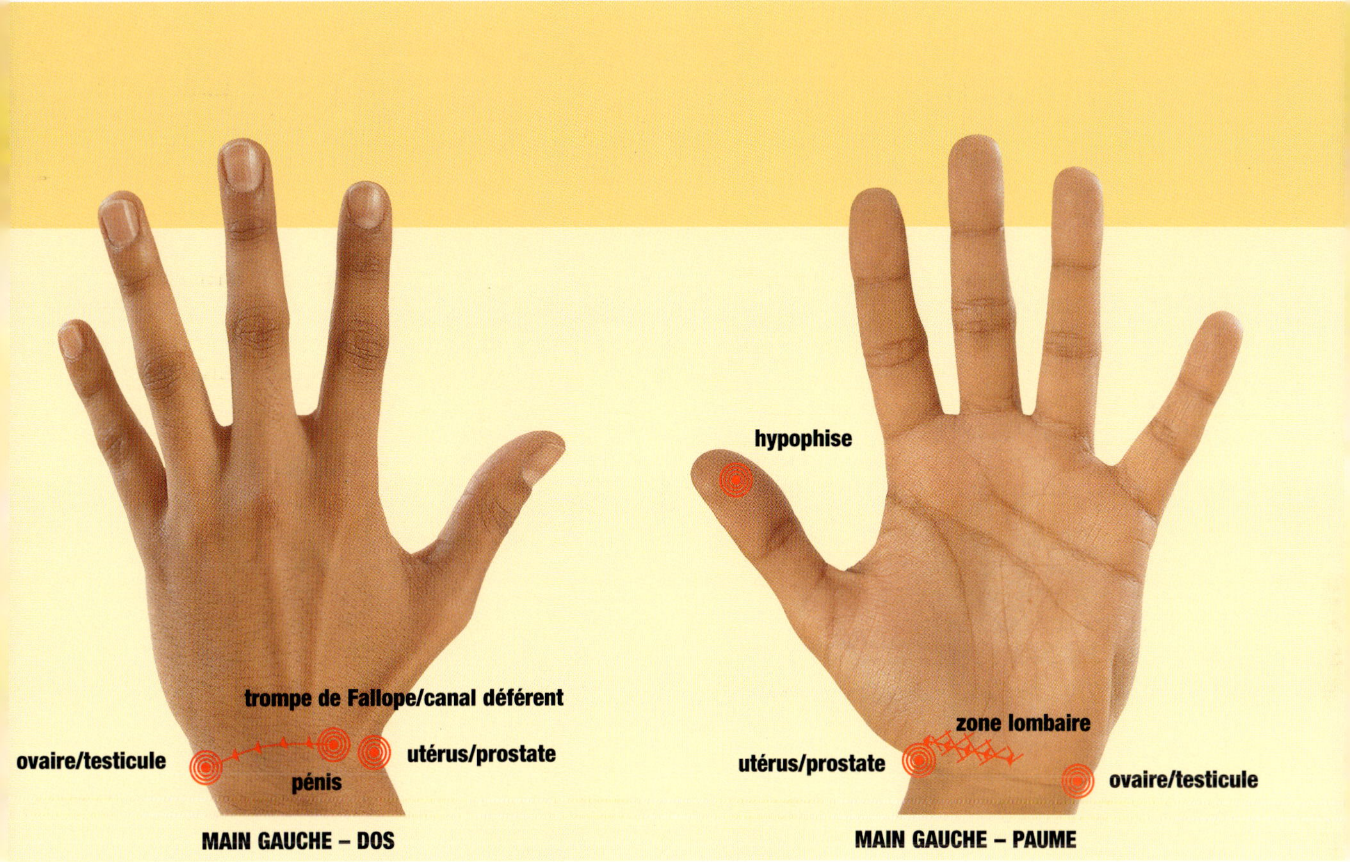

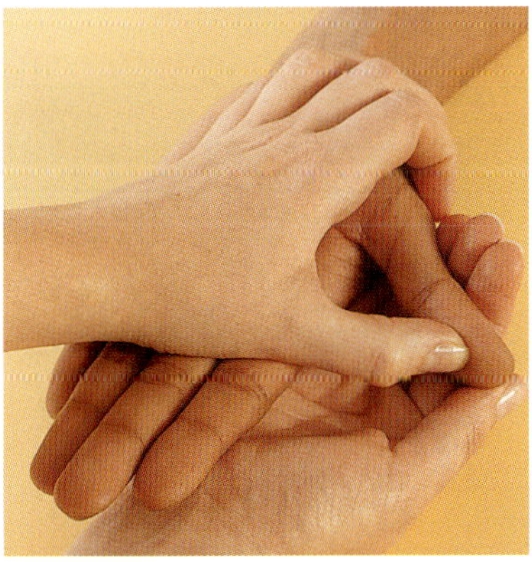

3 Réflexe hypophysaire

01.00 min

La main du sujet posée dans votre paume, servez-vous de votre pouce pour stimuler le sien en exerçant des pressions en son centre.

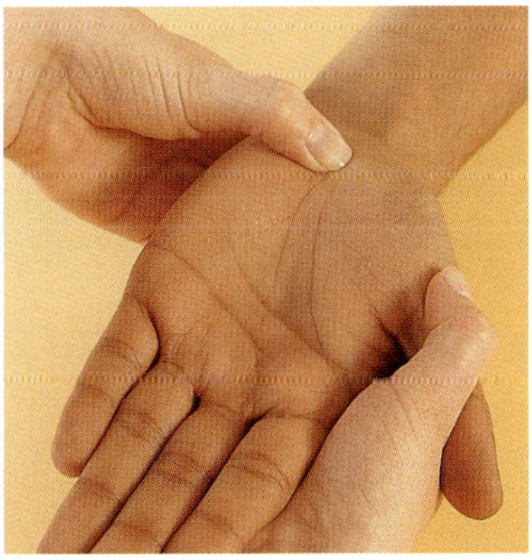

4 Réflexe lombaire

01.30 min

Pouce placé à la base de la main du sujet, juste au-dessus du poignet, manipulez sur toute sa longueur l'os le reliant à la base du pouce traité. Exercez, sur le bord de la main, cinq pressions rapprochées — ponctuées d'une stimulation exécutée à la faveur de petits cercles — symbolisant les cinq vertèbres lombaires.

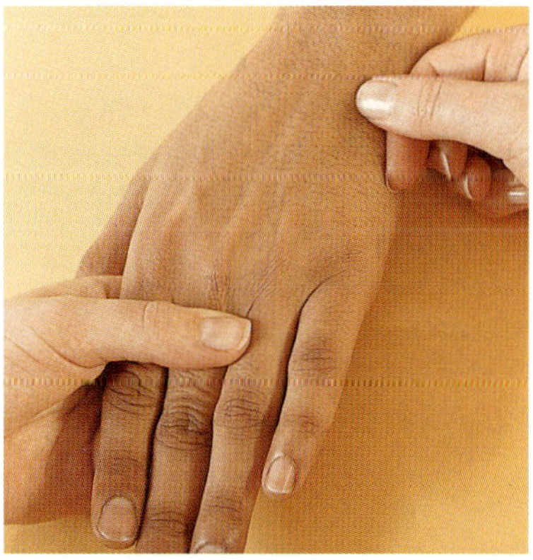

5 Réflexe trompe de Fallope/canal déférent

01.00 min

Paume du sujet tournée vers le bas, du pouce, stimulez toute la zone où poignet et main se rejoignent, celle-ci commandant les réflexes ovarien/testiculaire et utérin/prostatique.

Indications spécifiques

AUTOTHÉRAPIE ET TRAITEMENT D'AUTRUI : SÉANCES DE 15 MINUTES

Ce chapitre est un exposé du mode selon lequel il convient de pratiquer la réflexologie pour vivre au mieux certaines périodes de l'existence, qu'il s'agisse de la grossesse, de la ménopause ou de combattre le stress. Chaque enchaînement de manipulations, adapté à l'autothérapie et au traitement d'autrui, ne prend pas plus de 15 minutes aussi, afin d'optimiser ses bienfaits, suivez les conseils donnés dans le paragraphe intitulé "Comment procéder".

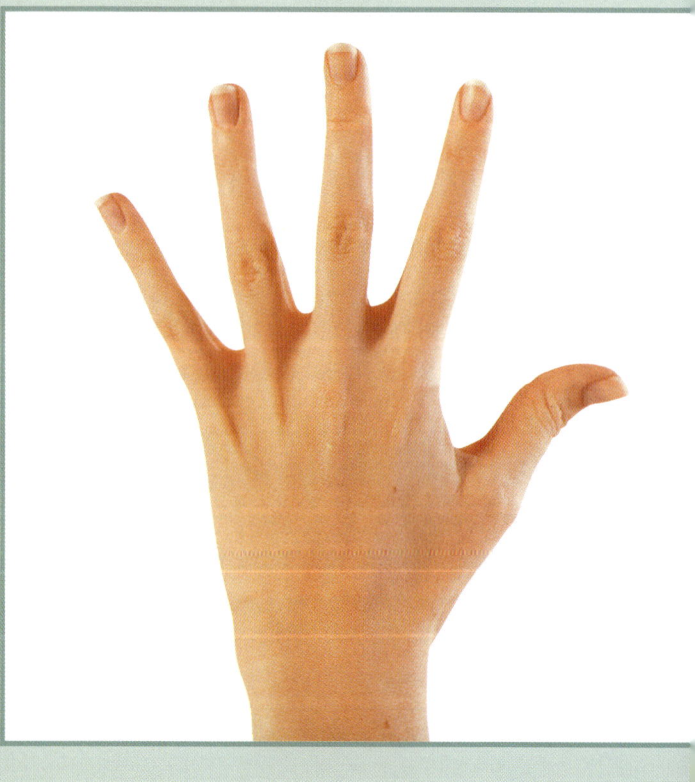

- Grossesse - de la 14è à la 36è semaine
- Grossesse - de la 37è à la 40è semaine
- Bébés
- Jeunes enfants
- Ménopause
- Troisième âge
- Phase terminale d'une maladie
- Affronter le stress
- Combattre les effets du stress
- Le bien-être émotionnel
- Assimilation des nutriments et détoxication

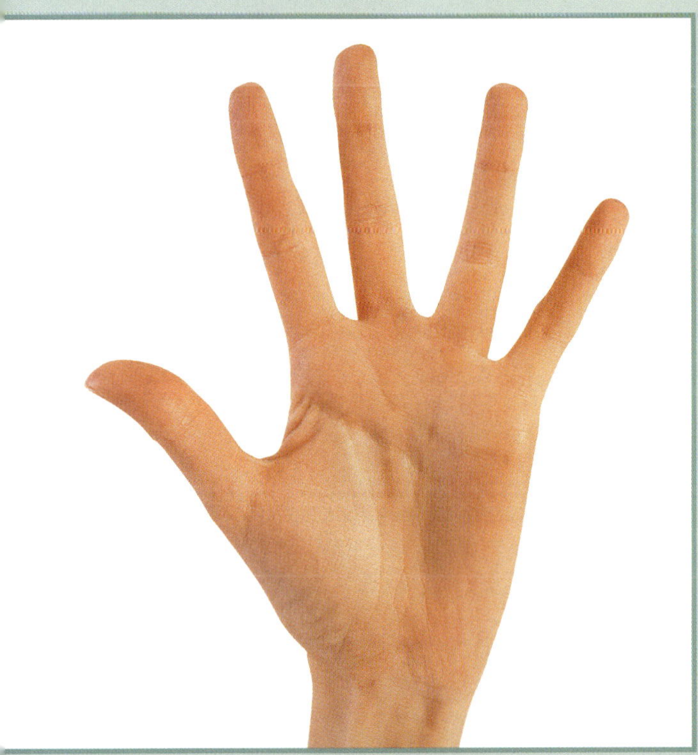

Grossesse - de la 14è à la 36è semaine

VERTIGES
À partir de la 16è semaine environ, ils sont fréquents et dûs à une baisse de la pression artérielle entraînée par le fait que l'utérus augmente de volume et comprime ainsi les gros vaisseaux sanguins.

CONSTIPATION
Pendant la grossesse, elle est fréquente étant donné que les aliments parcourent moins vite les intestins en raison de modifications hormonales influençant certains muscles, et elle est aggravée par les compléments en fer.

SYNDROME DU CANAL CARPIEN
Provoqué par la compression de nerfs situés dans le poignet (voir aussi page 66), il se caractérise par des doigts engourdis, douloureux et parcourus de fourmillements. Il est assez fréquent au cours des dernières phases de la grossesse.

ŒDÈME
Il s'agit d'une rétention d'eau provoquant le gonflement des tissus mous, ce qui fait enfler doigts, jambes, chevilles et pieds, entraînant inconfort, voire douleur.

COMMENT PROCÉDER
La plupart des troubles liés à la grossesse sont dûs à des modifications hormonales, à des carences vitaminiques et minérales, ainsi qu'à une redistribution du poids. À partir de la 14è semaine, la réflexologie les atténue considérablement en restaurant l'homéostasie (équilibre naturel). Pratiquez cet enchaînement une fois par jour à la faveur de légères pressions exercées sur les points/zones réflexogènes.

Pour soulager de ces maux, stimulez les points réflexogènes correspondant aux zones anatomiques suivantes :

Trompe d'Eustache

Estomac

Gros intestin

Canal carpien

Urètre

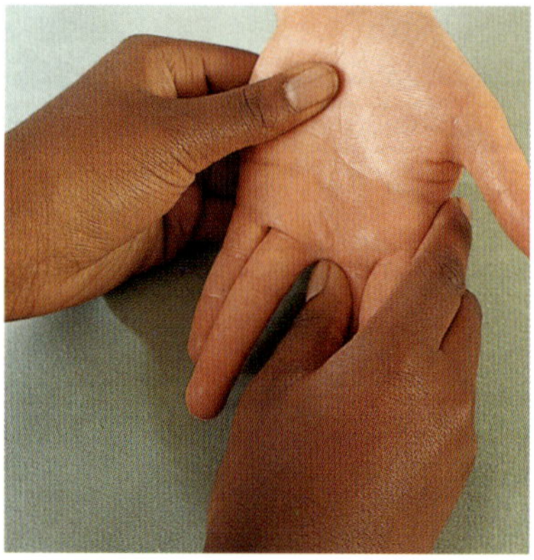

1 Réflexe de la trompe d'Eustache

01.00 min

D'une main, soutenez celle du sujet. Ensuite, du pouce placé entre médius et annulaire, pressez en déchirant vers l'articulation située à la base du médius et stimulez en décrivant de petits cercles.

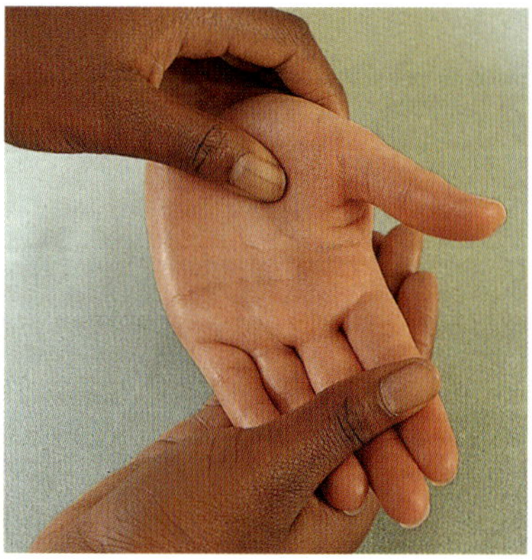

2 Réflexe gastrique

01.30 min

D'une main, soutenez celle du sujet, puis placez votre pouce à l'extrémité de l'espace charnu, et dirigez-vous vers le côté de la main avant de revenir à votre point de départ. Poursuivez ainsi jusqu'à couverture totale de cet espace, comme si vous dépliiez un éventail.

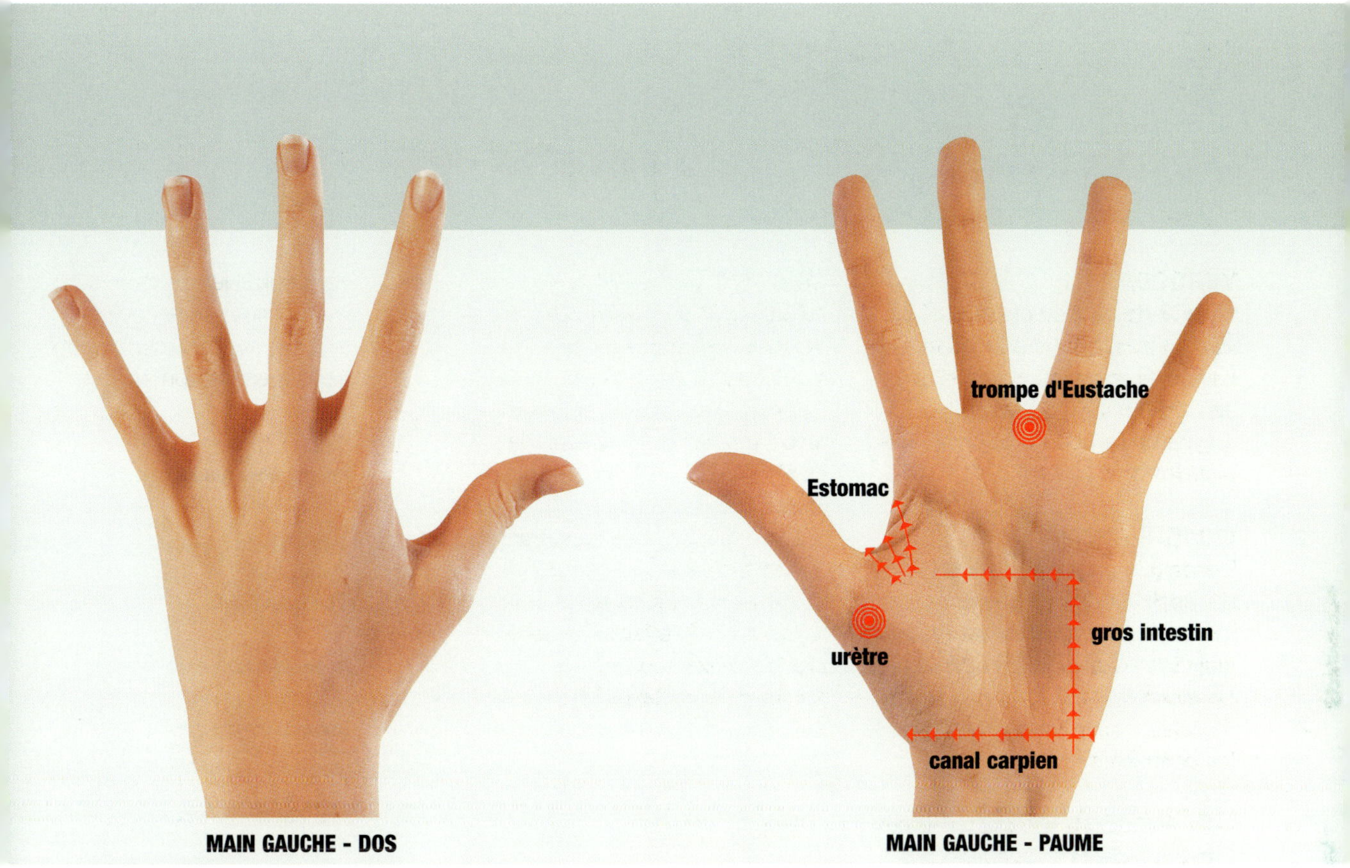

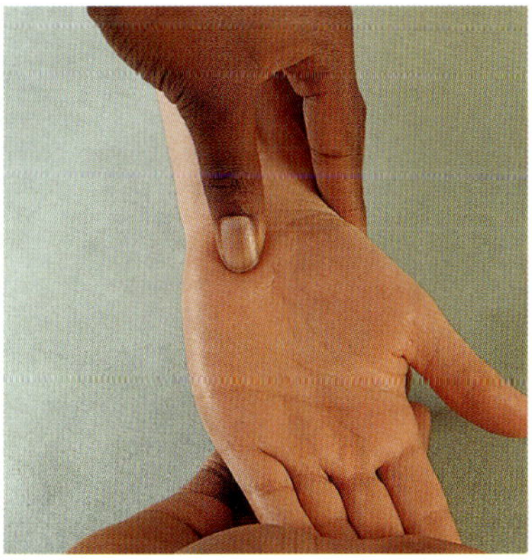

3 Réflexe du gros intestin

02.00 min

Placez votre pouce à la base de la zone 4, juste au-dessus du poignet du sujet, puis faites pivoter son ongle pour qu'il soit dans l'alignement de l'annulaire. Manipulez en remontant la zone 4 jusqu'à mi-longueur de la main. Stimulez cette zone en appuyant avant de tourner pour parcourir le travers de la main jusqu'à l'espace charnu situé entre pouce et index.

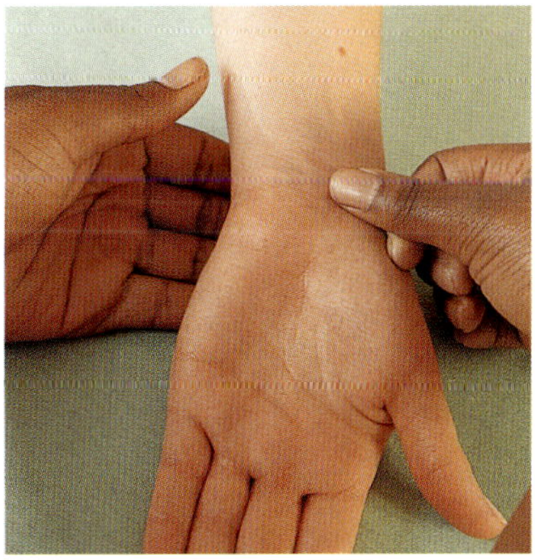

4 Réflexe du canal carpien

01.30 min

Paume du sujet tournée vers le haut, du pouce placé d'un côté du poignet, pratiquez la technique du papillon — ponctuée de petits cercles — pour en manipuler et stimuler le travers.

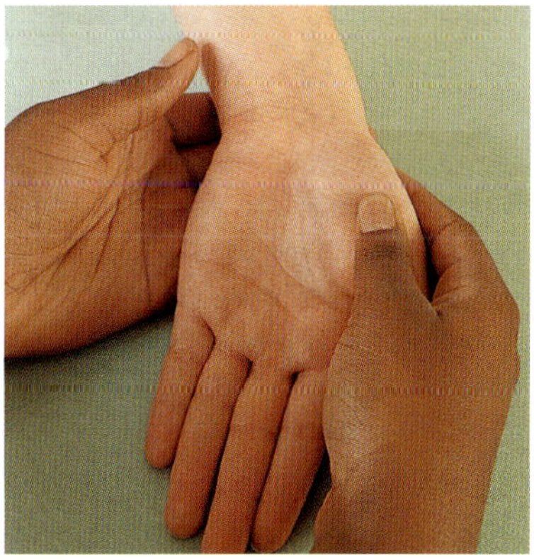

5 Réflexe urétral

01.00 min

Du pouce placé à la base de celui du sujet, appliquez la technique du déchirement au gros muscle situé en direction du poignet, et stimulez cette zone.

Grossesse, de la 37è à la 40è semaine

CHANGEMENTS D'HUMEUR
Fréquents, ils sont souvent dus à des modifications hormonales, des carences en vitamine du groupe B, ainsi qu'au stress physiologique et psychologique.

DORSALGIES
Une mauvaise posture, le gain de poids et les effets myorelaxants d'une hormone, la progestérone, en sont souvent la cause principale.

INSOMNIES
Très fréquentes pendant les dernières semaines, elles sont dues à la carence en vitamines B, à l'inconfort en position allongée, ainsi qu'à l'anxiété à la perspective d'accoucher.

ACCOUCHEMENT PROVOQUÉ
Il implique l'emploi d'une ocytocine de synthèse, pour accélérer l'expulsion du bébé et parfois pour faciliter celle du placenta.

DÉPRESSION POST-NATALE
Caractérisée par une apathie irrésistible et débilitante, elle rend les banales tâches quotidiennes, notamment celle consistant à s'occuper du bébé, difficiles à accomplir.

COMMENT PROCÉDER
Afin que l'accouchement se déroule aussi naturellement que possible, pratiquez cet enchaînement au moins une fois par jour et, à mesure que le terme approche, au moins deux fois par jour, en exerçant des pressions plus accentuées sur le point déclencheur du réflexe hypophysaire. En effet, l'hypophyse sécrète l'ocytocine, hormone qui stimule les contractions utérines pendant le travail, ainsi que la lactation. Après l'accouchement, ramenez la fréquence de ces manipulations à une fois par jour, cela afin de rétablir l'équilibre hormonal et surmonter l'éventuelle dépression post-natale.

Pour soulager de ces maux, stimulez les points réflexogènes correspondant aux zones anatomiques suivantes :

Hypophyse (ocytocine)

Thyroïde

Utérus/Ovaires

Rachis (colonne vertébrale)

Reins/Surrénales

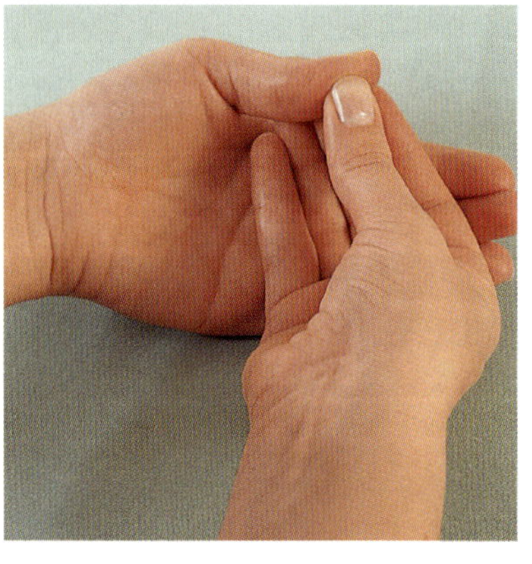

1 Réflexe hypophysaire (ocytocine)

02.00 min

La main du sujet posée dans la paume de la vôtre, servez-vous de votre pouce pour stimuler le sien en exerçant des pressions en son centre.

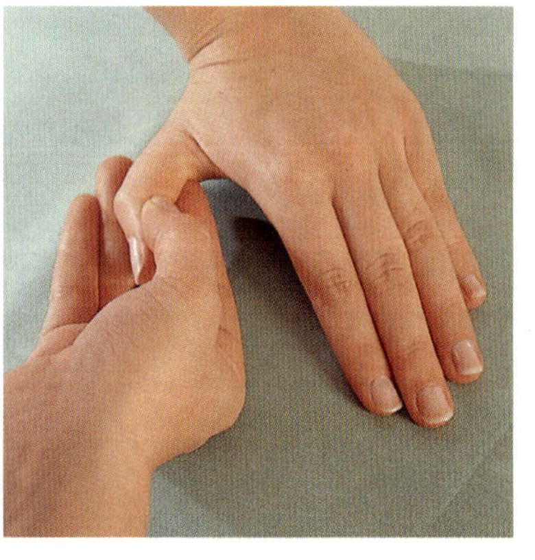

2 Réflexe thyroïdien

01.00 min

Votre paume tournée vers le bas et pouce soutenu par l'autre main, manipulez la zone située entre les deux plis de ce doigt. Vous devez stimuler la moitié du pouce la plus proche de la base de l'index.

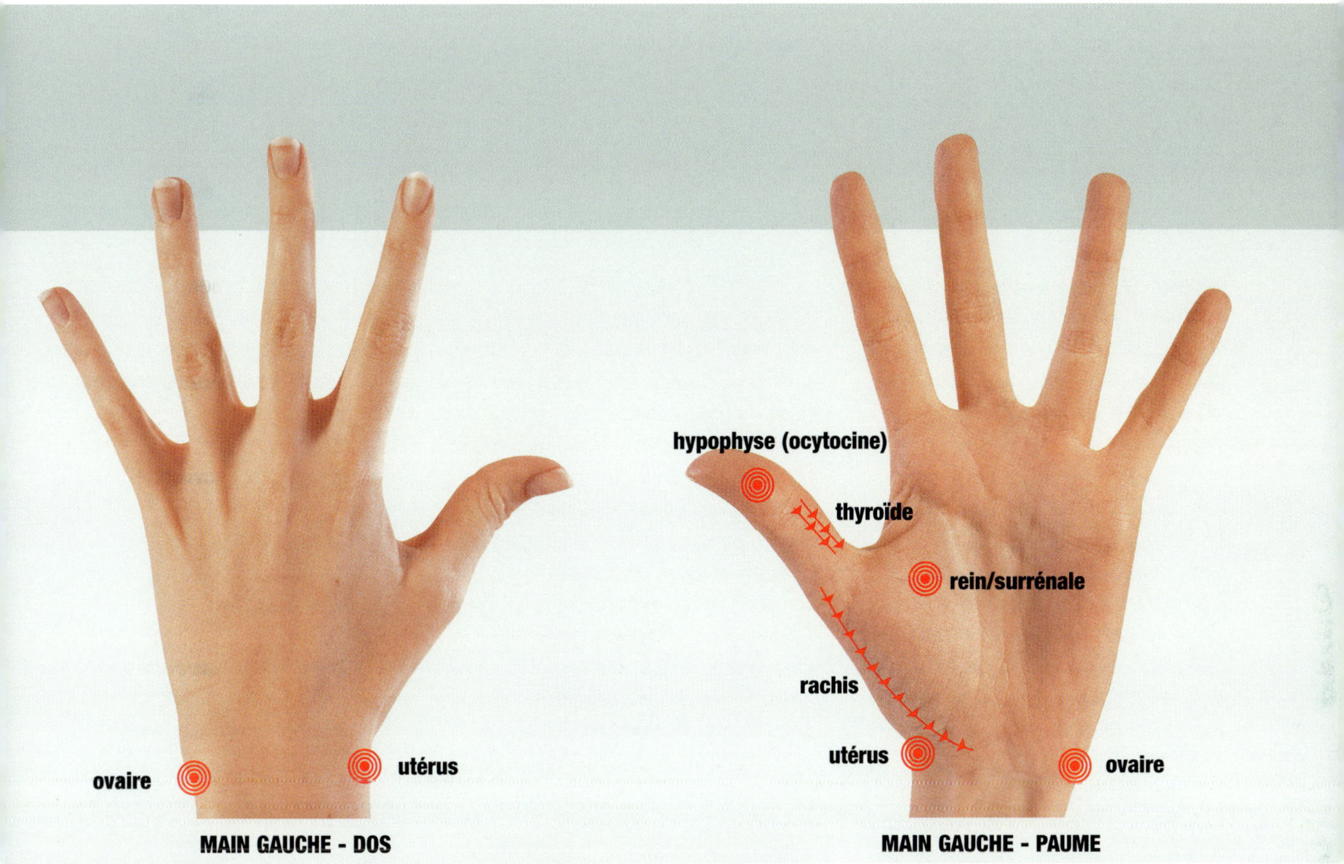

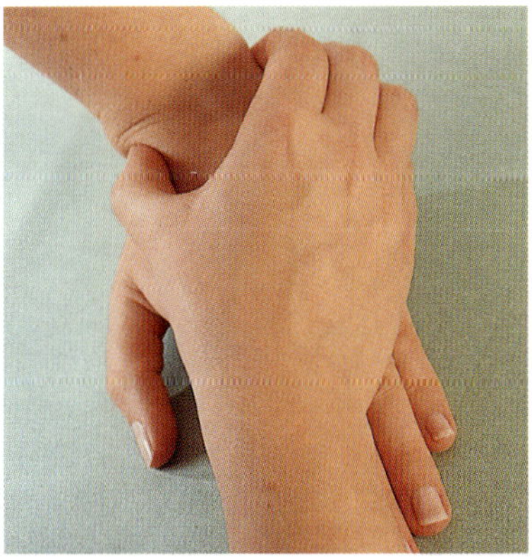

3 Réflexe utéro-ovarien

01.00 min

Votre paume tournée vers le bas, du pouce et de l'index de l'autre main, suivez les bords de vos auriculaire et pouce jusqu'à la base du poignet, là où vous percevez une petite échancrure et stimulez cette zone en exerçant des pressions successives.

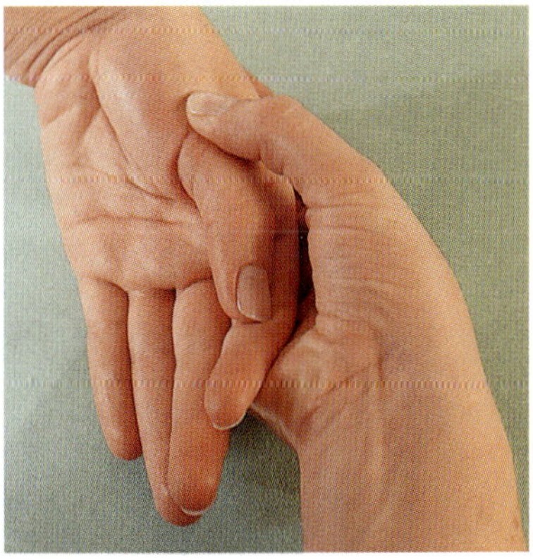

4 Réflexe rachidien

02.00 min

Serrez la main du sujet pour que votre pouce soit en contact avec l'os situé à la base du sien, puis exercez 12 petites pressions — représentant les 12 vertèbres dorsales — le long de l'os, en direction du poignet. Effectuez cette stimulation en décrivant de petits cercles après chaque pression.

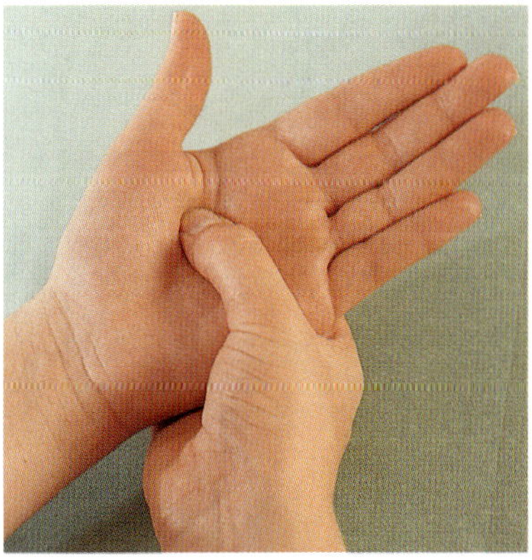

5 Réflexe rénal/surrénal

01.00 min

D'une main, soutenez l'autre, puis du pouce plié placé dans l'espace charnu séparant pouce et index, juste au-dessus du gros muscle, exercez des pressions successives.

Bébés

Les bébés, très réceptifs au toucher et aux stimuli thérapeutiques, apprécient beaucoup la réflexologie douce de la main. Chaque technique a sur eux, pris individuellement, des effets bénéfiques différents, aussi, pour résorber les tensions (post-natales) qui les perturbent, faut-il explorer avec sensibilité leurs besoins journaliers.
Chez le vôtre, le fait que vous le touchiez l'aide à découvrir le plaisir, améliore la communication non verbale et lui apporte sentiments de sécurité, de bien-être et d'équilibre. La réflexologie lui permet également de s'adapter à la vie extra-utérine. À la longue, elle favorise l'instauration d'un système immunitaire sain et l'équilibre énergétique de tous les appareils et systèmes organiques en vue de leur adéquation fonctionnelle.

COMMENT PROCÉDER
Pratiquez cet enchaînement tous les jours entre les repas de bébé. Allongez-le sur un lit, le sol ou la table à langer, dans une pièce chauffée, équipée d'un éclairage indirect et agrémentée d'une musique relaxante. Pour limiter le frottement, employez un peu d'huile de maïs ou d'amande douce. Débutez toujours par un toucher léger, puis accentuez progressivement vos pressions à mesure qu'il s'habitue à la réflexologie et que vous prenez confiance en vous. En général, les nouveau-nés n'ayant qu'une durée d'attention très limitée, faites en sorte que toute séance ne comporte que quelques répétitions de chaque enchaînement.

Pour soulager de ces maux, stimulez les points réflexogènes correspondant aux zones anatomiques suivantes :

Sinus

Trompe d'Eustache

Foie/Rate

Intestins

Vaisseaux lymphatiques

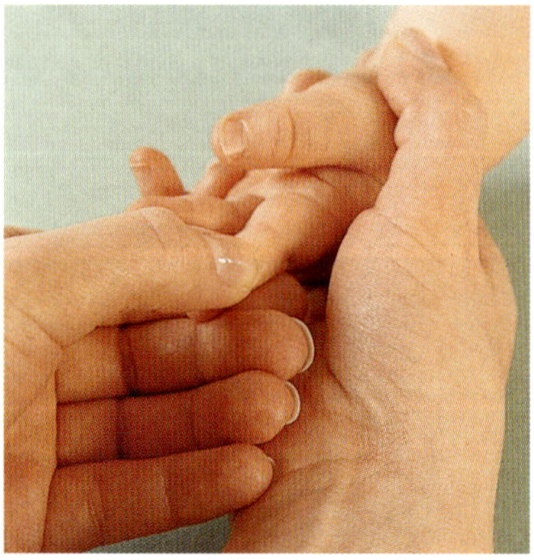

1 Réflexe sinusal

02.00 min

D'une main, soutenez les doigts de bébé puis, du pouce, manipulez l'index de l'extrémité à la base, ou inversement, en décrivant de minuscules cercles. Poursuivez ainsi sur tous les doigts.

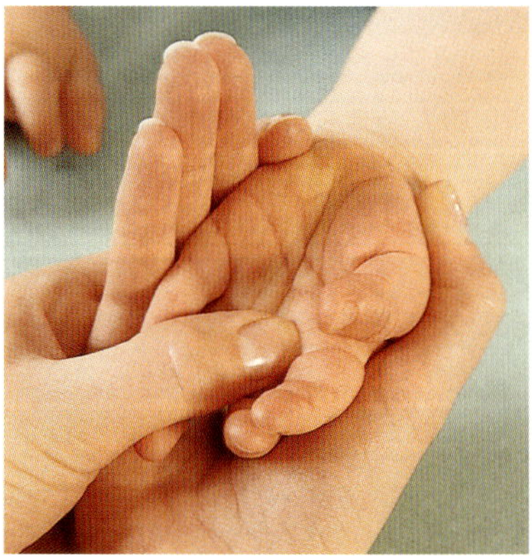

2 Réflexe de la trompe d'Eustache

01.00 min

D'une main, soutenez celle de bébé. Ensuite, du pouce placé entre médius et annulaire, pressez en déchirant vers l'articulation située à la base du médius, et stimulez en décrivant de petits cercles.

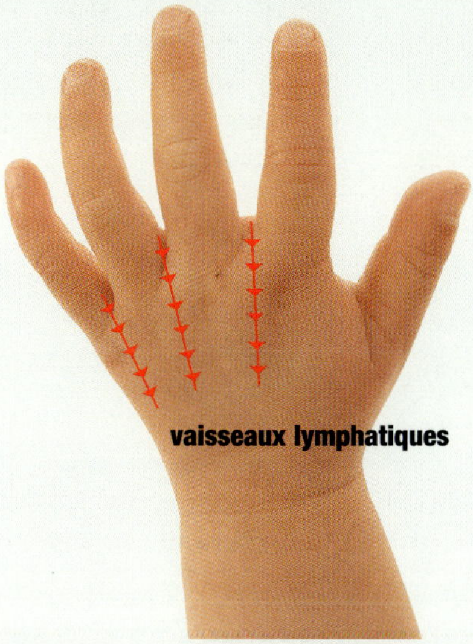

MAIN GAUCHE - DOS

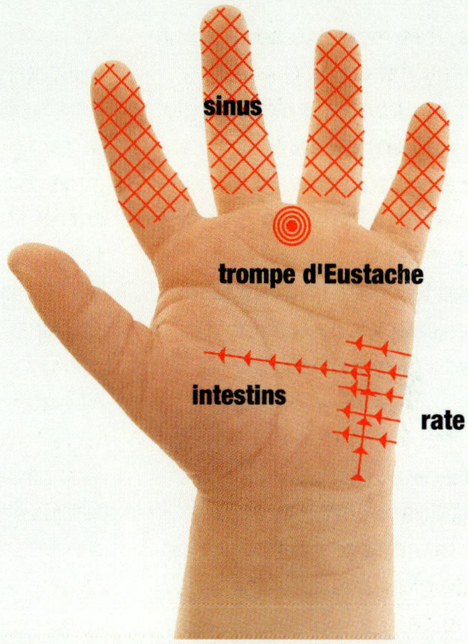

MAIN GAUCHE - PAUME

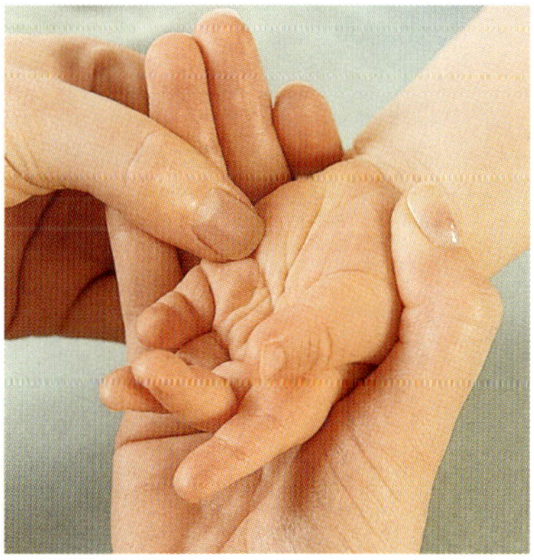

3 Réflexe hépatique (main droite)/splénique (main gauche)

01.00 min

Placez votre pouce sur le bord de la main de bébé, à environ 1 cm de la base de l'auriculaire puis, en pratiquant la technique de la chenille, exercez trois pressions vers l'intérieur de la main. Continuez ainsi sur 4 lignes parallèles, pour vous arrêter juste au-dessus du poignet.

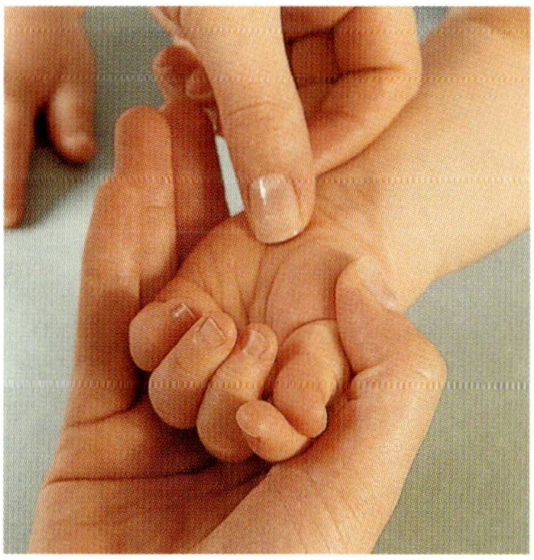

4 Réflexe intestinal

02.00 min

Placez votre pouce à la base de la zone 4, juste au-dessus du poignet de bébé, puis faites pivoter votre ongle pour qu'il soit dans l'alignement de l'annulaire. Manipulez en remontant la zone 4 jusqu'à mi-longueur de la main. Stimulez cette zone en appuyant avant de tourner pour parcourir le travers de la main jusqu'à l'espace charnu situé entre pouce et index.

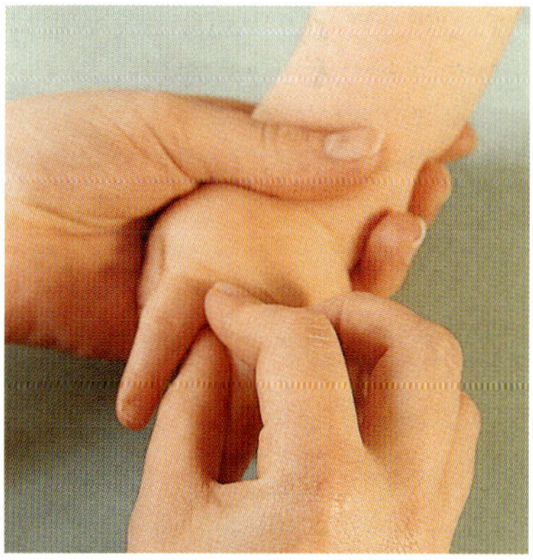

5 Réflexe des vaisseaux lymphatiques

01.00 min

Paume de la main de bébé tournée vers le bas, placez vos pouce et index entre la base de l'index et du médius, puis exercez des pressions successives vers le poignet, en faisant appel à la technique du bec d'oiseau. Ensuite, poursuivez ainsi entre les zones 3 et 4, et entre les zones 4 et 5.

Jeunes enfants

Chez eux, la réflexologie de la main contribue à stimuler les mécanismes de guérison et à garantir que tous les appareils et systèmes organiques fonctionnent correctement. ATTENTION : tout enfant présentant un trouble relevant de la médecine doit impérativement être examiné par un médecin ou emmené à l'hôpital dans le service des urgences.

MAUVAIS APPÉTIT
C'est d'ordinaire un symptôme qui doit faire rechercher une cause d'ordre émotionnel (stress, anxiété ou état dépressif) ou une carence nutritionnelle.

DIPHTÉRIE
Il s'agit d'une infection respiratoire caractérisée par une inflammation du larynx provoquant un rétrécissement. La quantité de mucus augmente progressivement jusqu'à obstruer les voies aériennes. La difficulté à respirer et une toux aboyante en sont les symptômes.

HYPERACTIVITÉ
Désignée en médecine "trouble déficitaire de l'attention", elle atteint principalement les enfants et est caractérisée par des troubles comportementaux.

COMMENT PROCÉDER
Exécutez cet enchaînement dans une pièce calme, équipée d'un éclairage indirect, dépourvue de téléphone et agrémentée d'un fond musical relaxant, de préférence le soir avant ou après avoir raconté ou lu une petite histoire. Veillez à ce que l'enfant soit à l'aise et puisse s'endormir, le cas échéant. N'oubliez pas de mettre à sa portée des jouets, et surtout, celui avec lequel il s'endort habituellement.

Pour soulager de ces maux, stimulez les points réflexogènes correspondant au zones anatomiques suivantes :

Poumons

Larynx

Intestins

Reins/Surrénales

Rachis

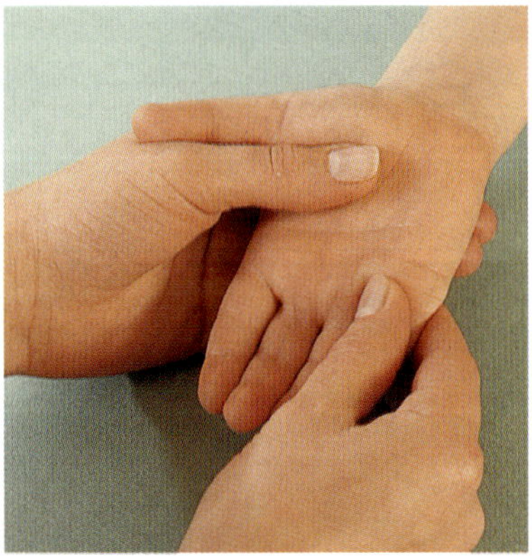

1 Réflexe pulmonaire

01.00 min

Pouce plié placé à mi-longueur de la paume de l'enfant, entre les zones 5 et 4, pratiquez la chenille vers la base des doigts, et entre les os. Ensuite, faites de même entre les zones 4 et 3, puis entre les zones 3 et 2.

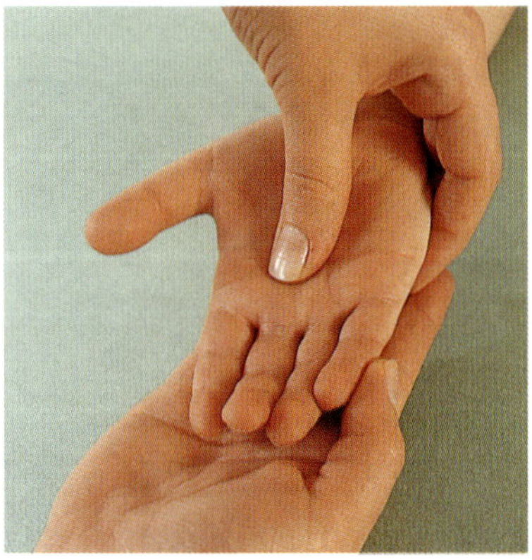

2 Réflexe laryngé

01.00 min

Pouce placé entre index et médius de l'enfant, à un tiers de la distance séparant leurs extrémités de leurs bases, exercez lentement des pressions successives — ponctuées de petits cercles — entre les os de ces doigts, et en direction de la paume.

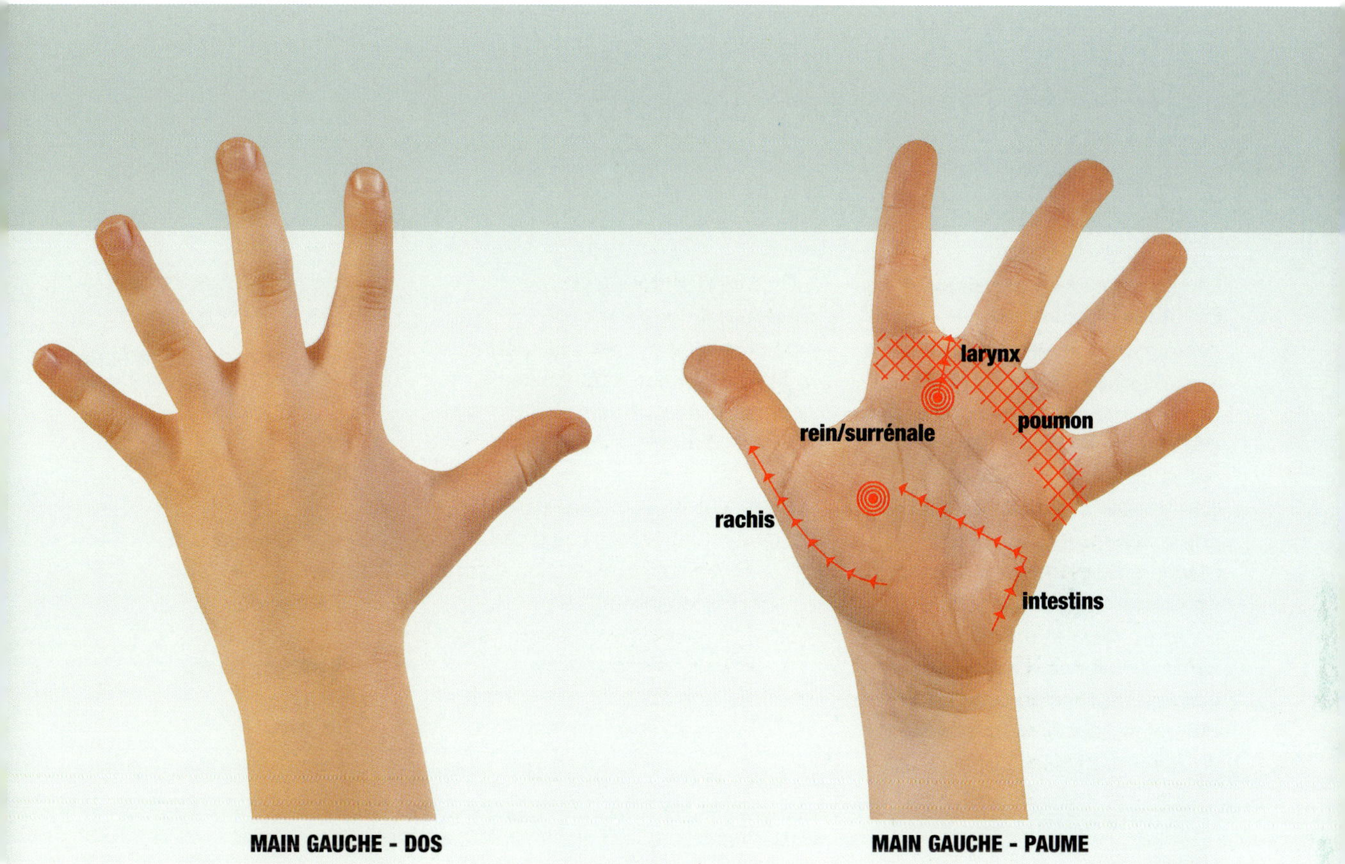

MAIN GAUCHE - DOS

MAIN GAUCHE - PAUME

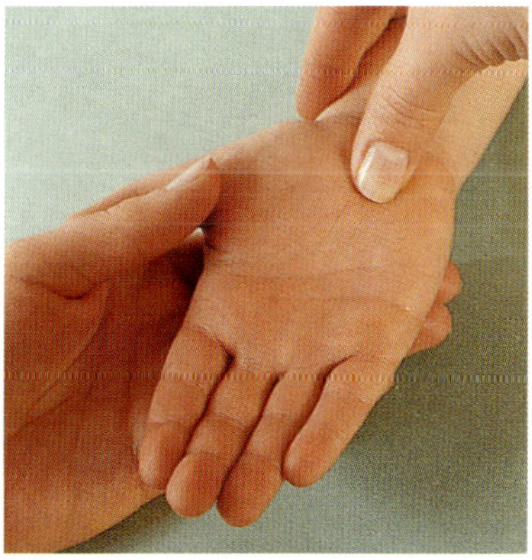

3 Réflexe intestinal

02.00 min

Placez votre pouce à la base de la zone 4, juste au-dessus du poignet de l'enfant, puis faites pivoter votre ongle pour qu'il soit dans l'alignement de l'annulaire. Manipulez en remontant la zone 4 jusqu'à mi-longueur de la main. Stimulez cette zone en appuyant avant de tourner pour parcourir le travers de la main jusqu'à l'espace charnu situé entre pouce et index.

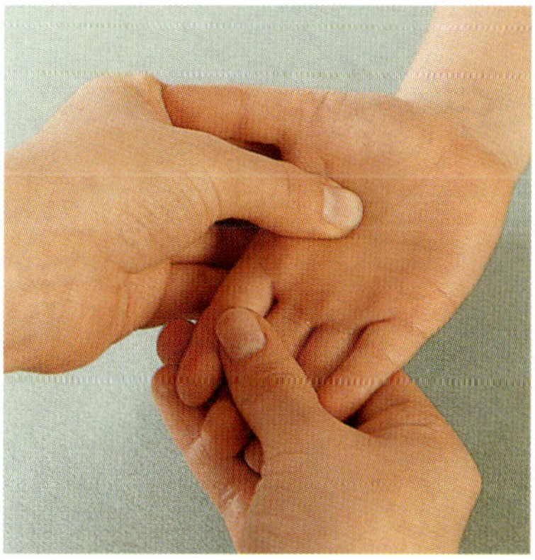

4 Réflexe rénal/surrénal

01.00 min

D'une main, soutenez celle de l'enfant, puis, du pouce plié placé dans l'espace charnu séparant pouce et index, juste au-dessus du gros muscle, exercez des pressions successives.

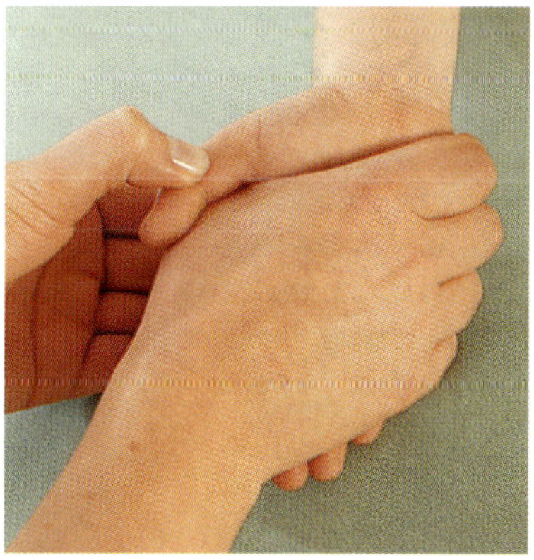

5 Réflexe rachidien

02.00 min

Serrez la main de l'enfant pour que votre pouce soit en contact avec l'os situé à la base du sien, puis exercez 12 petites pressions — représentant les 12 vertèbres dorsales — le long de l'os, en direction du poignet. Effectuez cette stimulation en décrivant de petits cercles après chaque pression.

Ménopause

Elle survient lorsque, peu à peu, la femme cesse d'ovuler et d'avoir des règles, c'est-à-dire entre 51 et 55 ans, quand s'achève la période pendant laquelle elle peut procréer. Les ovaires sécrètent de plus petites quantités d'hormones sexuelles — œstrogène et progestérone — entraînant des modifications physiologiques et, notamment, psychologiques.

Les troubles associés sont les suivants : sautes d'humeur, état dépressif, céphalées, vertiges, fatigue, sueurs nocturnes, affection vésicale, hypersensibilité mammaire, vieillissement cutané, insomnies, sécheresse vaginale, gêne pendant le coït, baisse relative de la libido et, bien sûr, bouffées de chaleur.
À l'issue de la ménopause, le risque d'ostéoporose, de cardiopathie, ainsi que d'hypothyroïdie (voir aussi p.90) augmente.

COMMENT PROCÉDER
Pratiqué quotidiennement, l'enchaînement ci-dessous permet d'en atténuer les nombreux effets secondaires.

Pour soulager de ces maux, stimuler les points réflexogènes correspondant aux zones anatomiques suivantes :

Rachis

Hypophyse

Parathyroïde

Rein/Surrénales

Ovaires

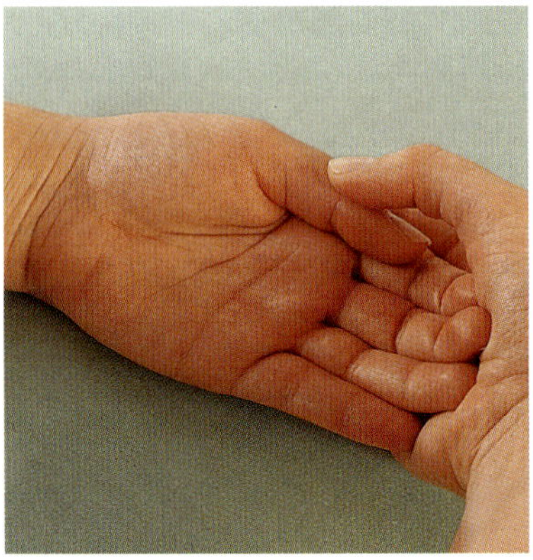

1 Réflexe rachidien

03.00 min

Serrez la main de la femme pour que votre pouce soit en contact avec l'os situé à la base du sien, puis exercez 12 petites pressions — représentant les 12 vertèbres dorsales — le long de l'os, en direction du poignet. Effectuez cette stimulation en décrivant de petits cercles après chaque pression.

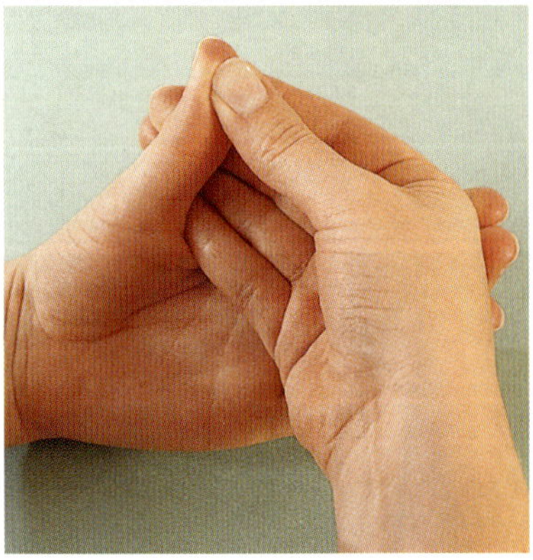

2 Réflexe hypophysaire

01.00 min

La main de la femme posée dans votre paume, servez-vous de votre pouce pour stimuler le sien en exerçant des pressions en son centre.

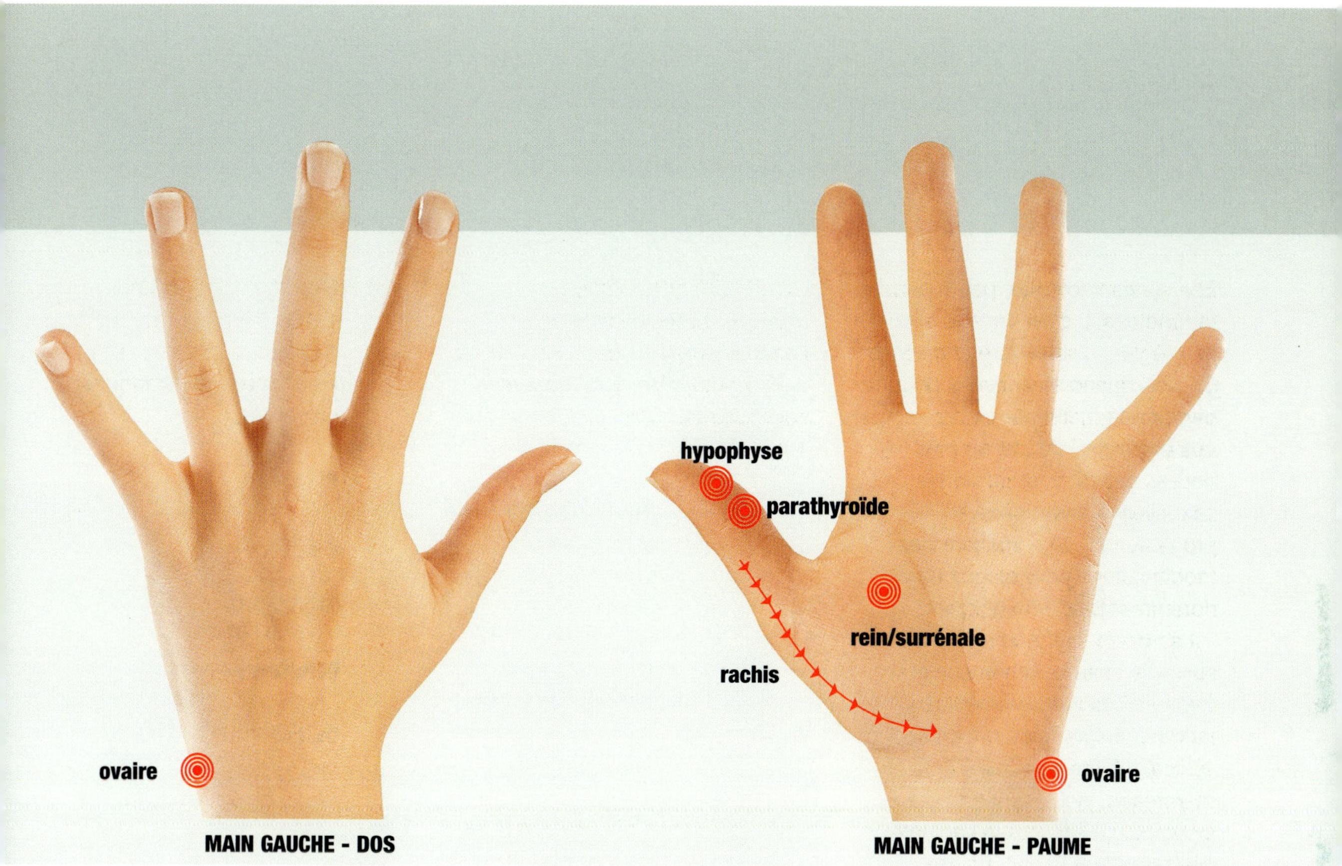

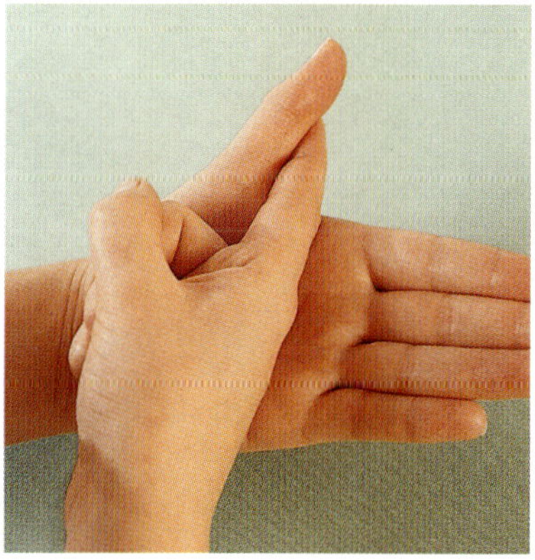

3 Réflexe parathyroïdien

01.00 min

Pouce plié placé sur la première articulation de celui de la femme, manipulez-en l'os sur sa face interne, juste au-dessus de l'espace charnu, la stimulation s'effectuant en décrivant de petits cercles dans l'un ou l'autre sens.

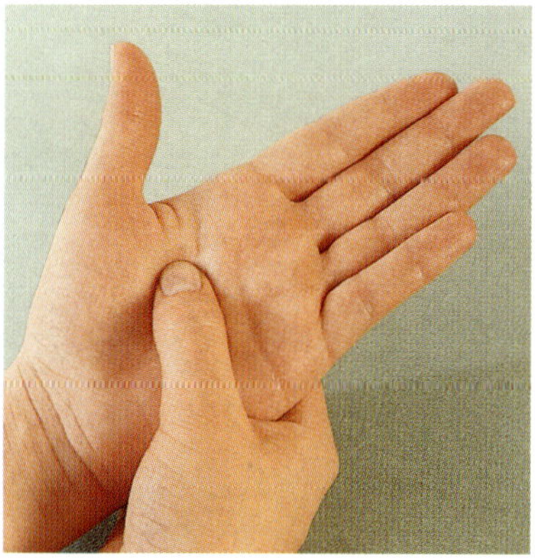

4 Réflexe rénal/surrénal

01.00 min

D'une main, soutenez celle de la femme, puis, du pouce plié placé dans l'espace charnu séparant pouce et index, juste au-dessus du gros muscle, exercez des pressions successives.

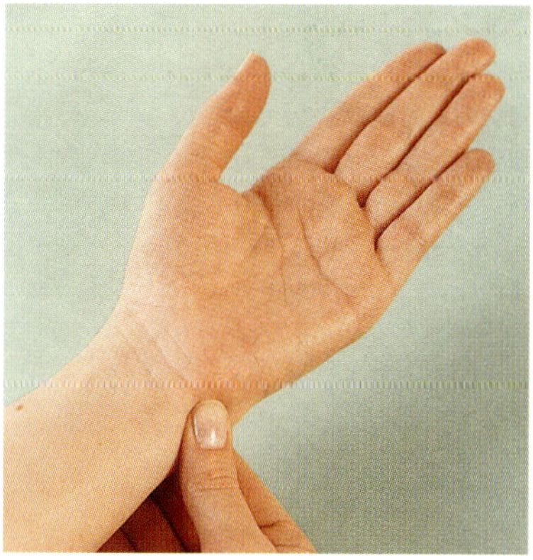

5 Réflexe ovarien

01.00 min

Paume de la femme tournée vers le bas, de l'index, suivez l'auriculaire et pratiquez la tornade à la base du poignet, là où vous percevez une petite échancrure. Exercez des pressions successives et procédez à la stimulation.

Troisième âge

Avec l'âge, le système immunitaire de l'être humain se détériore, le sensibilisant aux affections. Le vieillissement est un processus naturel caractérisé par un ralentissement des fonctions dû au fait que l'organisme s'affaiblit.

L'une des pathologies les plus courantes chez les personnes âgées est l'arthrite, caractérisée par l'inflammation d'une ou plusieurs articulations qui deviennent raides et douloureuses, en particulier le matin, entraînant une diminution de l'amplitude des mouvements.

Dans ce cas précis, le traitement réflexologique est d'une efficacité remarquable car, outre qu'il agit sur la douleur, il atténue les symptômes des troubles chroniques associés et améliore considérablement la circulation, ce qui constitue un facteur important contribuant au confort du sujet.

COMMENT PROCÉDER

Pratiquez l'enchaînement ci-dessous une fois par jour et, si nécessaire, deux fois. Manipulez prudemment et avec délicatesse les zones où la peau est lâche, ainsi que celles présentant des hématomes, et veillez à respecter la configuration naturelle des doigts, car les articulations fatiguées sont souvent fragilisées et moins souples que d'autres plus jeunes. En général, les pressions exercées doivent être légères et n'entraîner aucune gêne ; toutefois, si c'est le cas, allégez-les afin de ménager le confort du sujet.

Pour soulager de ces maux, stimulez les points réflexogènes correspondant aux zones anatomiques suivantes :

Tête

Vessie

Foie/Rate

Gros intestin

Vaisseaux lymphatiques

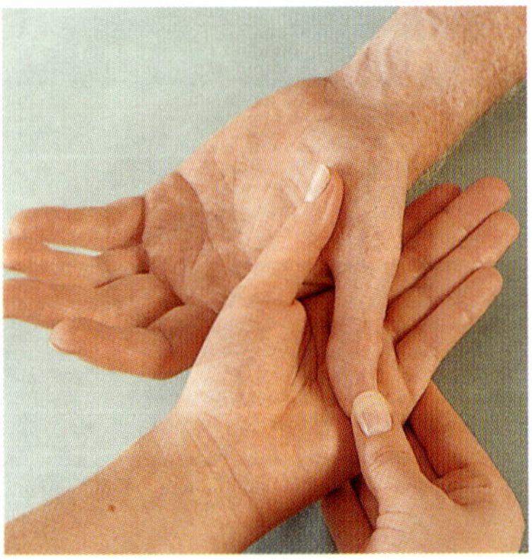

1 Réflexe céphalique

02.00 min

Un pouce du sujet dans votre main, servez-vous du vôtre pour le manipuler de son extrémité à sa base. La stimulation s'effectue en décrivant de petits cercles après chaque pression.

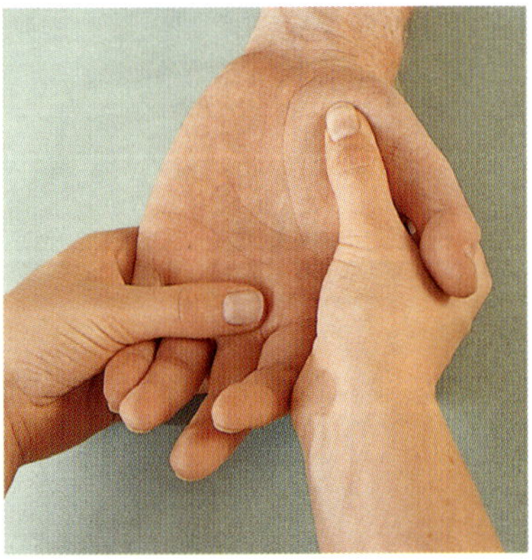

2 Réflexe vésical

01.00 min

D'un pouce placé à la base du muscle de celui de la personne, pratiquez la technique du déchirement en direction du poignet, puis procédez à la stimulation.

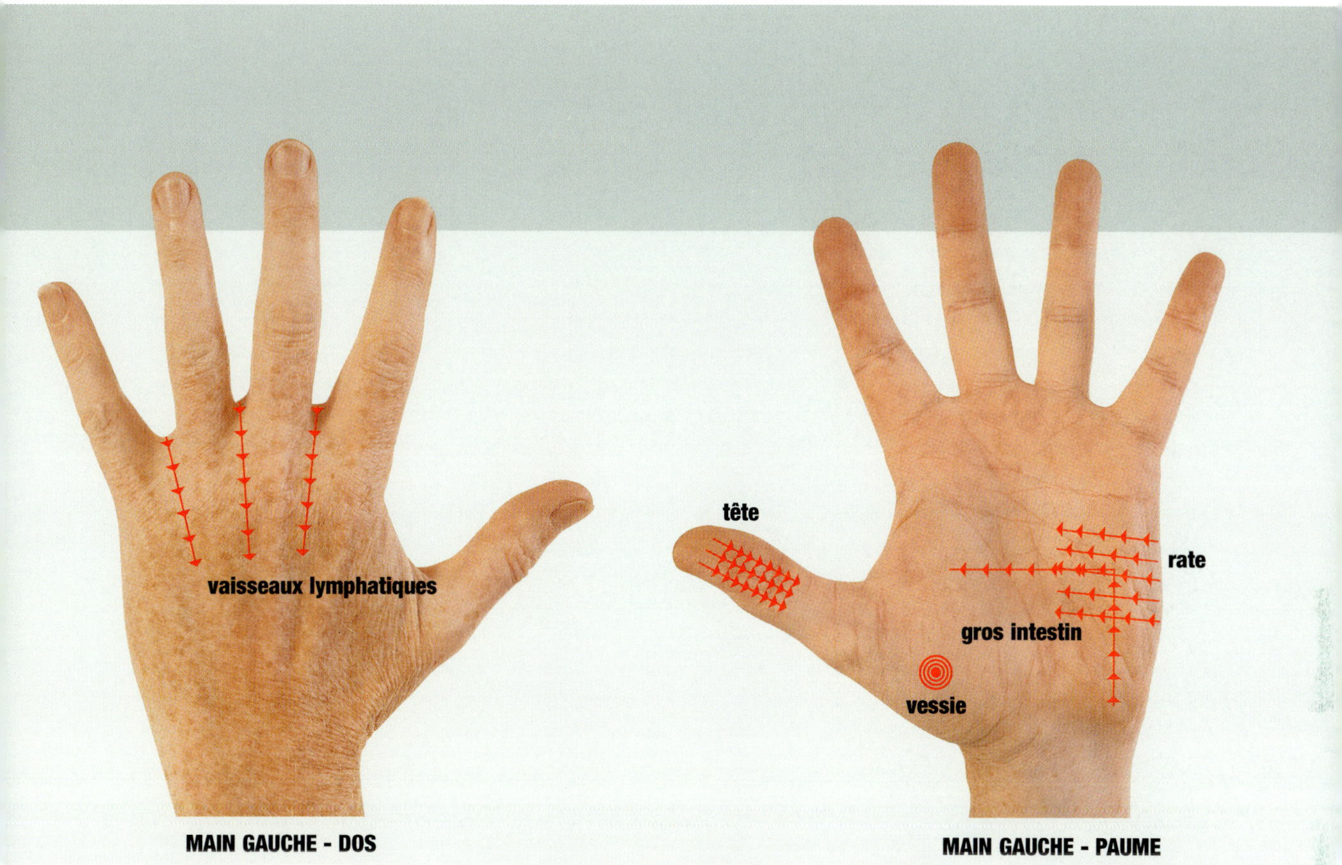

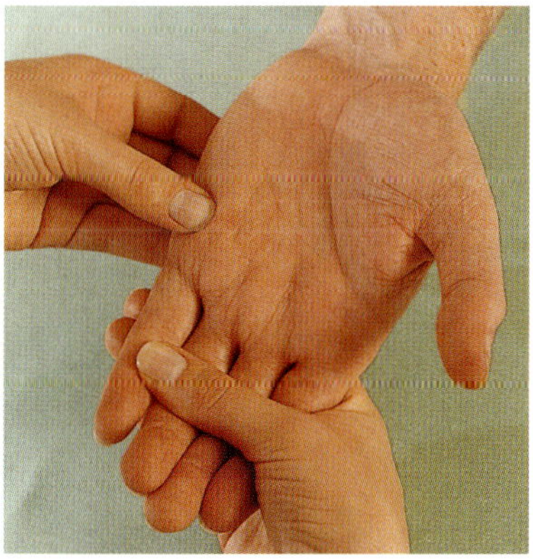

3 Réflexe foie (main droite)/rate (main gauche))

01.00 min

Placez votre pouce sur le bord de la main traitée, à environ 3 cm de la base de l'auriculaire puis, en pratiquant la technique de la chenille, exercez trois pressions vers l'intérieur de la main. Continuez ainsi sur quatre lignes parallèles, pour vous arrêter juste au-dessus du poignet.

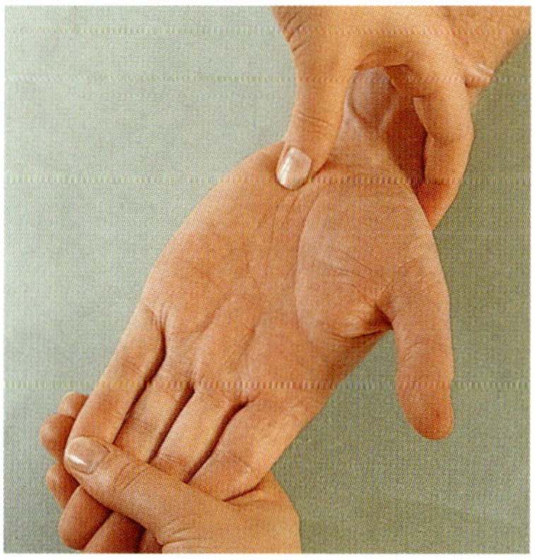

4 Réflexe du gros intestin

02.00 min

Placez votre pouce à la base de la zone 4, juste au-dessus du poignet du sujet, puis faites pivoter votre ongle pour qu'il soit dans l'alignement de l'annulaire. Manipulez en remontant la zone 4 jusqu'à mi-longueur de la main. Stimulez cette zone en appuyant avant de tourner pour parcourir le travers de la main jusqu'à l'espace charnu situé entre pouce et index.

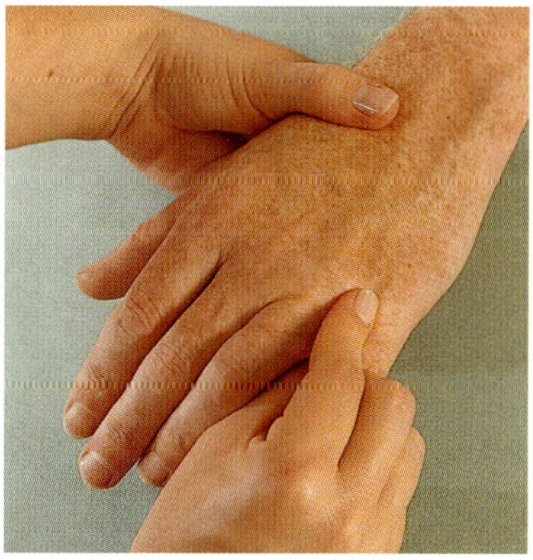

5 Réflexe des vaisseaux lymphatiques

01.00 min

Paume de la main du sujet tournée vers le bas, placez vos pouce et index entre la base de ses index et médius, puis exercez des pressions successives vers le poignet, en faisant appel à la technique du bec d'oiseau. Faites de même entre les zones 3 et 4 , et entre les zones 4 et 5.

Phase terminale d'une maladie

Dans ce contexte, le traitement réflexologique quotidien de la main atténue le stress, aide à maîtriser la douleur par la sécrétion d'endorphines, de même qu'il améliore les conditions et qualité de vie générales du patient. Par ailleurs, les médicaments entraînent souvent tout un cortège d'effets secondaires désagréables que l'organisme peut ainsi pallier afin de retrouver partiellement son équilibre.

La réflexologie offre également à l'entourage du malade l'occasion de lui manifester son affection par le biais d'une communication tactile effectuée avec sensibilité. Elle peut être prétexte à visite, lui faire oublier momentanément sa souffrance, bref, c'est une démarche positive.

COMMENT PROCÉDER
Pratiquez les manipulations aussi souvent que vous le jugez nécessaire dans la journée. Il importe de n'exercer que de légères pressions afin de ménager, autant que possible, le confort du malade. On notera avec intérêt que le traitement s'applique en position assise ou allongée, ce qui lui permet, le cas échéant, de s'assoupir s'il le souhaite.

Pour soulager de ces maux, stimulez les points réflexogènes correspondant aux zones anatomiques suivantes :

Nerfs du système neuro-végétatif

Poumons/Cœur

Foie/Rate

Gros intestin

Rachis

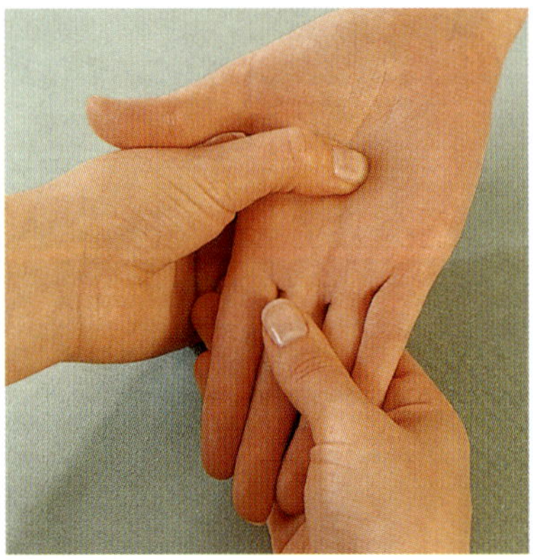

1 Réflexe des nerfs du système neuro-végétatif

01.00 min

Pouce placé au centre de la paume du malade, exercez de légères pressions et effectuez la stimulation en décrivant de petits cercles.

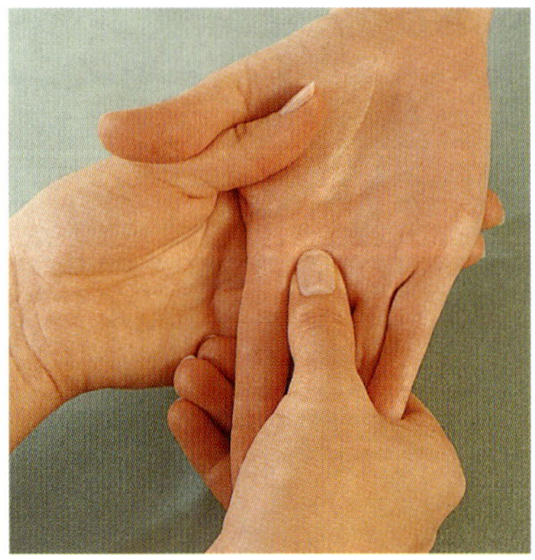

2 Réflexe pulmonaire/cardiaque

01.00 min

Pouce plié placé entre les zones 2 et 3, pratiquez la chenille vers la base des doigts, et entre les os. Faites de même entre les zones 3 et 4, ainsi qu'entre les zones 4 et 5. Ensuite (réflexe cardiaque), manipulez en allant de la droite vers la gauche, et en partant de la base des doigts, en direction de la ligne diaphragmatique.

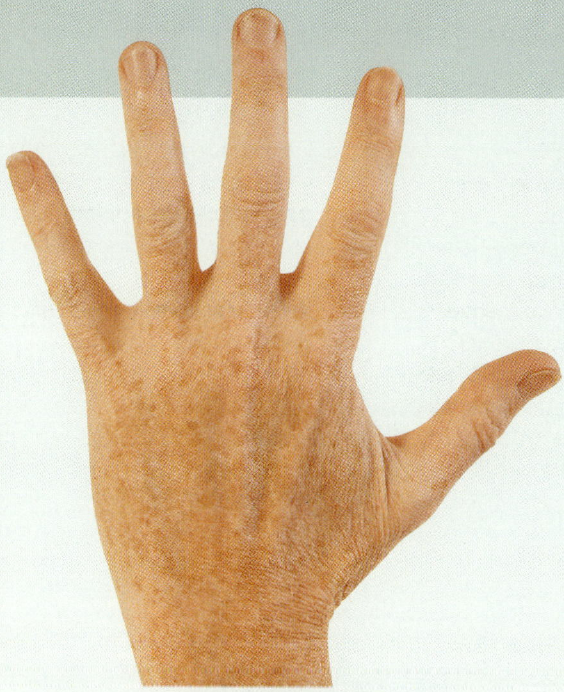

MAIN GAUCHE - DOS

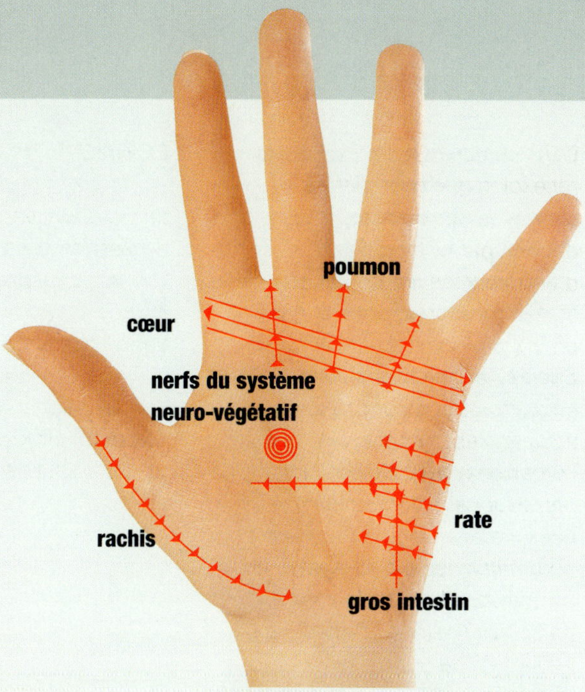

MAIN GAUCHE - PAUME

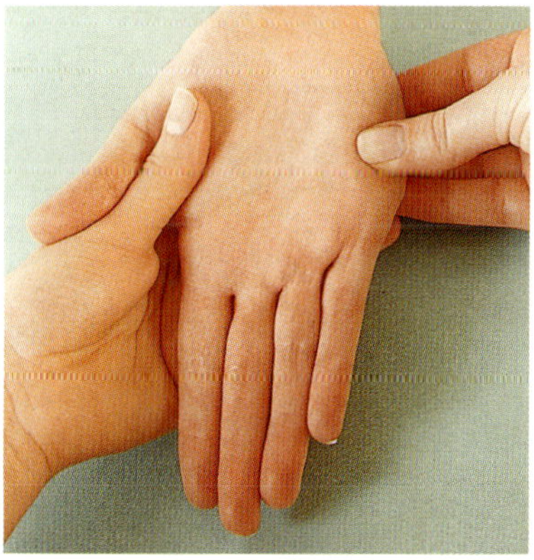

3 Réflexe hépatique (main droite)/splénique (main gauche)

01.00 min

Placez votre pouce sur le bord de la main du sujet, à environ 3 cm de la base de l'auriculaire puis, en pratiquant la technique de la chenille, exercez trois petites pressions vers l'intérieur de la main. Continuez ainsi sur quatre lignes parallèles, pour vous arrêter juste au-dessus du poignet.

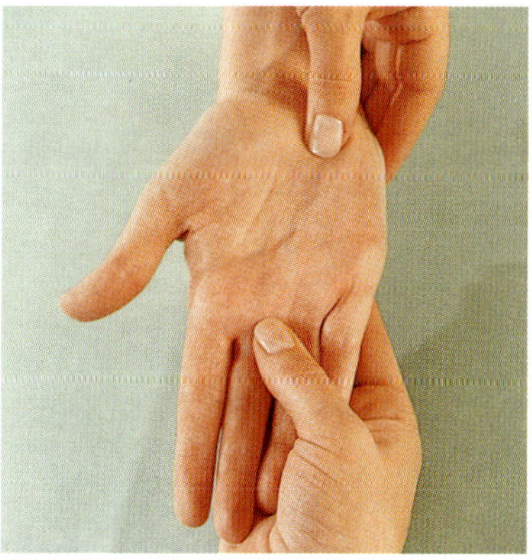

4 Réflexe du gros intestin

02.00 min

Placez votre pouce à la base de la zone 4, juste au-dessus du poignet du malade, puis faites pivoter votre ongle pour qu'il soit dans l'alignement de son annulaire. Manipulez en remontant la zone 4 jusqu'à mi-longueur de la main. Stimulez cette zone en appuyant avant de tourner pour parcourir le travers de la main jusqu'à l'espace charnu situé entre pouce et index.

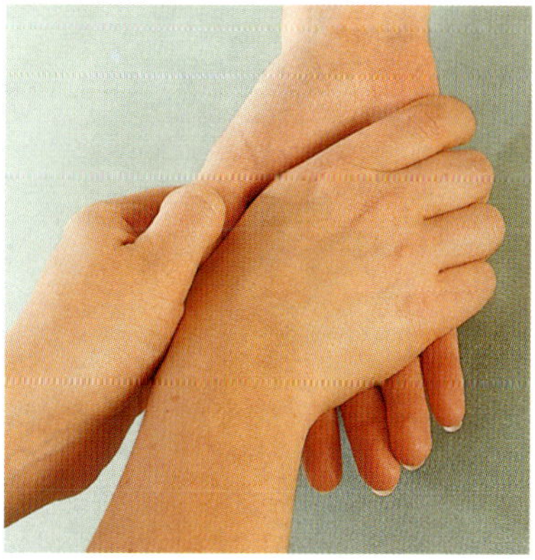

5 Réflexe rachidien

02.00 min

Serrez — doucement — la main du malade pour que votre pouce soit en contact avec l'os situé à la base du sien, puis exercez 12 légères pressions — représentant les 12 vertèbres dorsales — le long de l'os, en direction de son poignet. Effectuez cette stimulation en décrivant de petits cercles après chaque pression.

Affronter le stress

Le stress, qui caractérise presque tous les aspects de notre existence, peut engendrer des troubles psychologiques tels que l'anxiété, les états dépressifs, ainsi que des pathologies psychosomatiques. Maints déséquilibres lui sont directement associés et aggravés par ses effets.

Si, dans un premier temps, malgré les désagréments qu'il engendre, il n'est pas abordé de manière adéquate, il risque de conduire à des pathologies sévères. En effet, s'il est prolongé, l'organisme ne reconstitue que lentement ses réserves nutritionnelles, ce qui le rend encore plus vulnérable à cette aggression et retarde la guérison. Or, la lutte contre le stress est l'un des objectifs majeurs de la réflexologie ; aussi sa pratique contribue-t-elle à apporter une détente générale propice à son rétablissement.

COMMENT PROCÉDER

Pratiquez cet enchaînement au moins une fois par jour dans un environnement calme. Rappelez-vous l'importance d'une respiration adéquate : inspirer et expirer à la fois lentement et profondément durant toute la séance a un effet apaisant et relaxant on ne peut plus bénéfique.

Pour soulager de ces maux, stimulez les points réflexogènes correspondant aux zones anatomiques suivantes :

Hypothalamus

Rachis

Poumons

Gros intestin

Reins/Surrénales

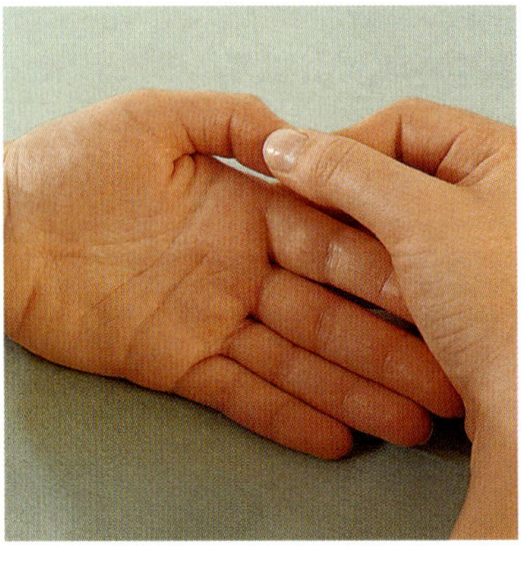

1 Réflexe hypothalamique

01.00 min

D'un pouce, exercez des pressions stimulantes — tout en respirant profondément — sur le bord extérieur de l'autre pouce en décrivant de petits cercles.

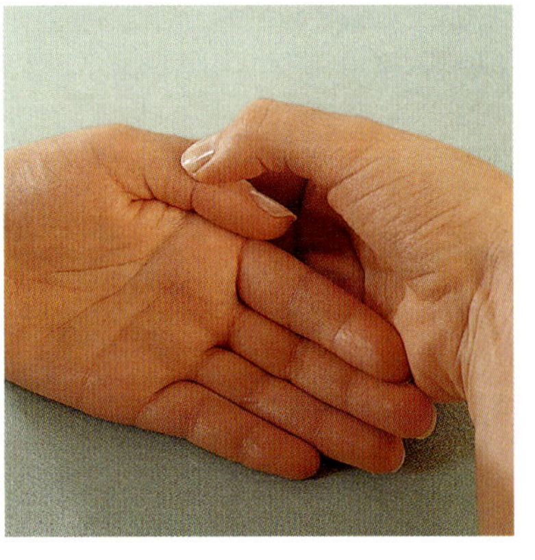

2 Réflexe rachidien

01.00 min

Placez la main du sujet dans la vôtre puis, du pouce, appliquez la technique de la chenille le long de l'os, entre première et deuxième articulation. Continuez ainsi de la deuxième articulation à la base de la main.

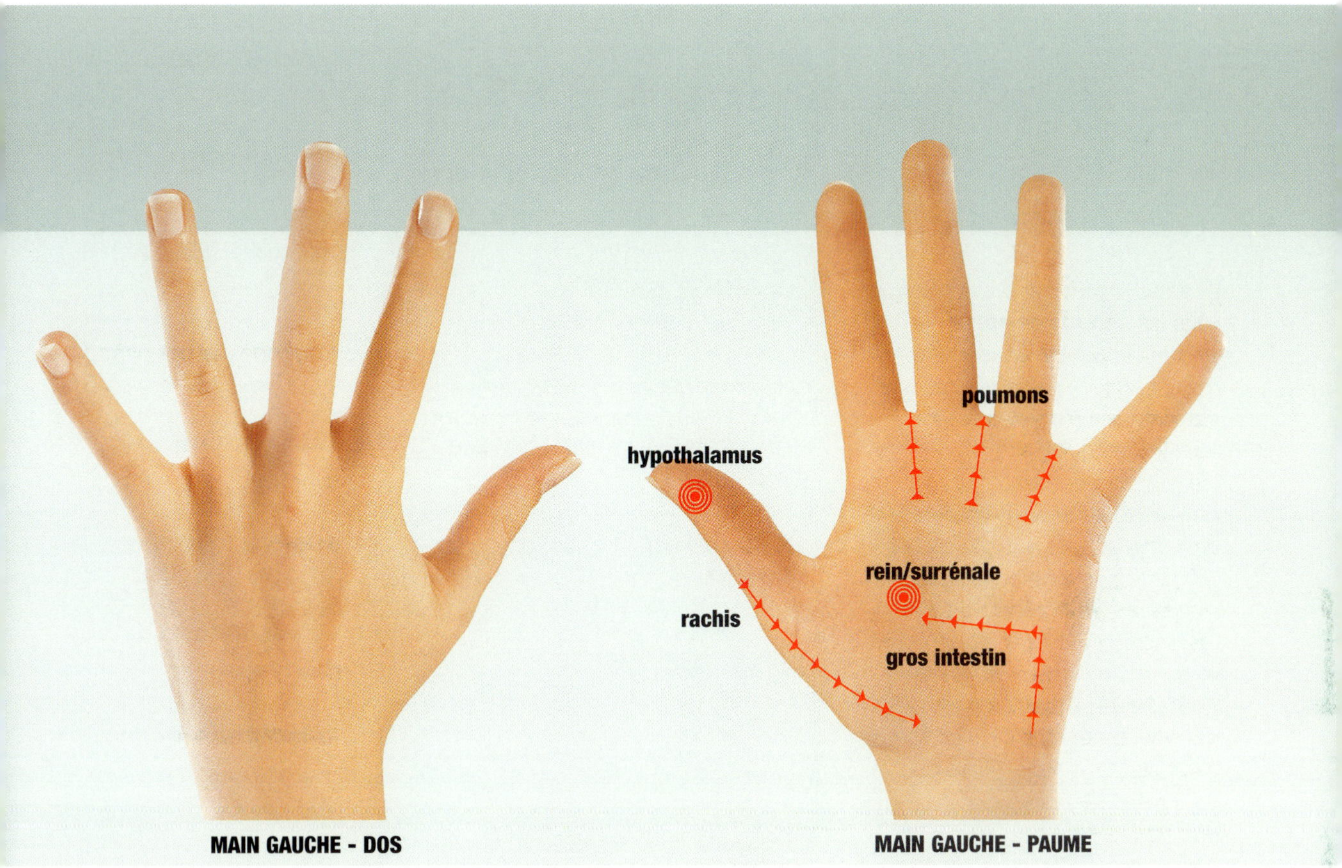

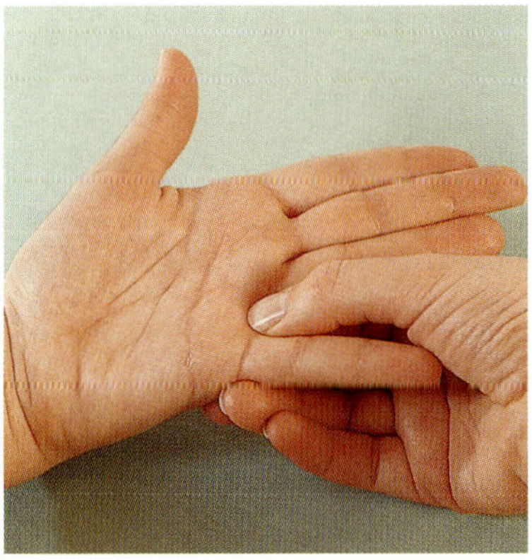

3 Réflexe pulmonaire

02.00 min

Pouce plié placé à mi-longueur de la paume, entre les zones 4 et 5, pratiquez la chenille vers la base des doigts, et entre les os. Ensuite, faites de même entre les zones 3 et 4, puis entre les zones 2 et 3.

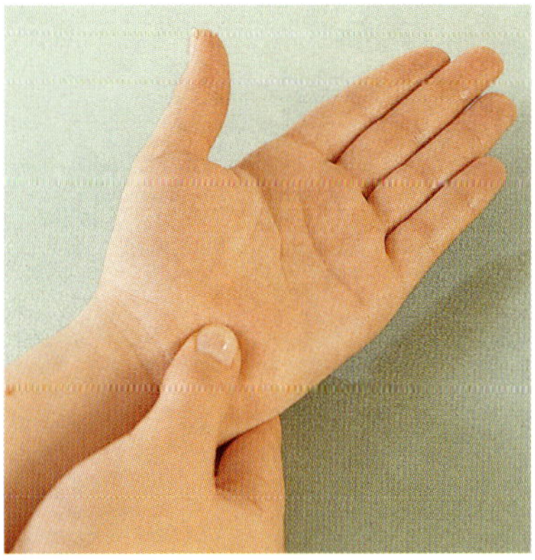

4 Réflexe du gros intestin

02.00 min

Placez votre pouce à la base de la zone 4, juste au-dessus du poignet, puis faites pivoter votre ongle pour qu'il soit dans l'alignement de l'annulaire. Manipulez en remontant la zone 4 jusqu'à mi-longueur de la main. Stimulez cette zone en appuyant avant de tourner pour parcourir le travers de la main jusqu'à l'espace charnu situé entre pouce et index.

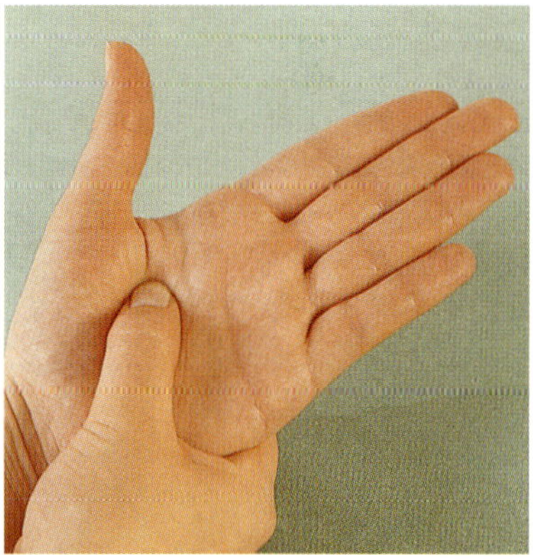

5 Réflexe rénal/surrénal

01.00 min

D'une main, soutenez celle du sujet puis, du pouce plié placé dans l'espace charnu séparant pouce et index, juste au-dessus du gros muscle, exercez des pressions successives.

Combattre les effets

Certes, l'organisme fait appel à certains mécanismes de compensation qui lui pemettent de lutter contre les stress de la vie quotidienne ; mais si ces tensions se prolongent ou sont aiguës, elles deviennent nuisibles.

L'adaptation au stress comporte trois phases — alerte, résistance et, finalement, épuisement — dont chacune est commandée par des hormones, et comme les tensions peuvent bouleverser le système endocrinien, elles offrent un terrain idéal au développement de maintes pathologies. Les chercheurs estiment que, dans 80% des cas, le stress les favorise, notamment les troubles cardio-vasculaires et le cancer.

Heureusement, la réflexologie de la main en atténue beaucoup les effets, car elle entraîne une détente profonde, permettant ainsi au système nerveux de fonctionner normalement pour que l'organisme retrouve son équilibre naturel.

COMMENT PROCÉDER
Pratiquez cet enchaînement au moins une fois par jour dans un environnement calme. Conjuguez-le avec les manipulations précédentes, intitulées "Affronter le stress", pages 116 et 117, afin d'aider le corps à bâtir ses défenses naturelles contre la maladie et les effets pernicieux des tensions prolongées ou fortes.

Pour soulager de ces maux, stimulez les points réflexogènes correspondant aux zones anatomiques suivantes :

Tête

Hypophyse

Os occipital

Reins/Surrénales

Vaisseaux lymphatiques

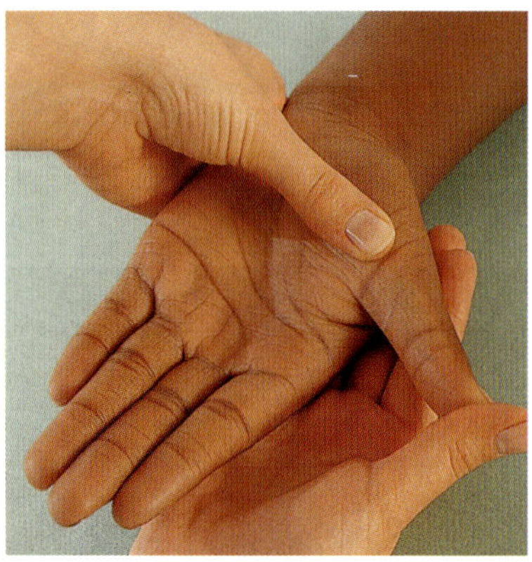

1 Réflexe céphalique

01.00 min

Un pouce du sujet dans votre main, servez-vous du vôtre pour le manipuler de son extrémité à sa base, ou inversement. Poursuivez ainsi sur toute la zone traitée, et procédez à la stimulation en décrivant de petits cercles.

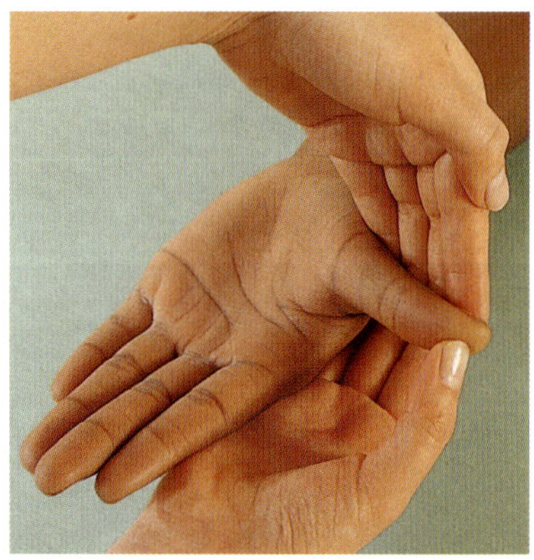

2 Réflexe hypophysaire

01.00 min

La main du sujet posée dans la paume de la vôtre, servez-vous de votre pouce pour stimuler le sien en exerçant des pressions en son centre.

du stress

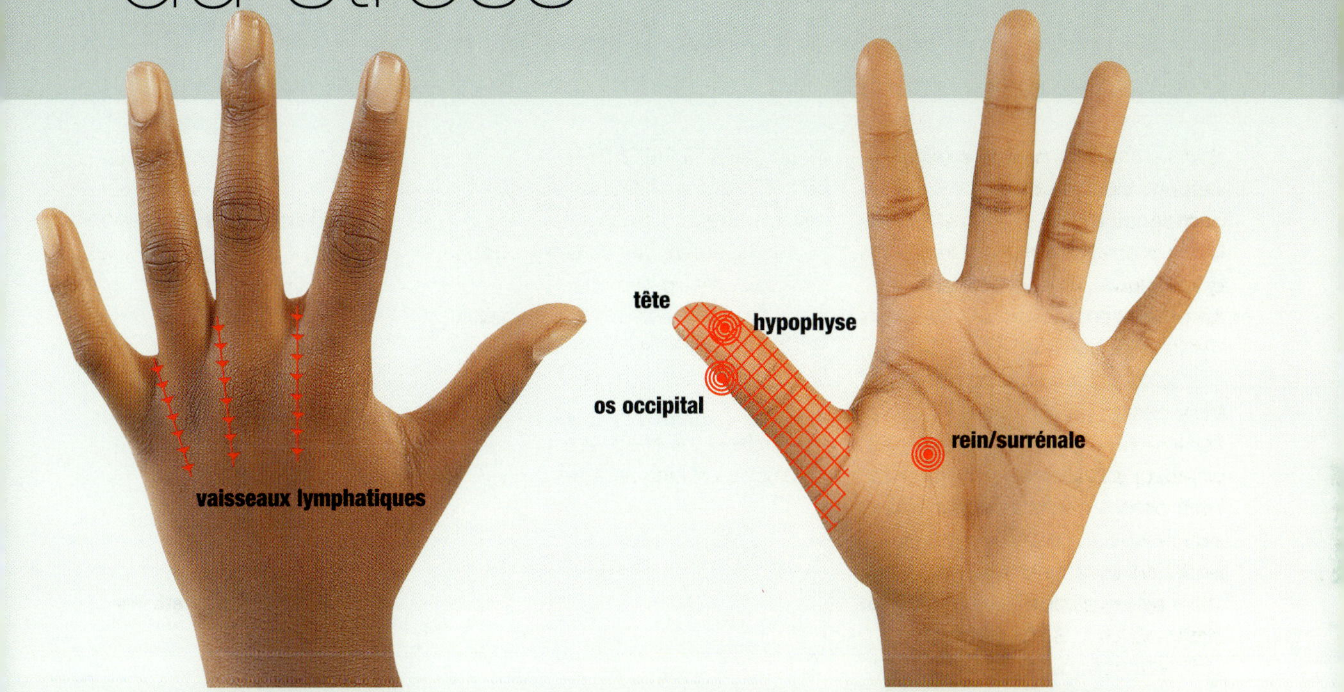

MAIN GAUCHE - DOS

MAIN GAUCHE - PAUME

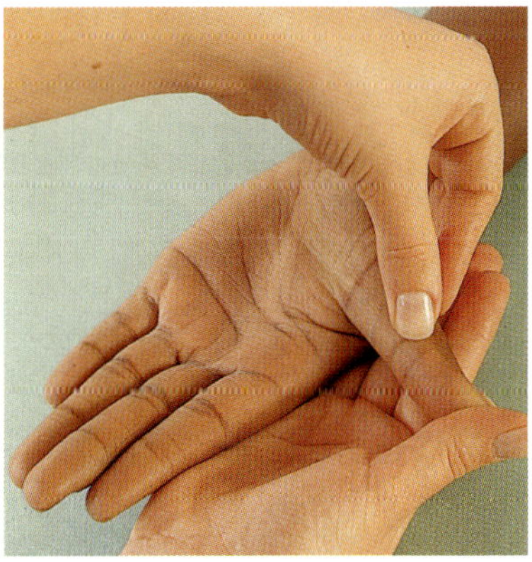

3 Réflexe de l'os occipital

02.00 min

Placez un pouce plié sur la première articulation de l'autre, et procédez à la stimulation en décrivant de petits cercles dans un sens ou dans l'autre.

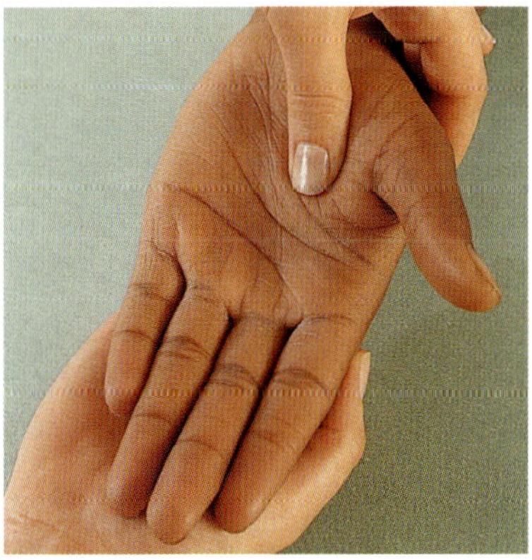

4 Réflexe rénal/surrénal

01.00 min

D'une main, soutenez celle du sujet, puis, du pouce plié placé dans l'espace charnu séparant pouce et index, juste au-dessus du gros muscle, exercez des pressions successives.

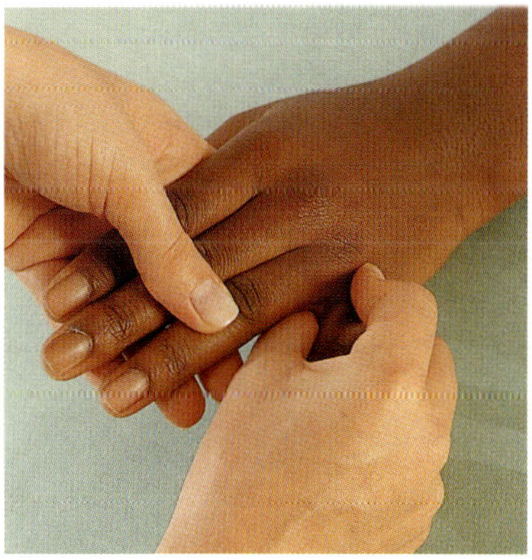

5 Réflexe des vaisseaux lymphatiques

02.00 min

La paume de la main du sujet tournée vers le bas, placez vos pouce et index entre la base de l'index et du médius, puis exercez des pressions successives vers le poignet, en faisant appel à la technique du bec d'oiseau.

Le bien-être émotionnel

Notre état d'esprit est étroitement lié à notre bien-être corporel. Nos états émotionnels négatifs s'expriment physiquement sous forme de troubles si nous n'y remédions pas.

Afin de vous maîtriser sur le plan émotionnel, pratiquez la respiration profonde chaque fois que vous le jugez nécessaire. Bouche fermée, inspirez profondément, puis retenez votre souffle quelques secondes, et expirez lentement par la bouche. Faites cela tout en stimulant la zone réflexogène correspondant au plexus solaire, située au centre de votre main, jusqu'à ce que la tension disparaisse.

Il faut se rappeler que, pratiquée avec douceur, la réflexologie de la main nous aide à affronter les situations difficiles apparemment incontrôlables. Dépourvue d'effets secondaires, elle nous fournit un moyen sûr de nous apaiser, nous procure un moment de calme privilégié, favorise l'inspiration et, en renouvelant notre énergie mentale, nous fait adopter une attitude optimiste.

COMMENT PROCÉDER
Pratiquez la respiration profonde pendant toute la durée des manipulations. Considérez l'enchaînement ci-dessous comme un tonique à prendre le matin et en milieu de journée ou en fin d'après-midi.

Pour soulager de ces maux, stimulez les points réflexogènes correspondant aux zones anatomiques suivantes :

Sinus

Diaphragme

Cou

Rachis

Épiphyse

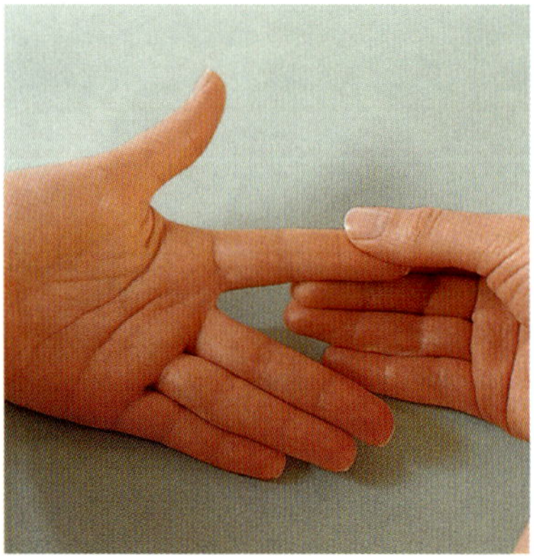

1 Réflexe sinusal

02.00 min

D'une main, soutenez les doigts du sujet puis, du pouce, manipulez-en l'index de l'extrémité à la base, ou inversement, en décrivant de minuscules cercles. Poursuivez ainsi sur tous les doigts.

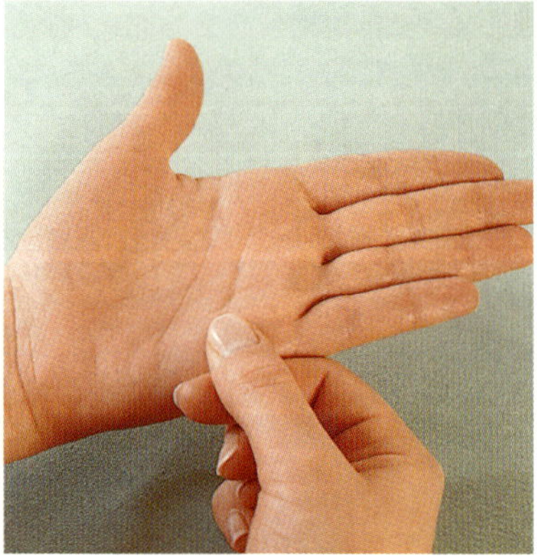

2 Réflexe diaphragmatique

01.00 min

Pouce placé à un tiers de la longueur de la paume de la main du sujet, faites appel à la technique du papillon pour manipuler le travers de la main.

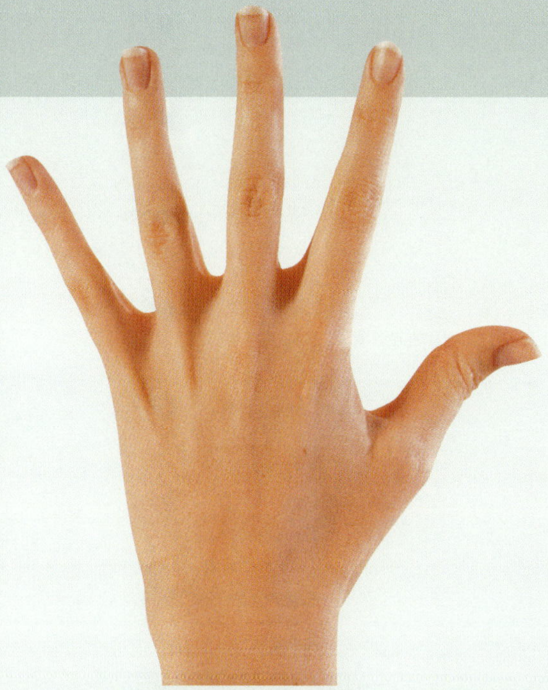

MAIN GAUCHE – DOS

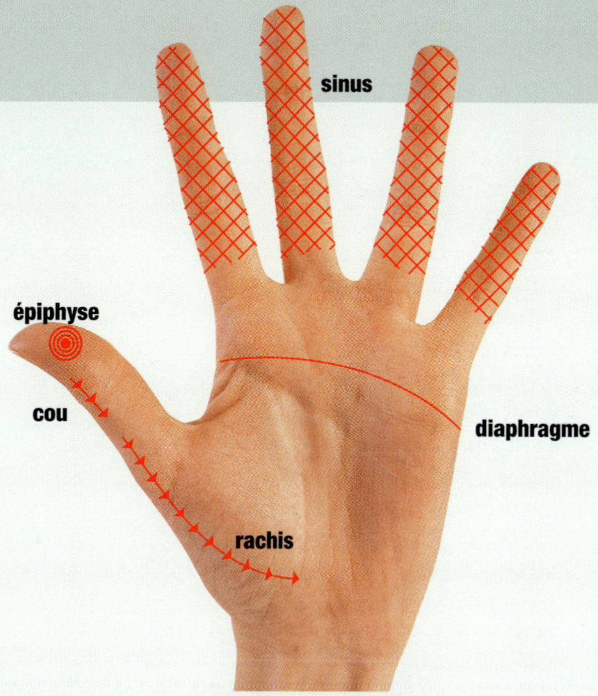

MAIN GAUCHE - PAUME

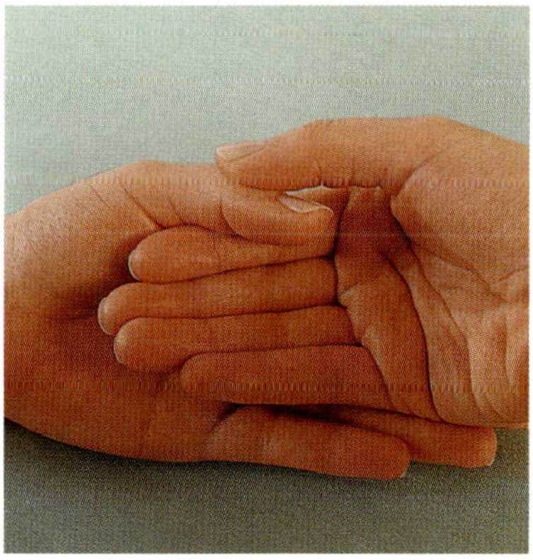

3 Réflexe cervical

01.00 min

Votre pouce placé comme si vous serriez la main du sujet, manipulez l'os de la deuxième phalange de son pouce en sept petites étapes — ponctuées de petits cercles — symbolisant les sept vertèbres cervicales.

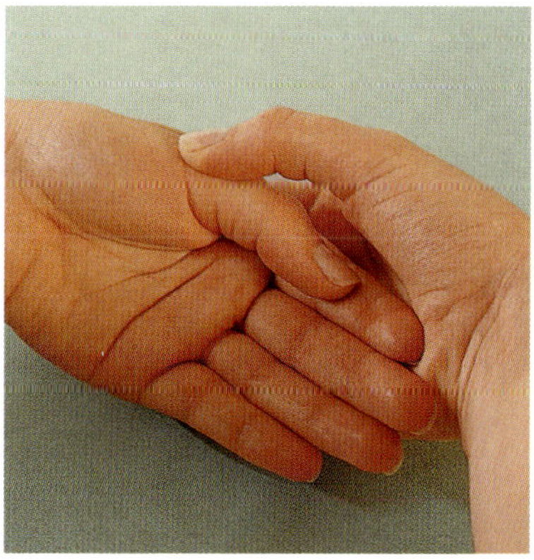

4 Réflexe rachidien

02.00 min

Serrez la main de la personne pour que votre pouce soit en contact avec l'os situé à la base du sien, puis exercez 12 petites pressions — représentant les 12 vertèbres dorsales — le long de l'os, en direction du poignet. Effectuez cette stimulation en décrivant de petits cercles après chaque pression.

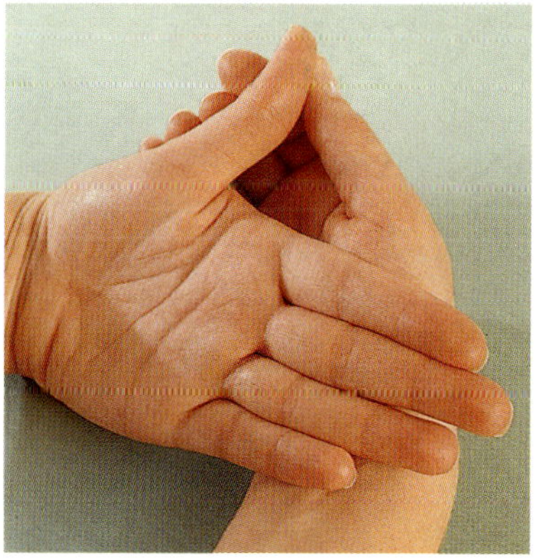

5 Réflexe épiphysaire

01.00 min

D'une main, soutenez votre pouce puis, de l'autre, stimulez-en le bord intérieur et central en décrivant de petits cercles, et en respirant profondément.

Assimilation des nutriments

L'apport en nutriments dont nous bénéficions dépend non seulement des aliments et boissons que nous absorbons, mais aussi du bon fonctionnement de notre appareil digestif. Un régime alimentaire sain renferme hydrates de carbone, protéines, graisses, vitamines et minéraux en proportions équilibrées, de même qu'une digestion adéquate leur garantit une assimilation correcte.

Quant à la détoxication, elle assure le traitement et l'élimination des déchets métaboliques. Or, toute pathologie a un effet négatif sur la manière dont l'organisme les évacue ; aussi, pour qu'il conserve ses capacités fonctionnelles, vous devez vous nourrir sainement, bien mâcher vos aliments afin qu'ils s'imprègnent des enzymes digestives et boire au moins 2 litres d'eau par jour.

COMMENT PROCÉDER

Il est souhaitable de pratiquer cet enchaînement de manipulations trois fois par jour afin de revitaliser un appareil digestif "paresseux", activer la circulation sanguine, faciliter l'assimilation des vitamines et des nutriments, ainsi que déliminer efficacement toxines et déchets.

Pour soulager ces maux, stimulez les points réflexogènes correspondant aux zones anatomiques suivantes :

Œsophage

Vésicule biliaire

Estomac

Foie/Rate

Gros intestin

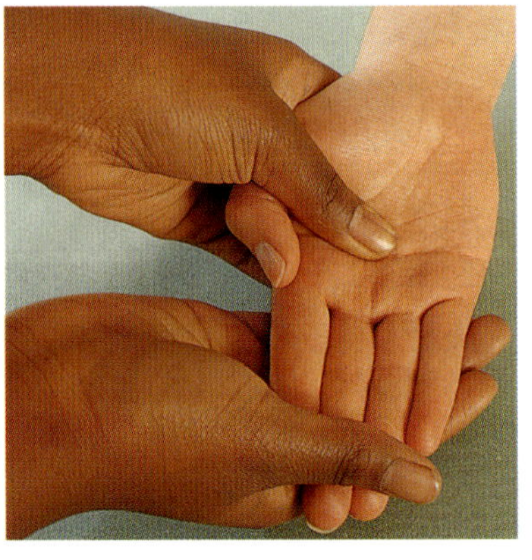

1 Réflexe œsophagien

01.00 min

Pouce placé à mi-longueur de la main du sujet, entre zones 2 et 3, remontez en exerçant des pressions successives — ponctuées de petits cercles — entre les os vers les bases de l'index et du médius.

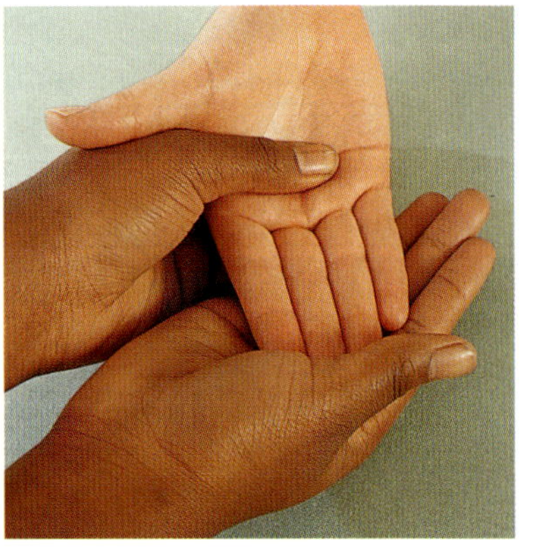

2 Réflexe vésiculaire

01.00 min

Pouce plié placé au niveau du diaphragme, c'est-à-dire sur l'articulation située à la base de l'annulaire du sujet, exercez des pressions successives vers ce doigt, et stimulez en décrivant de petits cercles sur l'articulation.

et détoxication

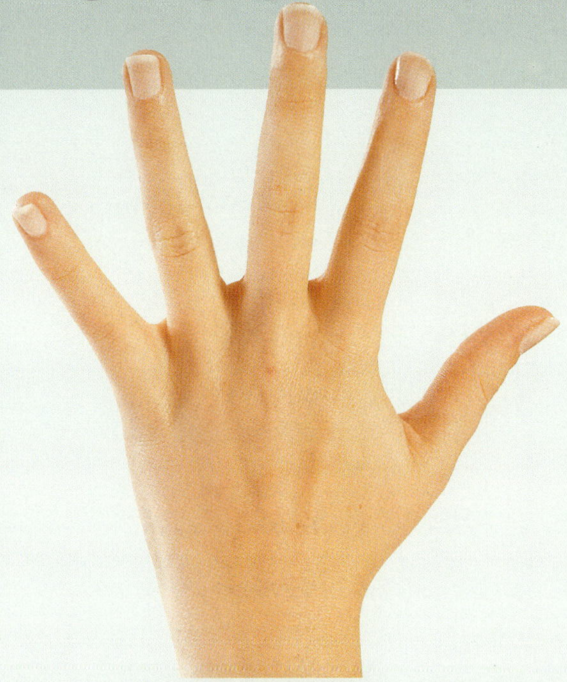
MAIN GAUCHE - DOS

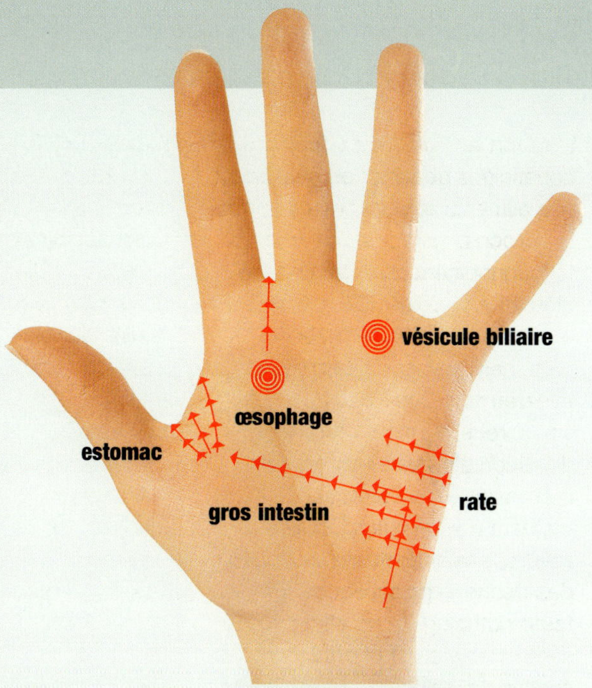

MAIN GAUCHE - PAUME

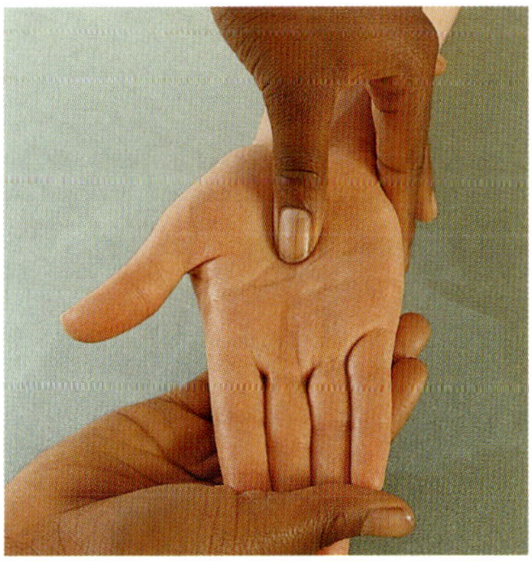

3 Réflexe gastrique

01.30 min

Une main soutenant celle du sujet, placez votre pouce à l'extrémité de l'espace charnu, puis dirigez-vous vers le côté de la main et revenez à votre point de départ. Poursuivez ainsi jusqu'à couverture totale de cet espace, comme si vous dépliiez un éventail.

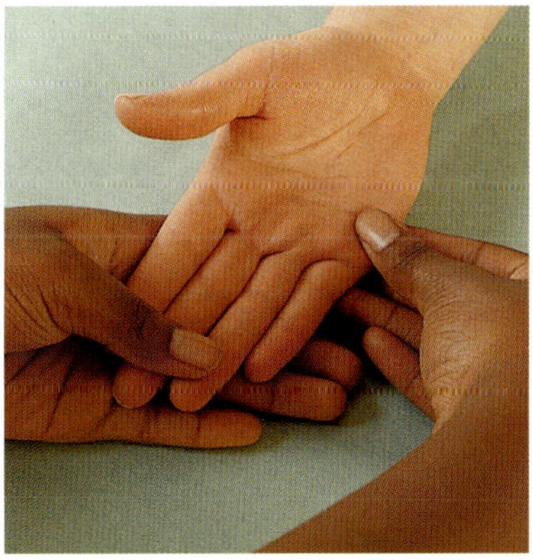

4 Réflexe hépatique (main droite)/splénique (main gauche)

01.00 min

Placez votre pouce sur le bord de la main du sujet, à environ 3 cm de la base de l'auriculaire puis, en pratiquant la technique de la chenille, exercez trois pressions vers l'intérieur de la main. Continuez ainsi sur quatre lignes parallèles, pour vous arrêter juste au-dessus du poignet.

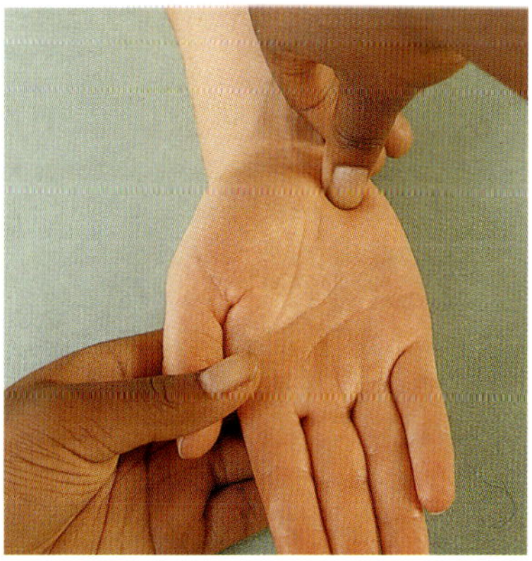

5 Réflexe du gros intestin

02.00 min

Placez votre pouce à la base de la zone 4, juste au-dessus du poignet du sujet, puis faites pivoter son ongle pour qu'il soit dans l'alignement de l'annulaire. Manipulez en remontant la zone 4 jusqu'à mi-longueur de la main. Stimulez cette zone en appuyant avant de tourner pour parcourir le travers de la main jusqu'à l'espace charnu situé entre pouce et index.

Index

Index / remerciements

Remerciements

Louise Keet :
Je voudrais remercier Ziggie et Phœnix Bergman de leur amour inconditionnel, mais aussi les personnes suivantes : St John Freeth Wright pour l'aide qu'il apporta dans la réalisation de ce livre, Marcella Courtfield pour son indéfectible inspiration, Iréne Lemos pour sa noblesse, Deborah Dor et MJ Low pour leur formidable amitié, Jane McIntosh, Jessica Cowie et Leigh Jones pour leur compétence et conseils avisés.

Michael Keet:
Mes remerciements vont à Paul Mansell pour les schémas illustrant les techniques appliquées et à Nena Jukes, mon amie de toujours — et la plus chère — pour ses sages conseils. J'exprime ma reconnaissance à Stan Richards, mon grand-père, pour l'amour et le dévouement dont il fit preuve, ainsi qu'à mes chers amis Patrick Thomas et Roz Pendelbury, sans oublier un merci spécial à mon fils Phenix pour sa naissance. Je voudrais aussi dire ma gratitude à Atsuko Kamiji de la *Yokohama School Reflexology* ainsi qu'aux thérapeutes et enseignants de notre école.

Photographies de **Octopus Publishing Group Ltd.**/ Peter Pugh-Cook except:
Werner Forman Archive 10, **Getty Images**/Julie Toy 18,
Paolo Scremin/Oxford Expedition to Egypt 11
Wellcome Trust, Medical Photographic Library 16-17

Assistance éditoriale : **Jane McIntosh**
Directrice éditoriale : **Jessica Cowie**
Directrice artistique : **Leigh Jones**
Maquette : **Lou Griffiths**
Illustratrices : **Kate Nardoni/Cactus Design**
Directrice de fabrication : **Manjit Sihra**
Conseiller médical : **Dr Michael Apple**